AI 시대의

일 자 리

트 렌 드

人工智能时代, 你的工作还好吗?

ISBN 9787121361159

This is an authorized translation from the

SIMPLIFIED CHINESE language edition entitled《人工智能时代, 你的工作还好吗?》

published by PUBLISHING HOUSE OF ELECTRONICS INDUSTRY Co., Ltd,

through Beijing United Glory Culture & Media Co., Ltd., arrangement with EntersKorea Co.,Ltd.

AI 시대의 일자리 트렌드

당신의 일자리는 안전하신가요?

취청·천웨이 지음 | 권용중 옮김

보아스 BOAZ

기술이 지속적으로 발달하고 시대가 발전하면서 기존의 많은 일자리가 새롭게 정의될 것으로 보입니다. 하지만 그렇다고 해서 완전히 사라지지는 않을 것입니다. 현시점에서 보면 매우 의미 있는 기술 제품이 수없이 출현했습니다. 예를 들면 리싱크 로보틱스(Rethink Robotics)가 개발한 협동로봇 백스터(Baxter), IBM의 인공지능 왓슨(Watson), 구글의 무인자율주행차, 알리바바의 챗봇 '덴샤오미(店小蜜)' 등입니다.

인공지능(Artificial Intelligence, AI) 기술이 점점 발달하는 상황에서 일부 반복적이고, 위험하고, 재미없고, 번거로운 일은 AI가 대체할 수 있습니다. 예를 들어 공항에서 셀프 체크인 기계가 많아지고 있고, 중국 징둥(京東) 그룹의 물류창고에는 선별로봇이 분주하게 왔다 갔다 하며 일하고 있습니다. 기업에서는 HR(인력자원부서 또는 그 분야 종사자)이 AI 제품을 이용해 응시자의 이력서를 읽고 적합한 인재를 선별합니다. 집에서는 영유아 조기교육 로봇이 아이들에게 영어를 가르칩니다.

이런 자동화 방식을 도입하면 기존 업무에 어떤 영향을 끼치게 될까요? 업무의 질과 효율성을 크게 높일 수 있을까요? 인류는 어떤 일에서 해방될 수 있을까요? 인류의 삶의 질은 이전보다 더욱 높아지게 될까요? 아니면 인간은 자동화로 인해 큰 위협을 받게 될까요?

이런 문제들은 반드시 고려되어야 하고 또 해결되어야 합니다.

2015년 글로벌 경영 컨설팅 그룹 맥킨지(McKinsey)는 이 문제들에 대해 연구를 진행했고, AI가 미래의 일자리에 미칠 잠재적 영향에 대해 분석했습니다. 맥킨지가 얻은 중요한 결론은 단기 또는 중기적으로는 AI가 인간의 모든 일자리를 대체하는 것이 불가능하지만, 일부 일자리는 완전 자동화가 가능하다는 것입니다. 따라서 모든 업무 프로세스는 구조조정을 해야 하며, 이 과정에서 기존의 일자리는 '재정의'된다고 지적합니다. 하지만 여기에서 말하는 재정의란 마치 은행 직원과 ATM 사이에서 발생한 업무의 변화와 유사합니다.

또 대다수 전문가와 학자는 AI가 기술 수준이나 급여 수준이 낮은 일자리에 타격을 줄 수 있다고 말하는데 현실은 결코 그렇지 않습니다. 다양한 기술을 필요로 하고 급여 수준이 높은 일자리 역시 AI에 의해 대체될 위험성이 있습니다. 예를 들면 재무 담당자, 의료계 종사자, 고위 관리직 등을 꼽을 수 있습니다.

특히 AI의 영향을 가장 많이 받는 대상은 기업의 고위 관리직이 될 것입니다. 그 이유는 첫째, 기업 고위 관리직의 신분과 업무가 AI에 의해 새롭게 정의될 것이기 때문입니다. 둘째, 의사결정 방식과 업무 처리 스타일 역시 AI에 의해 바뀔 수 있기 때문입니다.

결론적으로 우리가 인정하든 그렇지 않든 AI는 이미 각 분야의 일자리와 업무에 완전히 새로운 의미를 부여했습니다. 우리 인간에게 이는 커다란 도전이자 위기임에 틀림없습니다. 이 위기를 현명하게 헤쳐나가기 위해서는 효과적인 방안을 모색하고 철저하게 대비해야 합니다. 그런데 많은 사람이 아직 AI와 AI가 몰고 올 다양한 변화를 제대로 인식하지 못하고 있어 대응 방안이나 철저한 대비책은 생각조차 못하고 있습니다.

이 책은 바로 이런 문제점을 인식하고 독자분들에게 AI가 몰고 올 위기에 대한 대응책을 제시함으로써 독자분들이 AI로 인한 두려움과 걱정에서 벗어날 수 있도록 돕고자 합니다. 저는 오랜 시간의 연구와 다년간의 현장 경험을 토대로 이 책을 썼으며, 이를 모든 독자분들과 공유하고 싶습니다. 이 책에서는 독자분들의 이해를 돕기 위해 이미지, 직관적인 도표 등을 두루 활용하고 대표적인 사례들을 최대한 제시했습니다.

독자분들이 이 책을 통해 AI 시대에 더 빨리 적응하고, 나아가 AI가 초래할 위협에 더 효과적으로 대응할 수 있기를 희망합니다.

제1장

AI, 실업의 그림자를 드리울 것인가
취업의 기회를 가져다줄 것인가?

제2장

업무에 도입된 AI, 어떤 효과를 가져다줄까?

제3장

AI와 조직경영층

제4장

AI와 실무 종사자

제5장

AI는 농업을 재정의한다 : 첨단 농업을 통한 생산량 증가와 자원의 효율적 이용

제6장

AI는 노동자를 재정의한다 : 노동 효율성 제고 및 스마트 미래의 구축

제7장

AI는 금융을 재정의한다 : 효율성 제고 및 서비스 지상주의

제8장

AI는 교사를 재정의한다 : 맞춤형 교육, 교육의 미래

제9장

AI는 의사를 재정의한다 : 환자 중심의 의료 시대가 열리다

제10장

AI는 e커머스를 재정의한다 : 정교한 마케팅, 거래규모의 확대

제11장

AI는 문화 엔터테인먼트 종사자를 재정의한다 : 블랙테크, 고효율, 새로운 영감

제1장

AI, 실업의 그림자를 드리울 것인가
취업의 기회를 가져다줄 것인가?

일본 미쓰비시(三菱) 종합연구소(Mitsubishi Research Institute, MRI)의 한 연구원이 일본의 일자리 240만 개가 AI로 대체될 것이라는 분석을 내놓자, 이로 인해 'AI가 누구의 일자리를 빼앗을 것인가'라는 사회적인 열띤 토론이 벌어졌다. 그렇다면 AI는 정말로 인간의 일자리를 빼앗을까? 오히려 더 많은 새로운 일자리를 만들어낼 가능성은 없을까? 이는 비단 관련 전문가만의 관심사가 아니라 일반인들의 큰 관심사이기도 하다.

AI는 인간의 일자리를 빼앗을 것인가?

1966년 화학자이자 철학자인 마이클 폴라니(Michael Polanyi)는 "기계는 어떤 특정 분야에서 인간보다 훨씬 더 뛰어날 수 있지만 또 어떤 분야에서는 결코 인간을 뛰어넘을 수 없다"라고 말했다. 또 인간의 능력을 깊이 연구한 끝에 우리가 실제로 알고 있는 것이 우리가 말로 전달할 수 있는 것보다 훨씬 더 많다고 주장했다. 바꿔 말하면 인간이 어떤 일을 매우 잘 할 줄 안다고 해도 그 구체적인 방법을 빠짐없이 모두 언어로 표현할 수는 없다는 뜻이다.

마이클 폴라니의 이 주장을 토대로 우리는 다음과 같이 합리적인 추론을 할 수 있다.

'AI가 지속적으로 발전하면 많은 분야에서 노동시장의 판도를 재편할 수 있고, 나아가 더 이상 인간의 노동력이 불필요한 일자리는 인간을 대신할 수 있다. 하지만 그 과정에서 미처 예상하지 못한 전혀 새로운 형태의 일자리가 탄생할 것이다.'

이는 다시 말해서 AI가 실업을 초래하지 않고 오히려 업무방식의 변화를 가져오며 업무를 좀 더 스마트화(지능화)할 수 있다는 의미다.

📟 AI로 쉽게 대체 가능한 일자리 :
복잡한 일 + 체력을 요하는 일 + 창의적이지 않은 일   ○●

할리우드 SF 영화를 볼 때 우리는 영화에 등장하는 로봇들의 능력에
감탄하곤 한다. 그 로봇들은 놀라운 '초능력'을 지니고서 매우 복잡한
일도 척척 해낸다. 그런데 우리 현실을 돌아보면 이미 많은 일자리가
AI로 대체되고 있거나 이미 대체되었음을 알 수 있다. 이런 현황을 면
밀히 조사하고 분석해보면 AI로 대체될 가능성이 가장 높은 일자리
유형은 그림 1-1이 보여주는 바와 같이 3가지 특징을 가진다.

1. 복잡한 업무

일반적으로 회계, 금융 컨설턴트 등 금융 분야 관계자는 매우 복잡한
업무를 수행한다. 가령 회계관계자의 경우 재무계획 및 업무계획 수
립, 재무제표 작성, 직원 급여 계산 및 지급, 각종 세금 납부 등의 일을
한다. 무엇보다 이 과정 중 어느 한 곳에서라도 오류가 발생하면 회계
는 물론 기업 차원에서 심각한 손실을 입을 수 있다는 점이 중요하다.

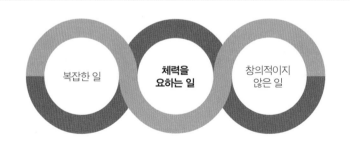

그림 1-1 AI로 쉽게 대체 가능한 일자리의 3대 특징

하지만 AI가 도입되면서 이런 리스크가 크게 줄어들었다. 2017년 8월, 중국 창사(長沙)의 제커스(捷柯詩) 정보과학기술 주식회사는 창사 스마트 제조 연구본부(명칭은 '2025 스마트 제조 공장')에서 회계로봇을 개발했다. 이어서 후난성 모모(默默) 클라우드 사물인터넷(IoT) 기술 주식회사는 이 회계로봇 시스템을 대상으로 검증을 실시했다.

후난성 모모 클라우드 IoT 기술 주식회사의 왕샤오후이(王曉輝) 사장은 약 20분 동안 회계 조작 프로세스에 관한 브리핑을 받고 이후 약 15분 동안 회사의 영수증 데이터, 급여 지급 데이터 등을 일일이 회계로봇 시스템에 입력했다. 그러자 회계로봇 시스템은 결산, 기장(記帳), 계상(計上), 자산부채표, 손익계산서, 회계장부, 국세 및 지방세 신고표 등 다양한 데이터와 표를 자동 생성했다. 마지막으로 창사 스마트 제조 연구본부의 최고재무책임자(CFO)가 이 데이터와 표들을 하나씩 검증했다. 그 결과 정확도는 100%였다. 또한 회계법 및 국가 세법 기준을 완벽하게 충족했다.

이 사례를 통해 회계로봇은 방대한 양의 회계업무를 능숙하게 수행할 수 있음을 알 수 있다. 이는 앞으로 회계 업무 담당자는 AI로 대체될 가능성이 높다는 의미이기도 하다.

2. 체력을 요하는 일자리

체력을 요하는 일자리라고 하면 가사도우미, 택배원, 서비스 직원, 건설노동자 등이 떠오를 것이다. 실제로 오늘날 이 4종의 일자리는 AI로 대체될 위험에 직면해 있다. 가령 AI 홈서비스 로봇은 가사도우미를 대신하고 있다.

그림 1-2 AI 홈서비스 로봇

가사도우미와 택배원을 예로 들어 설명해 보겠다.

2016년 일본의 유명 로봇연구소인 코코로(Kokoro)는 인간의 행동을 모방하는 로봇(안드로이드, Android) '액트로이드(Actroid)'를 선보였다. 액트로이드는 인간의 외모를 상당히 닮았고, 청소 등 가사도우미의 역할도 훌륭하게 수행하고 주인과 간단한 대화도 나눌 수 있다.

2017년 6월 18일, 중국의 징둥(京東) 그룹이 개발한 배송로봇은 런민(人民)대학 교내 도로 곳곳을 누볐다. 이 로봇은 장애물과 차량, 행인을 스스로 피해 다니며 택배물을 목적지까지 순조롭게 배송했다. 또 징둥 앱과 핸드폰 문자메시지 등을 통해 고객에게 택배물이 곧 도착한다는 알림을 전달했다. 고객은 제품수령번호만 입력하면 징둥 배송로봇의 화물칸 문을 열어 자신의 택배물을 꺼내갈 수 있다.

이처럼 액트로이드는 가사도우미의 역할을, 징둥 배송로봇은 택배원의 업무를 수행할 수 있다. 이밖에 서비스 직원이나 건설노동자의 업무를 대신하는 AI 제품도 존재한다. 이는 체력을 많이 필요로 하는 일자리가 머지않은 미래에 AI로 대체될 가능성이 높다는 것을 의미한다.

3. 창의적이지 않은 일자리

모든 일에 창의성이 요구되는 것은 아니다. 예를 들면 운전기사, 고객서비스 등의 일자리에 특별한 창의성이 요구되지 않는다. 이처럼 창의성이 크게 필요하지 않은 일자리는 AI의 출현과 더불어 큰 위협을 받고 있다. 고객서비스를 예로 들어 설명해 보겠다.

고객서비스 종사자들에게 스마트 고객서비스 로봇은 매우 큰 위협임에 틀림없다. 스마트 고객서비스 로봇은 고객이 제기한 민원 내용을 정확히 파악하고 적합한 해결방안을 제시할 수 있다. 또한 사람이 직접 해결해야 할 문제가 생기면 고객서비스 담당자의 문제 해결을 돕고 고객에게 피드백도 줄 수 있다.

현재 중국은 물론 전 세계 많은 기업에서 스마트 고객서비스 로봇을 도입해 큰 효과를 거두고 있다. 대표적인 중국 기업으로는 쿨패드(Coolpad), 알리바바, 치후360, 자이언트 네트워크(Giant Network), 징둥, VIPS(唯品會, 중국의 온라인 쇼핑몰 기업), 아마존 차이나 등이 있다. 스마트 고객서비스 로봇의 기능이 갈수록 발전하고 숫자도 늘어남에 따라 고객서비스는 AI로 대체될 가능성이 매우 클 것으로 보인다.

위 내용을 종합해 보면 AI로 대체될 가능성이 높은 직종은 회계 분야, 금융 컨설턴트, 가사도우미, 서비스 직원, 택배원, 고객서비스 직원, 건설노동자, 운전기사 등임을 알 수 있다. 이 직종들의 특징은 복잡하거나, 체력을 요하거나, 특별한 창의성을 필요로 하지 않는다는 점이다. 따라서 현재 이런 직종에 종사하는 사람은 언젠가 AI에게 일자리를 빼앗길 것에 대비해 사전 준비를 철저히 할 필요가 있다.

AI는 대량실업을 초래할 것인가?

AI가 출현하여 급속도로 발전하는 가운데 AI 관련 각종 제품과 연관된 뉴스가 끊임없이 쏟아지고 있으며, 우리의 일상생활에 커다란 영향을 끼치고 있다. AI의 막강한 능력을 상징적으로 보여준 사례가 바로 알파고(AlphaGo)였다.

AI가 이미 실생활에 진입했음을 우리는 점차 인식하고 있다. 따라서 그에 따른 우려 역시 직시해야 한다. 관련 분야의 많은 전문가가 AI를 제대로 인식하고 철저히 대비해야 한다고 조언하기 시작했다.

AI에 대한 수많은 우려 가운데 가장 대표적인 것이 바로 AI가 대량실업을 초래할 것인가의 문제다. 이에 관해 미국 MIT 미디어랩의 이토 조이치(伊藤穰一) 소장은 이렇게 말했다.

"거시적으로 보면, 사람들은 신기술 때문에 일자리를 빼앗길 거라고 두려워하는데 이는 부인할 수 없는 현실입니다. 하지만 신기술의 발전으로 인해 새로운 형태의 일자리가 생겨나기도 할 것입니다. 만약 AI 연구개발을 주도하는 세계 주요 회사들이 사람들에게 긍정적인 마인드를 심어주고 AI에 대한 막연한 두려움을 없앨 수만 있다면 이는 큰 호재로 작용할 것입니다. 결국 AI에 대한 두려움 대부분은 AI를 제대로 이해하지 못한 데서 오기 때문입니다. 그럼 어떻게 이런 우려를 해소할 수 있을까요? 첫째, 사람들 마음속의 감정적이고 비이성적인 두려움을 없애고, 둘째, 이 문제를 이성적으로 해결해나가도록 노력해야 합니다."

이토 조이치 소장의 주장은 분명 일리가 있다. 다만 우리가 노력해야 할 방향은 그가 제시한 두 가지뿐만이 아니다. 무엇보다 AI 시대의 도래를 인식하고 적극 수용할 수 있도록 사회 전반의 인식전환과 환기가 필요하다. 오늘날 사회 발전 속도는 점점 더 빨라지고 있으며, 심지어 변화 속도를 따라가는 것조차 버거울 정도로 급속히 변하고 있다.

AI가 지속적으로 발전한다면 앞에서 언급한 청소, 택배, 고객서비스 등 복잡하거나, 체력을 요하거나, 특별한 창의성이 필요 없는 직종은 점차 AI로 대체될 것이다.

그 밖에 현재 일부 AI 개발업체는 안면인식 기술 연구에 박차를 가하고 있는데 이 연구가 성공한다면 약 30만 개의 인간의 안면을 식별할 수 있다고 한다. 이는 인간에게는 매우 어렵거나 아예 불가능한 수준이다.

AI가 인간과 인간, 인간과 기계 사이의 관계를 처리하는 능력이 확실히 부족한 분야도 존재한다. 가장 대표적인 분야가 바로 의료산업이다. 영상식별 관련 일자리는 AI로 대체될 가능성이 높지만, 이는 의료산업 전체로 보면 극히 일부분에 해당한다. 문진, 의료 컨설팅 등 인간관계 및 소통 능력을 필요로 하는 분야는 앞으로도 인간이 담당해야 한다.

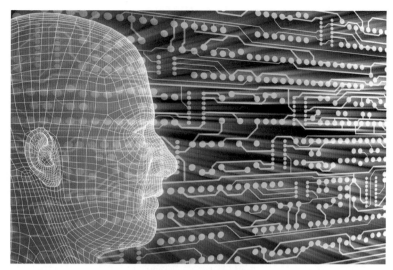

그림 1-3 안면인식 기술 모델

이런 상황들을 종합해 보면, 우리가 시급히 해결해야 할 과제는 다음 두 가지다.

⑴ AI에 의해 대체된 사람들을 어떻게 재배치할지 진지하게 검토해야 한다.

⑵ 교육개혁을 통해 새로워진 미래 취업환경에 적응할 수 있는 새로운 교육을 실시해야 한다.

어떤 의미에서 보면 AI는 실업을 초래하기보다 완성도 높은 업무 경험을 가져다준다는 표현이 더 적절하다. 미래에는 어떤 업무든지 인간 혼자서 또는 AI 혼자서만 완성하기보다 인간과 AI가 협업해 완성하는 형태로 변모할 것이다. 따라서 AI 시대가 도래한다고 해서 막연히 두려워하거나 공포심을 가질 필요는 없다.

AI는 업무 형식을 바꾼다 :
업무는 단순한 형태에서 고급 형태로 바뀐다

많은 사람이 일자리가 정말로 사라지는지 알고 싶어 한다. 하지만 대부분의 경우 일자리는 사라지지 않으며 단지 다른 새로운 형태로 바뀔 것이다. 인사업무를 예로 들어 자세히 설명해 보겠다.

기존에는 인사담당자가 인사 관련 업무를 전담했다. 하지만 AI의 지속적인 발전에 따라 인사업무에도 이미 변화가 일어났다. 2017년 일본의 고급인재 헤드헌팅 사이트인 비즈리치(BizReach)는 야후, 세일즈포스(Salesforce)와 함께 인사업무에 특화된 AI 제품을 개발했다. 이 AI 제품은 부서 이동, 채용, 직원 평가 등의 업무를 자동 수행할 수 있고, 나아가 직원들의 이직 경향을 파악할 수 있도록 도움을 준다. 또한 각 직원의 업무 관련 데이터를 수집하고, 이를 바탕으로 딥러닝 기술을 통해 직원들의 업무특징을 심도 있게 분석해 각 직원이 현재 담당하고 있는 직책이나 부서에 맞는지의 여부를 판단할 수 있다.

오늘날 이런 유형의 AI 제품을 도입하는 기업이 계속해서 늘어나고 있는데 월마트, 아마존 등이 대표적이다. 그 주요 목적은 인사업무를 더욱 간단하고 효과적으로 바꾸기 위해서다. 바로 이런 이유 때문에 미래에는 인사업무 자체가 사라지고 대부분의 인사담당자가 실업자가 될 거라고 생각하는 사람이 많다. 하지만 이런 관점은 매우 편협하다. 앞의 사례에서도 말했듯이 인사업무는 AI 때문에 사라지지 않으며 오히려 AI 덕분에 완성도가 더 높아지는 방향으로 바뀔 것이다. 또한 업무의 효율성이 더 높아지게 될 것이다.

그림 1-4 AI는 마트 업무의 효율성을 높인다

　따라서 인사 분야 담당자든 기타 분야 담당자든, 단기적으로는 AI의 출현으로 인해 어느 정도 사회적 '진통'이 야기되고 특정 분야에서는 불가피하게 실업이 일어나게 될 것임을 인식해야 한다. 하지만 장기적으로는 AI로 인해 더 많은 취업 기회가 생기고 업무 형식도 고도화된다는 점을 인식해야 한다.

　이런 변화는 대량 실업의 초래가 아니라 기존의 사회구조와 경제질서의 재편을 의미한다. 이를 바탕으로 기존의 업무 형식은 새로운 형태로 바뀌고, 이를 통해 생산력이 향상되고, 인간의 삶의 질이 한 단계 높아지게 될 것이다.

AI는 업무를 어떻게 바꾸게 될까?

우리는 '고용주의 40%는 숙련노동자를 원하는 숫자만큼 고용할 수 없다' '젊은이의 65% 이상은 명확히 정의되지 않은 형태의 업무에 종사할 것이다' '2025년까지 밀레니엄 세대가 전체 노동시장에서 차지하는 비중이 75%를 넘을 것이다' 'AI가 업무를 새롭게 정의하고 있다' 등등의 기사를 접하게 된다.

이것은 현재 일어나고 있는 상황이며, 이러한 패러다임의 변화의 시대에 살고 있는 우리는 과거의 방식을 벗어나 새로운 패러다임에 철저히 적응해나가야 한다. 그 과정에서 매우 중요한 하나의 원동력이 바로 AI다.

AI는 업무의 자동화 수준을 높이는 데 기여하며, 또한 새로운 일자리 창출에 도움을 준다. 이 두 가지 측면을 종합해 보면 우리는 'AI가 업무를 새롭게 정의하고 있다'라는 결론을 얻을 수 있다.

관련 조사에 따르면, 향후 45년 내에 AI가 모든 업무에서 인간보다 뛰어날 확률은 50%이며, 향후 120년 내에 인간의 모든 업무는 자동화될 것이라고 한다. 실제로 AI가 도입된 이후 수많은 업무가 자동화 시스템으로 바뀌고 있다. 예를 들면 무인 자율주행차를 통한 배송, 로봇에 의한 택배물 분류 등이다.

2017년 8월, 모 기업은 핵심적인 회계 엔진에 AI 시스템을 도입했다. 이 시스템은 영수증의 코드 방식을 식별할 수 있고, 이를 바탕으로 후속 중소기업 영수증의 메인 코드 위치를 예측할 수 있다고 한다. 이처럼 AI의 도움을 통해 바쁜 회계업무도 점차 자동화되고 있음을 알 수 있다. 물론 이런 현상은 다른 업종에서도 마찬가지로 일어나고 있다.

그럼 AI가 불러온 업무의 자동화는 무엇을 의미하는 것일까? 회계업무를 예로 들어 설명해 보겠다.

고객업무에서 회계담당자의 역할은 컨설팅이나 재무담당 쪽으로 성격이 바뀌었다. 회계담당자는 더 이상 예전처럼 데이터 숫자를 입력하지 않고, 대신 전체 프로세스를 모니터링하고 전체 회계시스템을 관리하는 일을 하면 된다. 또 AI의 성능이 향상되면서 회계담당자들은 이전까지 축적한 대량의 데이터를 기반으로 고객사가 향후 어떤 어려움을 겪을지 예측하고, 해당 기업에게 생존 및 발전에 대한 맞춤형 컨설팅을 제공할 수 있다.

이렇게 변화하는 환경에 발맞추어 회계담당자들은 새로운 AI 시대에 적응해야 한다. 아울러 AI와 공생하는 업무수행 방식과 가치제공

방식을 수용해야 한다. 하지만 이 길은 결코 순탄하지 않다. 홍콩계 글로벌 증권회사 'CLSA 아시아-퍼시픽 마켓츠(CLSA Asia-Pacific Markets)'의 보고서에 따르면, 회계담당자들은 AI가 단기적으로 매우 부정적인 변화를 초래할 것으로 예상하고 있다. 하지만 업계의 변화에 따라 성장 진통기가 있을 수밖에 없다. 회계업계의 미래와 전 세계 경제발전을 위해 이는 지나가야 하는 단계라 할 수 있다.

지금까지 중소기업의 발전은 항상 기업 차원의 서비스를 통해 이루어졌다. 하지만 AI가 발전함에 따라 최고재무담당자(CFO)들은 중소기업들을 위한 더 합리적이고 전략적인 비즈니스 컨설팅을 제공할 수 있게 되었고, 이를 통해 중소기업들의 생명주기를 크게 연장할 수 있게 되었다. 이는 경제 전체의 지속적인 발전은 물론 각 기업과 회계업의 지속적인 발전에 긍정적으로 작용한다.

업무의 자동화 추세에 따라 모든 업종의 종사자들은 AI에 주목하고 관심을 기울일 필요가 있다. 예를 들어 다른 사람들이 지금 사용하고 있는 AI 기반의 솔루션을 이해하고 적절한 기회에 이를 실전에 응용할 수 있어야 한다. 또는 AI의 강력한 기능을 체계적으로 연구하고, 이를 토대로 기존 업무의 방식을 조정 또는 개선해야 한다.

앞에서도 언급했듯이 컨설턴트 관련 업종은 AI로 대체하기 매우 어렵다. 반면 복잡하고 반복적인 업무는 AI로 충분히 대체할 수 있다. 다시 말해, AI의 도움을 받으면 어떤 업무의 자동화 수준을 크게 높일 수 있다.

사실 100년 전만 해도 사람들은 AI가 출현해 이렇게 빨리 발전하리라고는 전혀 예상하지 못했다. 하지만 이러한 변화의 흐름이 일자리를 사라지게 하는 것이 아니라 오히려 업무의 자동화를 촉진할 수 있다. 물론 이런 변화를 적극 수용하고 업무의 자동화를 활용할 수 있는 사람이 큰 수확을 얻게 될 것이다.

🔲 새로운 일자리들이 생겨난다 ○●

2016년 말 저명한 물리학자 스티븐 호킹은 영국 일간지 〈가디언〉에 다음과 같이 기고했다.

"공장의 자동화 때문에 수많은 전통 제조업 노동자가 일자리를 잃었고, AI의 발전으로 인한 실업의 물결은 중산층에게도 밀려올 것이다. 결국 인류에게는 창작, 관리, 감독 등의 일자리만 남게 될 것이다."

그렇다면 AI는 정말로 인류에게 공포스러운 존재일까? 실제로는 결코 그렇지 않다.

AI의 지속적인 발전에 따라 새로운 업종의 출현은 필연적이고, 그로 인해 많은 새로운 일자리도 생겨날 것이다. 예를 들어 인터넷의 출현과 발전에 따라 프로그래머, 택배원, 제품매니저(PM), 온라인쇼핑몰 고객서비스 등 신흥 직업들이 생겨난 것과 마찬가지다.

따라서 AI의 출현으로 기존의 모든 것이 도태될 거라는 단편적인 이해는 바람직하지 않다. 오히려 AI와 기존 사물이 융합하는 사례가 훨씬 더 많아질 것이다. 이는 기존의 인간의 노동력도 학습과 훈련을 통해 AI에 적응하고 이를 통해 새로운 업종으로 전환할 수 있음을 의미한다.

과학기술의 발전과 그로 인한 생산력 증가로 인해 오늘날 직업의 구분은 더욱더 세분화되고 있다. 동시에 취업의 기회 역시 점점 더 많아지고 있다. 또한 AI는 인간의 일자리를 대체하는 것이 아닌 인간의 노동력과 협력하는 방향으로 발전해야 한다. 실제로 이미 AI를 도입한 대다수 기업은 이런 방식을 취하고 있다. 징둥의 사례를 들어 이를 상세하게 설명해 보겠다.

징둥은 2017년에 '드론 서비스센터'를 설립했다. 이를 위해 대량의 드론 비행 직원을 모집해야 했는데 이 일자리에는 그다지 까다로운 자격 조건이 없었다. 학력은 문제가 되지 않으며 체계적인 훈련을 받으면 충분히 할 수 있는 일이었다.

또 한 가지 중요한 점은 징둥의 드론 서비스센터가 중국 최초의 대규모 드론 인력 양성 및 공급 기지라는 사실이다. 드론 업계 전체로 보면 이는 매우 혁신적인 변화였다. 이를 기점으로 드론은 물류배송 분야에서 활용범위가 더욱 넓어지고, 사회 전체의 물류 효율성 역시 크게 높아질 것으로 전망된다. 또한 이런 가운데 새로운 일자리도 계속 출현할 것이다.

이처럼 일개 보통의 드론이 일련의 부대시설을 파생시키고 나아가 대규모 인력 수요도 창출할 수 있음을 알 수 있다. AI 출현 이후 기존 일자리에 대한 수요는 어느 정도 감소가 불가피하지만 새로운 일자리 수요 역시 크게 증가할 것이다. 이렇게 발생한 신규 일자리는 연구개발(R&D), 디자인 등 진입장벽이 높은 것도 있고, 유지보수, 성능테스트, 기계 조작 등 진입장벽이 상대적으로 낮은 것도 있을 것이다.

이는 또 다른 의미에서 보면 어떤 유형의 사람이든, 과거에 어떤 직종에 종사했든 미래에 자신에게 적합한 일자리를 찾을 수 있고, 학력

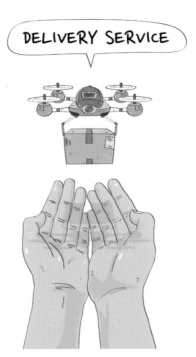

그림 1-5 드론을 이용한 물류배송 설명도

등의 요인 때문에 일자리를 구하지 못하는 일은 일어나지 않음을 보여준다. 일반적으로 한 업종의 일자리 구조는 피라미드 형태를 띠는데, 피라미드 맨 꼭대기에 위치한 최고급 인재도 필요하지만 반대로 가장 아래층에 위치한 일반 노동자들도 반드시 필요하다. 그래야만 그 업종의 생태계가 건강하고 튼튼할 수 있기 때문이다.

AI가 활용된 다양한 사례들

아마존의 키바(Kiva) 로봇, AI 문헌검색, AI 그래픽, AI 원고 작성 등의 기술은 모두 AI가 기존의 업무 방식을 변화시키고 업무의 가치를 높인 사례들이다. 이에 따라 수많은 기업이 AI에 주목하고 적극적으로 업무에 활용하고 있다. AI 헤드헌팅, AI 그래픽, AI 원고 작성 관련 기술도 끊임없이 개발되고 있으며, 이는 AI 발전을 촉진하는 강력한 원동력이 되었다.

아마존의 키바 : 자동화 기술로 효율성을 4배 높이다 ○ ●

미국에서는 특별한 기념일만 되면 고객의 쇼핑 수요가 폭증한다. 미국 최대 전자상거래 업체인 아마존은 신속한 배송을 위해 AI 로봇을 물품의 배송과 선별 작업에 투입했다. AI 로봇의 업무 효율은 인간 노동자보다 훨씬 높다.

레히날도 로살레스(Rejinaldo Rosales)는 아마존의 창고 업무를 전담하는 직원이다. 그의 주요 업무는 고객이 주문한 물품을 선반에서 내려 포장한 뒤 다음 파트로 보내는 것이다. 그런데 2014년 여름 키바(Kiva)라는 이름의 로봇이 로살레스의 업무에 투입되었다. 이 로봇은 사각형 모양에 색상은 오렌지색이어서 호감가는 외관을 갖고 있다.

이 키바로봇은 로살레스의 업무에서 많은 것을 대신한다. 예를 들어 필요한 상품이 있는 선반을 그의 앞까지 운반한다. 키바로봇의 투입으로 로살레스의 노동 강도는 전보다 훨씬 낮아졌다. 과거에는 몇 시간씩 걸리던 일이 이제는 불과 몇 분 만에 끝난다. 이에 대해 그는 "저는 어떤 말을 하거나 명령을 내릴 필요가 없어요. 이 로봇이 더 효율적으로 주어진 일을 해내니까요"라고 말했다.

키바로봇이 하는 일은 무척 단조로워 보인다. 하지만 아마존은 키바로봇 덕분에 주문서당 처리 소요 시간을 크게 줄일 수 있었고, 심지어 단 몇 시간 만에 작업을 완료할 수도 있게 되었다고 언급했다. 미국 트레이시(Tracy)에 위치한 아마존 물류센터의 경우, 키바로봇과 같은 첨단 로봇은 이제 아주 흔한 존재가 되었다.

근로자들이 화물을 트럭에서 내려 컨베이어 벨트에 올려놓는 순간부터 그 화물은 '생명'을 부여받는다. 컨베이어 벨트 옆에는 총 25명의 근로자가 배치되어 있고, 그들의 주요 업무는 먼저 컨베이어 벨트 위의 화물 선별하기, 포장을 뜯어 카트에 싣기, 이어서 담당 직원이 그 카트를 운반하기, 카트에서 화물을 꺼내 정해진 선반에 올려놓기 등이다.

이 화물들은 겉보기에는 그냥 임의로 출현하는 것 같지만 사실은 컴퓨터 알고리즘으로 엄격히 제어관리된다. 단지 그 결과에 실질적인 차이가 없을 뿐이다. 그래서 트레이시 물류센터의 선반에는 완구, 형광테이프, 서적이 나란히 배열되는 현상이 발생할 수 있다.

이제 마지막으로 키바로봇이 활약할 순간이다. 트레이시 물류센터에 있는 3,000대의 키바로봇은 어떤 방식으로 일하고 있을까? 사실 아주 단순하다. 키바로봇은 먼저 필요한 선반 아래로 이동한다. 그리고 폭 4피트(약 1.22미터), 최대하중 750파운드(약 340.2킬로그램)인 선반 프레임을 통째로 들어올린다.

키바로봇은 바코드를 통해 선반에 놓인 해당 물건을 찾아낸다. 주문이 들어오면 키바로봇은 주문과 일치하는 선반을 들어 올려 화물선별 담당자 앞으로 운반한다. 아마존의 데이브 클라크(Dave Clark) 글로벌 업무 및 고객서비스 수석 부사장은 과거에는 화물의 선별에서 발송까지 한 시간 반이 걸렸지만 이제는 15분밖에 걸리지 않으며 이에 따라 관련 비용도 크게 감소했다고 밝혔다.

키바로봇은 오늘날 가장 첨단화된 로봇 가운데 하나로 평가받는다. 그 이유는 키바로봇의 독보적인 기술 때문이다. 이 로봇은 아마존 물류창고 바닥의 바코드를 따라 이동하기 때문에 다른 사람이나 사물과 충돌할 염려가 전혀 없다.

만약 키바로봇에 작동 오류가 발생하면 어떻게 될까? 이 문제에 관해 아마존 측은 다음과 같이 답했다. "우리 측 엔지니어가 몇 시간 내에 문제의 원인과 해결책을 찾아낼 수 있습니다. 또 우리는 결코 한 창고 안에서 10대의 로봇이 동시에 작동오류를 일으키지 않도록 제어와 관리에 최선을 다하고 있습니다."

클라크 부사장은 "키바로봇이 수행하는 일은 별로 복잡하지 않으며 단지 물건을 이곳저곳으로 옮길 뿐이다"라고 말한 바 있다. 이는 겉보기에는 사소한 기술처럼 보이지만 화물의 입고와 출고 등의 효율성을 크게 끌어올렸다. 특히 쇼핑 시즌에는 이 기술이 막강한 위력을 발휘한다.

🖥 AI 문헌 검색 기술 : 변호사의 업무 효율을 높인다 ○ ●

2017년 11월, 중국 푸젠성(福建省) 성 위원회 통전부가 주최하고, 푸젠성 당외 지식인 협회, 푸젠성의 새로운 사회계층인사 협회, AI 뉴스 플랫폼 진르터우탸오(今日頭條)가 공동 주관한 '신시대, 신네트워크, 신추세 인공지능 시대의 인터넷 트렌드' 회의가 개최되었다. 이 회의에서 진르터우탸오의 창업자 장이밍(張一鳴)이 AI와 기업의 책임을 주제로 강연을 했다.

그때 푸젠성 정협위원이자 푸젠성 퉈웨이(拓維) 변호사사무소의 수석 파트너 쉬융둥(許永東)이 장이밍 회장에게 "AI는 법조계에 어떤 영향을 끼칠 수 있습니까?"라는 질문을 던졌고, 장이밍은 다음과 같이 대답했다.

"AI 발전의 법조계에 대한 도전은 다음 두 가지 방향에서 생각해 볼 수 있습니다. 첫째, 자율주행, 블록체인 기술의 응용 등 신기술이 초래할 수 있는 논쟁이 법조계에 새로운 도전이 될 수 있습니다. 즉, 이런 이슈에 관해 어떤 사법적 판단이 내려지는가에 따라 많은 문제와 논쟁을 일으킬 수 있어요. 둘째, AI가 변호사 업무의 보조수단이 될 수 있고, 또 기존의 변호사들의 업무를 대신할 수도 있습니다. 가령 법률 계약서 수정의 경우 AI는 일정 기간의 학습을 통해 기존 내용을 어떻게 수정하면 좋을지 자체적인 의견을 제시할 수 있습니다. 또 계약 위반 조항의 경우 AI가 빅데이터 분석을 통해 발생 가능한 리스크를 자동적으로 제시하고 또 잠재적인 분쟁상황을 사전 분석하는 것도 가능하리라고 봅니다."

여기에서는 장이밍이 제시한 두 번째 의견에 관해 중점적으로 논해 보겠다. 만약 AI가 현재의 추세대로 발전한다면 AI는 변호사의 '조수' 로서 기초적인 법률 업무를 보조할 가능성이 매우 높다.

실제로 1990년대 초기, 이혼재산분할 문제를 처리하는 판결 시스템인 슬립업(Slip-Up)이 출현했다. 이 시스템은 'AI+법률'의 전신으로 평가받고 있다. 하지만 'AI+법률'은 즉시 상용화될 수 없으며 여기에는 기나긴 과정이 수반될 수밖에 없다. 그 이유는 크게 다음 두 가지 때문이다.

(1) 환경적 원인 : 컴퓨터 작업의 필수 전제조건은 성숙된 전산화 및 데이터화다.

(2) 경제적 원인 : 인건비 대폭 상승 및 과학기술의 발전 문제 때문이다.

2011년 IBM의 핵심기술인 왓슨(Watson)이 개발되어 업계의 지대한 관심을 받았다. 사람들은 AI가 수많은 변호사를 실직으로 내몰지 않을까 걱정하기 시작했다. 이어서 2016년 IBM은 최초의 'AI 변호사'를 개발하는 데 성공했고 이를 '로스(Ross)'라고 이름 붙였다. 로스는 미국 대형 로펌인 베이커 앤드 호스테틀러(Baker & Hostetler)에 투입되어 업무를 수행하고 있다.

많은 사람이 로스를 인공지능 변호사라고 생각하지만 실제로 로스

그림 1-6 변호사를 보조하는 로봇 조수

가 하는 일은 변호사의 질문에 답변하기 등 비교적 단순한 업무다. 따라서 로스는 법률자문시스템에 더 가깝다고 볼 수 있다. 이처럼 AI가 발전했지만 아직까지 로봇 변호사는 나타나지 않았으며 단지 변호사를 보조하는 로봇 조수 단계임을 알 수 있다.

현시점에서 AI는 다음 두 가지 유형의 법률업무에만 참여하고 있다.

(1) 변호사를 위한 보조 도구로서 변호사에게 더 우수한 검색엔진 기능을 수행하며, 관련 자료 및 사례를 추천하고 관리한다. 이를 통해 변호사의 업무 시간을 단축한다.

(2) 변호사와 고객을 위한 소통의 다리 역할을 수행한다. 즉 고객이 법률지식을 이해할 수 있도록 돕고, 고객에게 가장 적합한 변호사를

추천해준다. 현재 이런 서비스를 제공하는 스타트업은 다수 존재하고 있다.

변호사는 수요보다 공급이 부족한 직군이다. 우수한 변호사가 되려면 탄탄한 법률지식의 기반을 갖추고 다년간 실전경험을 쌓아야 한다. 일반적으로 초년 변호사가 하는 일은 대개 자질구레하고 반복적인 업무인 경우가 많다. 또 일반인들은 법률상식이 부족하고 변호사 선임 비용은 매우 비싼데, 이는 변호사들이 성장하기에 불리한 환경이다. 이런 상황을 개선하려면 기술이 개입되어야 한다.

대다수 변호사에게 AI는 방대한 법률조문과 자료의 홍수에서 벗어날 수 있도록 도와주는 존재다. 더 이상 법전을 뒤적이고 조문이나 판례를 검색하지 않아도 된다면, 변호사들은 그 시간을 이용해 의뢰인에게 더 훌륭한 법률 자문을 제공할 수 있고 가치 있는 증거를 더 많이 수집할 수도 있다.

중소기업들 중에는 규모가 작거나 자금력이 부족한 기업이 적지 않다. 이런 기업은 법에 대한 인식과 이해 부족으로 계약 체결에서 잠재적 리스크를 떠안을 가능성이 높다. 만약 AI가 이 두 가지 문제를 해결해준다면 중소기업 입장에서는 큰 도움이 될 수 있다.

독일의 철학자 게오르크 헤겔은 "법은 변호사, 판사, 검사에게 일자리를 제공하기 위해 존재하는 것이 아니다. 법이란 사람들의 문제 해결을 위해 존재해야 한다"라고 말했다. AI의 도움 덕분에 법률 서비스 방식 역시 큰 변화가 생겼고, 아울러 그 범위 역시 확대되고 있는 추세다. 미래에는 AI가 법률 분야에서 활약할 수 있는 범위가 더욱 확대될 전망이다.

🖳 AI 그래픽 : 인테리어 디자이너는 더욱 혁신적인 디자인을 만들어낼 수 있다 ○●

2017년 쌍십일절(雙十一, 11월 11일로 중국 최대의 쇼핑시즌이며 '광군제'라고도 한다) 때, '루반(鲁班)'이란 이름의 AI로봇이 무려 4억 장에 달하는 홍보 배너를 디자인했다. 만약 인간 디자이너가 이 4억 개의 홍보물을 디자인했다면 약 300년의 시간이 소요되었을 것이다. 하지만 루반은 단 하루 만에 이 작업을 끝냈고, 심지어 완전히 똑같은 것은 단 하나도 없었다고 한다.

이러한 사례를 통해 AI가 현재 어느 수준까지 발전했는지 짐작할 수 있다. 그렇다면 과연 AI 그래픽이 디자이너를 대신할 수 있을지 생각해 보자. 앞부분에서 이미 언급한 대로 반복성이 강한 일자리는 AI로 대체될 가능성이 높다. 이는 충분히 예상 가능한 일이며 심지어 이미 발생하고 있는 현실이기도 하다. 인테리어 디자인을 한번 생각해 보자. 인테리어 디자인은 반복성이 강한 업종이 아니라 오히려 창의력을 요하는 업종이라고 생각하는 사람도 많을 것이다. 하지만 인테리어 디자이너가 매일 실제로 하는 업무를 자세히 살펴보면 그렇지 않음을 발견할 수 있다.

만약 인테리어 디자이너가 많은 시간과 노력을 투자해 고객의 니즈를 분석하고 통찰하지 않는다면 AI에 의해 대체될 위협에 직면할 가능성이 매우 높다. 왜냐하면 수량을 늘리는 데 급급하다면 그들이 하는 일은 일정 시간 반복 및 지속하면 충분히 완성할 수 있기 때문이다. 실제로 '루반'은 중국 최대 쇼핑 플랫폼인 타오바오(淘寶)의 디자이너가 하던 일을 대체했다.

　최근에는 인테리어 디자이너를 위해 맞춤형으로 개발된 디자인 소프트웨어도 다수 등장했다. 이는 '생산 노동에서 해방되고 아울러 디자인의 효율성도 제고할 수 있다'라는 명목하에 판매되고 있다. 하지만 이 또한 인테리어 디자이너들의 우려를 낳고 있다. 왜냐하면 이 디자인 소프트웨어는 몇 가지 모듈을 입력하고 서로 조합하기만 하면 훌륭한 디자인을 얼마든지 만들어낼 수 있고, 고객에게 직접 납품도 할 수 있기 때문이다. 만약 고객이 만족하지 않으면 이 소프트웨어는 앞의 절차를 반복해 완전히 새로운 디자인을 만들어낼 수도 있다.

　하지만 한 가지 인정해야 할 점이 있다. 이런 블록쌓기식 디자인 방식은 비록 효율성을 크게 높일 수는 있지만, 인테리어 디자인 자체의 가치는 결코 구현할 수 없다.

　본질적으로 디자인이란 문제를 발견하고, 분석하고, 해결하는 '과정' 그 자체이지 최종적으로 만들어진 어떤 작품이 아니다. 이에 관해 유명한 홍콩의 인테리어 디자이너 스티브 륭(梁志天, Steve Leung)은 이렇게 말했다. "나는 스스로를 '삶의 디자이너'라고 생각한다. 내가 하는 많은 일이 인간의 삶과 깊은 관련이 있기 때문이다. 디자인이란 인간의 당대의 삶을 디자인 속에 반영한다는 점에서 만국 공통이다."

　훌륭한 인테리어 디자이너는 자신의 고객과 깊게 소통하고 이를 바탕으로 가장 이상적인 디자인 솔루션을 제공할 수 있어야 한다. 그리고 이 솔루션은 고객만의 독특한 개성을 체현할 수 있어야 한다. 또한 훌륭한 인테리어 디자인은 독창성을 구현해야 하며, 단순히 정해진 모듈에 숫자를 입력하고 갖다 붙여서 적당히 만들어내는 것이어서는 안 된다.

AI 입장에서 보면 인문학적 경험의 결핍은 큰 장애 요소다. 사실 현 시점에서 AI는 아직 인간의 감정을 갖추지 못하고 있고, 바로 이 점이 인테리어 디자이너의 강력한 경쟁력이다.

한편으로 AI는 반복성이 강한 일자리를 대체할 수 있고, 또 한편으로 인간을 보조하는 역할을 수행할 수 있다. AI의 도움을 받는다면 인테리어 디자인에서 약 90%를 차지하는 반복성의 기계적 작업은 사람이 직접 할 필요가 없다. 그렇게 되면 업무량은 대폭 줄어들면서 효율성은 크게 높아진다. 이렇게 절약한 시간과 노력을 더 창의적이고 가치 있는 업무에 활용할 수 있다.

이처럼 AI는 인테리어 디자이너의 가치를 빼앗지 않으며, 오히려 그들의 창의성을 높여주는 역할을 할 수 있다. 따라서 인테리어 디자이너들은 AI를 자신의 업무에 적극 활용해 자신의 일의 가치를 높일 필요가 있다.

🖳 기사 작성에 참여하는 AI : 기자는 심층 보도에 더 집중할 수 있다　　○ ●

오늘날 정보량의 폭발적 증가, SNS의 발달, 다양한 플랫폼의 등장 등 새로운 미디어 환경이 구축되면서 기자라는 직업은 전례 없는 압박과 도전에 직면하고 있다. 또 다양한 '개인비서 소프트웨어'가 등장해 기자의 업무에 활용되고 있다.

관련 통계에 따르면, 기자 한 명이 평균 3~5개의 개인비서 소프트웨어와 1~3종류의 문서처리 및 클라우드 저장 소프트웨어를 사용하고 있다고 한다. 기자 입장에서 이런 소프트웨어는 업무의 효율을 높여주기는 하지만 업무 환경을 서로 연결되지 않는 각각의 화면에 분할하는 것이므로 지나치게 많은 소프트웨어를 사용하다 보면 여러 불편함이 초래된다.

뉴스기술 관련 연구기관은 AI를 통해 이 문제를 해결하려고 한다. 그렇다면 AI는 기자들에게 어떤 도움을 줄 수 있을까? 기술면에서 보면 AI는 분산되어 있는 앱을 통합할 수 있고, 심지어 기자 대신 부차적인 노동을 수행할 수도 있다. 이는 다음 세 가지 형태로 나타난다.

⑴ 음성언어 대화는 기자와 앱 사이의 쌍방향 교류의 효율성을 높여준다.

⑵ 기계독해(Machine Reading Comprehension, MRC) 기술 기반의 Q&A 시스템을 활용하면 기자는 자료와 뉴스 소스를 아주 짧은 시간 내에 검증할 수 있다.

⑶ 자동 원고작성 로봇은 24시간 내내 쉼 없이 일할 수 있다. 또 뉴스 자료를 빠르게 수집하고 뉴스 원고를 제 시간 내에 작성하는 등 뉴스 콘텐츠를 적시에 신속하게 제작할 수 있다. 또한 기계적인 업무를 대신해주어 기자의 업무 스트레스를 줄여주기도 한다.

앞에서 말한 AI의 기술과 능력을 현실에 적용한다면 다음 세 가지 유형으로 구현된다.

1. 원고작성의 훌륭한 조수

오늘날 수많은 속보(Breaking News)의 경우 가장 먼저 원고를 작성하고 기사를 완성하는 '기자'는 사람이 아니라 원고작성 로봇인 경우가 많다. 기자 입장에서는 자괴감이 들지도 모르겠다. 하지만 많은 전문가는 원고작성 로봇의 능력이 여전히 일차원적인 수준에 머물러 있다고 말한다. 원고작성 로봇은 알고리즘을 통해 뉴스 소스와 자료를 조합한 뒤 기사를 생성할 뿐이기 때문이다. 이런 면에서 본다면 AI가 기자의 업무를 완전히 대체하는 것은 시기상조라고 할 수 있다.

하지만 원고작성 로봇이 기자가 직접 처리할 필요가 없는 자질구레한 일(예를 들면 방송용 원고를 SNS 업로드용 원고로 정리하기, 한 가지 원고를 스타일이 다른 원고로 바꾸기, 취재한 구술을 타이핑해 원고로 정리하기 등)을 대신하는 것은 바람직한 현상이다. 이렇게 창의성이 요구되지 않는 자질구

그림 1-7 로봇이 새벽 3시 15분에 뉴스 콘텐츠를 편집하고 있다.

레한 일을 AI에게 맡기는 것은 기자 누구나 희망할 것이다.

2. 언어능력을 갖춘 업무 보조

대다수 기자에게 가장 머리 아픈 일은 다양한 활동 참여, 빈번한 취재, 복잡한 회의 스케줄일 것이다. 이 세 가지 일을 수행하는 과정에서 그들은 끊임없이 다양한 뉴스 소스에 노출된다. 따라서 이런 뉴스 소스를 융합해 정확한 기사를 작성할 수 있도록 돕는 것이 AI의 핵심적인 해결 과제다.

3. Q&A 로봇

지금은 SNS 시대라고 해도 과언이 아니다. 그래서 기사는 신속함이 더욱 요구되고 있고, 그 결과 과거 어느 때보다 신속성이 중요시되고 있다. 그래서 신속한 원고작성, 분초를 다투면서도 동시에 오류를 범하지 않는 것이 모든 기자의 시급한 과제가 되었다.

기자들은 과거에는 검색을 통해 자료와 뉴스 소스를 검증했는데 이는 신뢰성과 효율성이 매우 낮았다. 반면 요즘 기자들은 AI Q&A 로봇을 이용해 최단 시간 내에 빠르게 자료와 뉴스 소스를 검증할 수 있다. 또한 AI Q&A 로봇을 통해 전문가 차원의 답변을 얻을 수 있으므로 기사의 질을 한층 더 높일 수 있다.

이처럼 AI는 점차 기자의 조수로 자리매김하고 있는 중이다. 이런 추세를 선도하고 있는 대표적인 매체가 바로 AP통신과 〈뉴욕타임스〉다.

AP통신은 예전부터 워드스미스(Wordsmith) 로봇을 이용해 경제계의 기업 실적 기사를 작성해 보도했고, 대부분의 편집 업무도 이 로봇에게 맡겼다. 〈뉴욕타임스〉가 개발한 블러섬블롯(Blossomblot) 로봇은 사회적 이슈가 될 만한 글을 선별하고 편집하는 일을 도와준다. 관련 조사에 따르면 블러섬블롯을 이용해 선별한 기사는 클릭수나 조회수 모두 일반 기사보다 훨씬 높았다.

이 밖에도 다양한 사례가 존재한다. 〈LA타임스〉는 스마트 시스템을 이용해 지진 발생 관련 뉴스를 처리하며, 영국의 일간지 〈가디언〉은 로봇을 활용해 인터넷에서 인기 있는 글을 선별한다. 또한 로이터통신은 스마트 솔루션을 도입해 기사의 편집과 검증을 실시하고 있다.

이처럼 AI의 중요성은 이미 다수의 언론기관에서 인식하고 있다. 하지만 AI의 실제 활용에는 여러 난관도 존재한다. 가장 대표적인 난관은 AI 개발 기업마다 채택하는 전략이 다르기 때문에 다양한 기능을 통합해 기자에게 원스톱 서비스를 제공할 수 있는 전문 앱이 현재까지 없다는 점이다. 그 결과 기자들은 여러 개의 앱을 왔다 갔다 해야 하는데 이는 그들에게 커다란 불편을 초래한다. 따라서 기자들에게 통합형 AI제품은 매우 필요하다고 할 수 있다.

결론적으로 AI가 기자의 업무를 대체하기 위해서는 먼저 기자의 업무 효율을 높이고 보도의 정확성과 완정성을 보장해야 한다. 만약 AI가 이러한 임무를 훌륭하게 수행할 수 있다면 기자들은 업무 부담이 점차 줄어들 것이고, 그 시간에 가치 있는 일에 더욱 집중함으로써 자신의 가치를 더욱 높일 수 있다. 이는 결과적으로 AI에게 일자리를 빼앗길지도 모른다는 우려와 걱정에서 완전히 벗어나게 해줄 것이다.

업무에 도입된 AI,
어떤 효과를 가져다줄까?

소비패턴 및 산업구조의 고도화에 따라 AI는 우리의 삶과 업무에 이미 깊숙이 들어와 있다. 스마트 언어인식, 무인자율주행 등이 대표적이다. 그렇다면 AI는 과연 어떤 영향을 끼치게 될까? AI가 업무에 도입되면서 일의 효율성이 크게 높아지고, 업무 효과 역시 뚜렷이 개선될 전망이다. 바로 이런 이유 때문에 AI라는 기술을 도입하는 기업이 점점 늘어나고 있다.

AI의 데이터 관리 프로세스

AI는 데이터를 관리할 수 있다. 하지만 우리는 AI가 어떤 식으로 데이터를 관리하는지에 대해 잘 알지 못한다. 사실 AI의 데이터 관리 프로세스는 그다지 복잡하지 않은데, 구체적으로는 '데이터 수집', '데이터 분석 및 처리', '모델 최적화', '상업적 가치 제고'라는 4개의 프로세스를 따른다.

🖳 데이터 수집　　　　　　　　　　　　　　　○ ●

속담에 '아무리 솜씨 좋은 부인도 쌀이 없으면 밥을 할 수 없다'라는 말이 있다. 이 속담처럼 AI가 데이터를 관리하려면 가장 먼저 데이터를 수집해야 한다. 그리고 데이터의 정확성과 완정성은 이 데이터를 활용한 업무의 진정성과 신뢰성을 결정하게 된다. AI 시대에 데이터 수집의 특징은 일반적으로 그림 2-1과 같다.

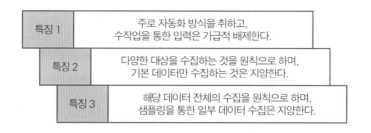

특징 1	주로 자동화 방식을 취하고, 수작업을 통한 입력은 가급적 배제한다.
특징 2	다양한 대상을 수집하는 것을 원칙으로 하며, 기본 데이터만 수집하는 것은 지양한다.
특징 3	해당 데이터 전체의 수집을 원칙으로 하며, 샘플링을 통한 일부 데이터 수집은 지양한다.

그림 2–1 AI 시대에 데이터 수집의 특징

1. 주로 자동화 방식을 취하고, 수작업을 통한 입력은 가급적 배제한다.

과거에는 주로 '수작업 입력', '전화조사', '설문조사'로 데이터를 수집했다. 하지만 AI 시대를 맞이해 데이터 수집 방식에도 큰 변화가 생겼다. 오늘날에는 애플 시스템 또는 안드로이드 시스템의 데이터 수집 소프트웨어를 가장 많이 사용한다. 이런 소프트웨어는 이용자 수, 탈퇴율, 사용 시간, 액티브 유저 수 등 기초 데이터 수집에 활용할 수 있다. 방대한 양의 데이터를 수집할 때는 웹 크롤러(web crawler, 미리 입력된 컴퓨터 프로그램에 따라 웹페이지를 추적하고 그 결과를 통해 다시 새 정보를 찾는 일을 계속 반복하는 행위. 스파이더(spider) 또는 봇(bot)이라고도 한다)도 매우 널리 사용되고 있다.

2. 다양한 대상을 수집하는 것을 원칙으로 하며, 기본 데이터만 수집하는 것은 지양한다.

데이터 수집 과정에서 AI는 기초적인 구조화된 거래 데이터뿐만 아니라 '잠재적 의미가 큰' 데이터 역시 수집한다. 예를 들어 SNS 데이터, 문자·음성 유형의 피드백 데이터, 반(半) 구조화된 사용자 행위 데이터, 주기성 데이터, 인터넷 데이터 등이다.

3. 해당 데이터 전체의 수집을 원칙으로 하며, 샘플링을 통한 일부 데이터 수집은 지양한다.

제조업 분야에서 가장 대표적인 데이터 수집 장치는 바로 센서다. 이는 주로 자동 측정, 자동 제어 등에 활용된다. 오늘날 센서 데이터를 기반으로 한 빅데이터 앱은 아직 성숙 단계에 이르지 못했다. 하지만 미래에는 '핸드폰 센서+빅데이터 플랫폼'를 기반으로 한 스마트설비가 점점 더 증가함에 따라 스마트 도시, 스마트 오피스, 스마트 의료 등 다양한 분야에서 폭넓게 사용될 것이다.

이처럼 데이터 수집 방식은 물론 수집 대상인 데이터의 유형과 범위는 훨씬 더 다양하고 넓어졌다. 이 과정에서 AI의 역할은 매우 크다.

데이터 분석 및 처리

AI를 통한 데이터 관리의 두 번째 프로세스는 데이터의 분석 및 처리다. 이 과정에서 가장 중요한 두 가지 기본 원칙은 그림 2-2와 같다.

1. 전면적
'전면적'의 원칙은 한 타깃 고객에 관한 데이터뿐만 아니라 다양한 유형의 데이터 전부를 수집해야 한다는 뜻이다. 예를 들어 서버 데이터, 데이터베이스의 데이터 등이다. 이를 분석하고 처리할 때, 만약 데이터

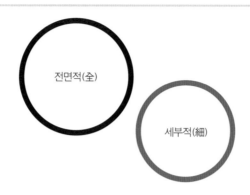

그림 2-2 데이터 분석 및 처리 과정의 두 가지 기본 원칙

전부를 수집하지 않았다면 최종 결과에 심각한 영향을 미칠 수 있다.

또한 빅데이터에서 우리가 중요하게 여기는 대상은 샘플링의 일부 데이터가 아니라 전체 데이터다. 예를 들어 일부 지역의 데이터만을 수집해 그것을 바탕으로 국가 전체가 그렇다는 결론을 내려서는 안 된다. 왜냐하면 해당 지역은 특수한 상황일 수 있으므로 그 데이터는 그 나라 전체의 실제 상황을 대변한다고 볼 수 없다.

2. 세부적

'세부적'의 원칙은 다양한 각도와 관점에서 수집할 것을 강조한다. 즉 다양한 각도, 다양한 속성, 다양한 필드(field)의 데이터를 모두 수집해야 한다는 것이다. 예를 들어 다양한 각도에서의 데이터를 모두 수집한 뒤 이를 분석하고 처리했다면, 그 결과는 어느 정도 과학적 합리성과 정확성이 보증된 것이다.

이 두 기본 원칙을 충실히 지킨다면 데이터 분석 및 처리 절차는 순조롭게 진행할 수 있다. 이는 또 AI가 업무의 질과 효율성을 높일 수 있는 주요 원인이기도 하다.

▣ 모델 최적화　　　　　　　　　　　　　　　　○ ●

AI를 이용한 데이터 관리의 세 번째 프로세스는 모델 최적화다. 일반적으로 모델 최적화는 다음 두 가지 상황에서 발생한다. 한 가지는 모델의 평가에서 과소적합(underfitting) 또는 과대적합(overfitting) 상황이 발생한 경우로, 이는 해당 모델을 좀 더 최적화할 필요가 있음을 뜻한다. 다른 한 가지는 실제 활용에서 모델의 효과가 부적합(ineffective)으로 나타날 경우로, 이 모델은 최적화가 필요하다는 뜻이다. 여기에서 말한 모델 최적화는 주로 그림 2-3과 같은 몇 가지 유형이 있다.

일반적으로 모델을 최적화할 때 사용하는 구체적인 방식은 모델에 따라 다르다. 분류모델(classification model)을 최적화할 경우, 정확성과 보편성의 균형을 맞추기 위해 역치를 조금씩 조정할 필요가 있다. 회귀모델(regressive model)을 최적화할 경우, 특이 데이터가 모델에 미치는 영향을 고려하고, 동시에 비선형 진단 및 공선성(collinear) 진단을 실시해야 한다.

또한 메타 휴리스틱 알고리즘(meta-heuristic algorithm)을 통한 모델 최적화도 가능하다. 간단히 말해서 약(弱)모델 여러 개를 트레이닝해 하나의 강(强)모델을 구축하고, 이를 통해 최상의 효과를 거두는 식이다. 우리가 흔히 말하는 '백지장도 맞들면 낫다'는 원리다.

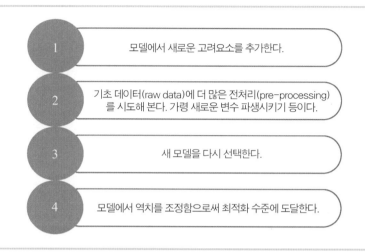

1 모델에서 새로운 고려요소를 추가한다.

2 기초 데이터(raw data)에 더 많은 전처리(pre-processing)를 시도해 본다. 가령 새로운 변수 파생시키기 등이다.

3 새 모델을 다시 선택한다.

4 모델에서 역치를 조정함으로써 최적화 수준에 도달한다.

그림 2-3 모델 최적화의 몇 가지 유형

사실 모델 최적화란 단순히 모델 그 자체를 최적화하는 것뿐 아니라 동시에 기초 데이터(raw data)를 최적화하는 것도 가리킨다. 만약 기초 데이터를 효과적으로 전처리했다면 모델에 대한 조건도 어느 정도 하향조정할 수 있다. 다시 말해 모든 모델을 다 시도해도 여전히 만족스러운 효과를 얻지 못했다면, 이는 수집한 기초 데이터를 효과적으로 전처리하지 못했기 때문일 가능성이 높다. 물론 적합한 핵심요소를 찾지 못한 것이 원인일 수도 있다.

한 가지 분명한 사실은 모든 업무 상황에 항상 적용되는 만능 모델은 결코 존재하지 않는다는 점이다. 마찬가지로 어떤 특정 업무 상황에 적용되는 고유한 모델 역시 존재하지 않는다. 좋은 모델이란 모두 최적화 과정을 거쳐 얻은 것이고, 이를 통해 AI가 관련 업무에서 크게 활약할 수 있다.

🖳 상업적 가치 제고

AI를 통한 데이터 관리의 마지막 프로세스는 상업적 가치의 제고다. 사실 이는 절차라기보다는 결과라고 할 수 있다. 2016년 중국 창신궁창(創新工場, 혁신공장)의 창업자 리카이푸(李開復)는 칭화 대학교에서 한 연설에서 "AI의 황금시대가 도래했다"라고 말했다. 실제로 현재의 AI는 이미 시각, 음성, 언어 등 세 가지 감각기능을 갖추었고, 그 덕분에 AI로봇은 엄청난 경제적 효과를 창출하며 상업적 가치가 크게 높아졌다.

의학, 농업, 제조업 등 다양한 분야에서 AI는 거대한 상업적 가치를 창출하고 있다. 의학 분야를 예로 들어 보자. AI로봇의 팔을 인체 내부에 삽입해 더 정밀한 인체 데이터를 더 많이 수집할 수 있다. 또 의사들은 AI로봇을 이용해 더 정밀한 최소절개술을 수행할 수 있다(그림 2-4 참조). 이 분야는 미국 워싱턴 DC의 아동국립의료센터(Children's National Medical Center)가 앞서가고 있다.

이 병원에서 활약 중인 AI로봇의 팔은 의사의 팔보다 더 길고 유연해서 다양한 업무를 수행하고 있다. 예를 들어 의사들의 고난도 수술을 돕고, 인간이 얻기 어려운 의학 사진도 얻을 수 있다. 인체 내 좁은 공간에 들어가 데이터를 수집하기도 하고, 고해상도 의학 데이터 사진도 얻을 수 있다.

AI는 의료 분야뿐만 아니라 기업에도 큰 상업적 가치를 가져다준다. 기업에서는 클라우드 컴퓨팅과 AI를 결합해 빅데이터 분석을 실시할 수 있다. 또 AI는 AR, VR 등의 가상기술과 결합할 수 있다. 이처

그림 2-4 AI는 의사의 훌륭한 조수다

럼 기업은 클라우드를 통해 고객의 정확한 니즈를 파악할 수 있다.

AI를 제품 생산에 활용하면 기업의 생산 효율을 크게 높일 수 있다. 일례로 독일의 자동차 기업은 AI를 이용해 생산의 전 과정을 자동화했다. 도료 분사 암, 용접 암, 나사형 전등 장착 암 등은 모두 자동화 기술이 도입된 것이다.

실제로 수많은 분야에서 스마트화가 진행되고 있다. 이는 공급사슬(supply chain)의 변화는 물론, 관련 서비스의 최적화, 상업적 가치의 향상 등에 크게 기여하고 있다.

AI는 어떻게 기업 행정관리 업무의 효율성을 높이는가?

어느 회사든 행정관리 업무는 일종의 윤활유와 같은 역할을 한다. 이 윤활유가 없다면 기업은 원활하게 운영될 수 없다. 그런데 이런 역할은 눈에 보이지 않기 때문에 이를 소홀히 하는 기업이 적지 않다. 하지만 AI가 기업의 행정관리 업무에 투입되어 상황은 크게 개선되었다. 기업은 더 과학적으로 전체적인 기획을 진행해 조직 운영을 원활히 할 수 있게 되었다.

📟 빅데이터를 이용해 전체 구도 파악하기 : 전체 계획 수립에 기여 ○ ●

많은 전문가가 빅데이터가 기업 가치사슬을 최적화하고 효율을 극대화하는 데 기여한다고 말한다. 무엇보다 중요한 점은 기업은 빅데이터를 이용해 가치사슬의 각 세부 과정을 심도 있게 분석 및 점검하고, 기업의 혁신을 실현하며, 나아가 가치사슬을 더 높은 수준으로 끌어올릴 수 있다는 것이다.

예를 들면, 포드 자동차가 생산한 전기차는 주행 또는 정차 중에 방대한 양의 데이터를 생성하는데 이 데이터는 운전자와 기업(포드) 모두에게 매우 유용하다.

먼저 운전자 입장에서 보면, 이 데이터는 차량 상황 파악, 운전 방식의 조정, 차량 점검 시기 확인 등에 활용할 수 있다. 또한 도로 상황 정보와 결합하면 운전자에게 최적의 운행 노선을 제시해줄 수 있다.

포드 자동차 입장에서 보면, 엔지니어는 이 데이터를 기반으로 고객이 더 선호하는 제품을 디자인하고 개발할 수 있다. 유지보수 부서와 서비스 부서의 경우, 이 빅데이터를 토대로 민첩하고 우수한 서비스를 제공해 고객만족도를 높일 수 있다.

기업은 빅데이터를 이용해 기업 운영의 효율성을 크게 높일 수 있을 뿐만 아니라, 계획을 수립하고 나아가 기업 업무 방식의 변화를 도모할 수 있다.

또 과거에 진입장벽이 높아서 쉽게 들어갈 수 없었던 업계의 경우, 관련 데이터를 획득했거나 데이터를 융합한다면 기존 업계의 판도를 새롭게 짤 수 있게 되었다.

실제로 빅데이터를 이용해 신규 시장을 개척해 새로운 시장을 찾는 데 성공하는 기업이 늘어나고 있다. 가장 대표적인 기업이 바로 알리바바다.

알리바바는 빅데이터를 이용해 기존의 전자상거래 업체에서 금융기업, 데이터 서비스기업, 플랫폼 기업으로 전환하고 있다. 또한 기존의 물류배송, 제조업, 전자상거래, 소매업, 금융업 지형을 뒤흔들고 있다. 알리바바의 성공적인 전환으로 인해 이들 업종의 '게임 규칙'에도 큰 변화가 발생했다. 알리바바는 빅데이터를 충분히 활용해 중국 업계 내에서 독보적인 위치를 구축하고 이를 더욱 공고히 했다.

미래에는 더 많은 기업이 빅데이터 분야에 적극적으로 뛰어들 것으로 보인다.

🔲 클라우드 컴퓨팅을 이용한 자원 배분 : 원활한 조직 운영을 뒷받침하다 ○ ●

오늘날 대다수 기업은 내부 자원 배분에서 심각한 불균형 문제를 안고 있다. 그런데도 이 문제가 가져올 심각한 영향력을 잘 인식하지 못한다.

현재 대다수 기업은 여전히 거래량을 기반으로 하는 모델을 사용해 향후 몇 년 뒤에 필요한 거래량을 예측하려고 하지만, 그 결과는 정확하지 못한 경우가 많다. 반면 신기술은 현실 세계의 소비 상황을 더 정확하게 보여주고, 나아가 미래 예측의 정확성도 크게 높일 수 있다.

여기에서 말하는 신기술이란 AI와 밀접하게 연관된 클라우드 컴퓨팅이다. 클라우드 컴퓨팅은 이 밖에도 다양한 기능을 수행할 수 있다. 주로 다음과 같은 분야에서 활용될 수 있다.

1. 클라우드 컴퓨팅 서비스는 기업의 고착도(stickiness, 사용자가 상품 또는 서비스를 오래 혹은 자주 사용하려는 충성 정도)**를 높인다.**
만약 기업의 서비스 플랫폼이 공공 클라우드(public cloud)로 바뀐다면, 하나의 클라우드 컴퓨팅 제공업체에서 다른 업체로 바꾼다 해도 그다지 큰 차이는 없을 것이다. 기업은 가격을 따져서 가장 적합한 클라우드 컴퓨팅 제공업체를 선정하면 되기 때문이다. 또 더 많은 응용 프로그램을 클라우드 컴퓨팅 제공업체에 아웃소싱을 할 경우, 기업 입장에서는 결코 무시할 수 없는 부작용이 생긴다는 점에 유의해야 한다. 그것은 바로 해당 클라우드 컴퓨팅 제공업체에 대한 고착도가 크게 높아진다는 점이다.

2. 응용 프로그램의 최적화를 촉진한다.

2018년 이후로 클라우드 컴퓨팅과 서비스형 플랫폼(platform as a service, PaaS) 솔루션을 채택하는 기업이 점점 늘어나고 있다. 서비스형 플랫폼 솔루션의 영향으로 기업들은 자사에 배치한 응용 프로그램의 일부를 밖으로 옮겨 클라우드 컴퓨팅 서비스형 데이터베이스(database as a service, DBaaS) 플랫폼을 이용하고자 한다. 이는 기업이 응용 프로그램을 일정 수준으로 최적화하면서 막대한 운영비용도 절감하는 이중효과를 거둘 수 있다.

3. 일부 추가 비용을 절감할 수 있다.

현대 공공 클라우드의 경우, 다수 소프트웨어 라이선스의 사용이 예전보다 더 용이하고 간편해졌다. 이는 클라우드 이전 후의 총소유비용(total cost of ownership, TCO)을 예측하는 데 큰 영향을 끼쳤다. 만약 어떤 기업이 휴대용 라이선스를 보유하고 있고 그중의 데이터 역시 총비용에 계상되지 않았다면, 이는 막대한 잠재적 비용을 절약할 수 있는 기회를 잃는 것이다.

상황에 따라서는 클라우드 컴퓨팅 제공업체로부터 라이선스를 새로 취득하는 비용보다 라이선스를 클라우드에 도입하는 비용이 훨씬 더 저렴할 수도 있다. 심지어 후자의 비용이 전자의 80퍼센트 이상 낮을 수도 있다. 이렇게 절약한 비용을 기업 운영 등에 활용할 수 있다.

클라우드 컴퓨팅은 이처럼 중요한 역할을 한다. 따라서 이 기술을 도입하는 기업이 점점 더 늘어나고 있으며, 이는 AI가 기업 내에서 널리 활용되는 촉매 역할을 하고 있다.

🖥 딥러닝을 통해 각종 업무의 제어 및 조정 가능 ○ ●

중국의 열차 제조기업인 난처 그룹(中國南車股份有限公司)의 자오샤오강(趙小剛) 전(前) 회장은 "스마트화 제조 및 서비스에 기반한 딥러닝이 기업관리의 핵심 방식으로 자리잡을 것"이라고 예측한 바 있다.

기업관리에서 스마트화는 '피라미드 모델'을 이용해 상호관계를 표현할 수 있다. 즉 아래에서 위로 각각 '데이터화 층', '정보화 층', '스마트화 층', '딥러닝 층'의 구조를 보인다. 결론적으로 말해 스마트화는 깊이와 정도가 더해가는 점층형 구조를 띤다.

이때 정보화 층은 신뢰할 수 있고 정확한 데이터를 기반으로, 스마트화 층은 신뢰할 수 있고 정확한 대량의 데이터를 기반으로 구축된다. 또 스마트화 층에서는 다양한 정보시스템을 2차 가공하고, 매트릭스 분석을 실시함으로써 마침내 스마트화를 달성한다.

이제부터 '피라미드 모델'의 맨 꼭대기에 위치한 딥러닝 층에 관해 소개해 보겠다. 딥러닝은 방대한 양의 데이터와 정보 서브시스템(subsystem), 스마트화를 기반으로 수행하는 신경망(neural network)식 컴퓨팅 분석이다. 이는 스마트화의 업그레이드 버전이며 그 수준은 일정 부분 인간의 지혜를 뛰어넘는다.

딥러닝을 활용할 경우 기업은 개별 업무를 더 효과적으로 제어 및 조정할 수 있다. 제품생산 업무를 예로 들어 보자. 제품생산에서 딥러닝은 방대한 데이터와 각 분야의 우수 엔지니어의 경험을 융합할 수 있다. 아울러 제품에서 발생할 수 있는 잠재적 문제점을 사전에 예측할 수도 있다.

이처럼 기업 입장에서 딥러닝의 역할은 매우 강력하다. 이는 각 기업이 AI를 도입하는 이유 중의 하나이며, 나아가 기업의 스마트화를 가속화한다.

🔲 AI를 이용한 직원 채용 : 더 적합한 인재를 선발할 수 있다

인사 분야에서도 AI의 도입이 점점 늘어나고 있다. 현시점에서 AI가 인사담당자들의 직원 채용을 완전히 대신하지는 못하지만, 직원 채용 과정을 크게 개선할 수는 있다는 점은 분명하다.

기업의 인사담당자가 적합한 인재를 선발하려면 그림 2-5와 같은 세 가지 업무에 만전을 기해야 한다.

AI가 이 3대 업무 중 어느 하나를 대신할 수는 있더라도 지원자들을 속속들이 파악하고, 평가하고, 그들이 업무환경에 충분히 적합한지

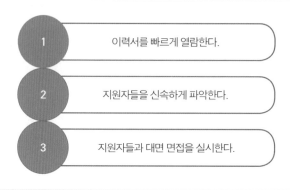

1	이력서를 빠르게 열람한다.
2	지원자들을 신속하게 파악한다.
3	지원자들과 대면 면접을 실시한다.

그림 2-5 적합한 인재 선발을 위한 3대 업무

등을 평가하는 능력은 여전히 부족하다.

하지만 AI를 이용하면 인재 선발의 일부 과정에서 효율성을 높일 수 있다. 예를 들어 기존보다 훨씬 더 많은 지원자의 정보를 획득하고, 선별하며, 특이사항을 기록할 수 있다.

AI를 직원 채용에 활용하면, 기업의 인사담당자가 시간과 기업의 유한한 자원을 절약할 수 있을 뿐만 아니라 채용의 오류를 줄일 수 있다.

만약 어떤 기업이 최단 시간 내에 각 지원자의 지원서류를 검토해 피드백을 할 수 있다면, 그 기업은 전보다 훨씬 더 많은 지원자를 받을 수 있다. 그 결과 기업에 적합한 인재를 채용할 확률이 더 높아지고, 나아가 우수한 인재들을 채용함으로써 기업의 균형적 발전과 지속적인 성장을 도모할 수 있다.

AI는 기업 재무관리 업무의
효율성을 높인다

현재 많은 기업이 'AI+기업 재무관리' 솔루션을 도입해 활용하고 있는 추세다. 예를 들면 스마트 지갑(smart wallet), 스마트 정산, 스마트 심사, 스마트 신용, 스마트 배송 송장, 스마트 증명서, 스마트 세금계산서, 스마트 보고서 등이다. 이러한 솔루션은 기업 재무관리에서 AI가 가장 큰 능력을 발휘할 수 있는 분야로, 향후 각 기업에서 매우 중요한 역할을 수행하게 될 것이다.

스마트 지갑 : 영수증 정보를 수집하고 검증한다 ○ ●

기업에서 재무담당자가 하는 일은 매우 많으며 각종 문제에 직면할 수 있다. 가장 대표적인 예는 다음과 같다.

(1) 영수증의 진위 여부 감별이 점점 더 어려워져 업무 난이도가 높아진다.

(2) 엄청난 숫자의 영수증을 정리하는 데 많은 시간과 노동력이 소요되며, 오류 발생 가능성도 있다.

⑶ 전자영수증을 중복 정산하는 문제는 재무담당자가 꼭 확인해서 처리해야 하며, 이는 원천 차단하기 어렵다.

⑷ 영수증의 종류가 너무 많아 직원이 이를 청구하고 정산받는 데 매우 번거롭다.

AI의 출현과 발전 덕분에 이러한 문제들은 효과적으로 해결할 수 있게 되었다. AI를 기반으로 개발된 '클라우드 지갑'이 영수증 정보를 수집하고 검증할 수 있기 때문이다.

2017년 7월, 중국의 인스퍼(Inspur, 浪潮) 그룹이 클라우드 지갑 솔루션을 정식으로 발표하자 업계의 큰 주목을 받았다. 영수증의 수납, 분류, 정산에 이르는 모든 과정에서 인스퍼의 클라우드 지갑은 큰 역할을 수행하며, 이는 영수증 정보에 대한 전반적인 관리에 큰 도움을 준다.

또 인스퍼의 클라우드 지갑은 언제 어디서나 간편하고 편리하게 고객의 영수증 관리를 도울 수 있다. 이런 기능이 가능했던 이유는 그림 2-6과 같은 클라우드 지갑이 가진 3개의 기능 모듈 덕분이다.

1. 쑤이서우싸오(随手掃, 영어명 'Handy Scanner Pro', 즉석 스캔 앱)

사용자는 '쑤이서우싸오'로 업체의 영수증 QR코드를 스캔하여 직접 전자영수증을 발급받을 수 있고, 또 이는 자동적으로 전자 대장 데이터베이스에 기록된다. 인스퍼 클라우드 지갑은 세무관리 클라우드나 위챗 카드지갑을 통해 전자영수증을 자동 발급받을 수 있고, 사용자의 영수증 수납, 분류 관리를 돕고, 정산 때는 전자영수증에 들어가 간편하게 정산할 수 있도록 한다.

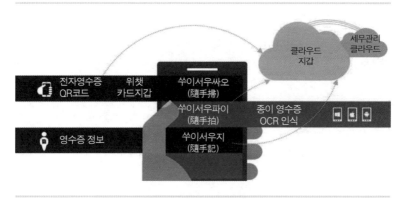

그림 2–6 인스퍼 클라우드 지갑의 3개 기능 모듈

2. 쑤이서우파이(隨手拍, 핸드폰 즉석 촬영 앱)

사용자는 '쑤이서우파이'로 언제 어디서든지 종이영수증을 촬영할 수 있다. 그러면 인스퍼 클라우드 지갑은 이에 대해 OCR 인식(optical character recognition, 광학문자인식)을 실시한 뒤, 세무관리 클라우드와 전자 대장 데이터베이스에 접속하여 마지막으로 해당 영수증이 진짜인지 여부를 판별해낸다. 또 인스퍼 클라우드 지갑은 실제 영수증을 자동 수집하는 기능도 갖추고 있다.

3. 쑤이서우지(隨手記, 영어명 'Feidee', 개인 재무관리 앱)

사용자는 쑤이서우지(隨手記) 앱을 통해 특수 유형의 종이영수증을 인스퍼 클라우드 지갑에 넣어놓을 수 있고, 또 필요하면 언제든지 불러올 수 있다.

이처럼 인스퍼 클라우드 지갑은 기업 재무담당자에게는 훌륭한 조수가 될 수 있다. 영수증의 진위 여부를 판별할 수 있고, 재무담당자가 영수증을 언제 어디서든 조회하고 사용하도록 돕는다. 기업의 재무관리 분야에서 이러한 클라우드 지갑은 큰 도움이 될 수 있다.

📟 스마트 정산 : 정산 절차를 간소화하고 정산 비용을 절감한다 ○ ●

2017년 4월 융유(用友, 1988년 설립된 중국 대형 소프트웨어 기업)가 대규모 대회를 개최했다. 이 대회에서 '융유 클라우드'가 정식 발표되고 온라인에서 상용화에 들어갔다. '융유 클라우드'의 핵심 구성요소인 '융유 재무클라우드'는 각 기업에 다양한 스마트 클라우드 서비스와 기업의 재무 구조 전환에 관한 컨설팅을 제공할 수 있다.

'융유 클라우드' 도입 이후 기업의 재무관리 절차는 더욱 체계화되고 효율성이 높아졌으며, 반대로 재무관리 비용과 리스크는 크게 줄었다. 이로써 기업 재무관리 업무의 수준이 전반적으로 한 단계 높아졌다.

'융유 클라우드'는 기업에 재무정산, 결산 등 기반 서비스를 제공하며, 이 서비스를 제공하는 플랫폼은 각각 '유 결산보고(友報賬, You Baozhang)', '유 장부(友賬表, You Zhangbiao)'다.

먼저 '유 결산보고'는 스마트 정산 서비스 플랫폼으로, 기업의 재무 데이터 수집소이기도 하다. 재무담당자는 물론 기업 내 다른 직원들 역시 '유 결산보고'를 이용할 수 있다. 이 프로그램은 기업 자원을 효과적으로 재배치하고 직원에게 종단간(end-to-end) 원스톱 인터넷 서비스를 제공한다.

　그 밖에 '유 결산보고'는 신청, 심사, 거래, 정산, 지불, 결산, 보고 등 다양한 세부 프로세스를 수행할 수 있기 때문에 데이터 누락 방지, 전 과정 온라인 활용, 전체 과정의 통제를 실현한다.

　'유 결산보고'와 달리 '유 장부'는 일종의 스마트 결산 서비스 플랫폼으로서 기업에 재무 결산, 재무제표, 재무 분석, 전자 파일링, 관리 감독 및 보고 등 다양한 서비스를 제공한다. 특히 이 서비스들이 모두 실시간 자동으로 이루어진다.

　'융유 재무클라우드'는 재무제표나 재무결산 등 기반 서비스뿐 아니라 기업에 회계 플랫폼, 회계 파일, 공동 운영, 영상 등 다양한 부가가치 서비스도 제공한다. 현재 중신(中信) 증권, 정하이(正海) 그룹 등 많은 중국 대표 기업들이 자사의 재무관리 업무를 최적화하기 위해 '융유 재무클라우드'를 이용하고 있다.

▦ 스마트 심사 : 딥러닝을 통해 심사의 효율을 크게 높인다　○●

AI는 강력한 딥러닝 능력을 갖추고 있기 때문에 AI에 심사 기능을 부여하면 심사와 검증 작업을 훨씬 더 간편하고 신속하게 진행할 수 있으며 심사의 효율성도 극대화할 수 있다. 이 분야에서는 중국의 배달 앱 기업인 메이퇀뎬핑(美團点評)이 앞서 나가고 있다.

　메이퇀뎬핑은 현재 중국에서 가장 큰 O2O(Online to offline, 온라인과 오프라인을 연결하는 방식의 서비스) 생활 서비스 온라인 플랫폼으로 꼽힌다. 이 플랫폼에서는 매일 동영상, 문자, 사진 등 각양각색의 방대한 콘텐츠가 생산되고 있다.

그런데 이런 콘텐츠를 심사하는 데는 막대한 시간과 노동력이 소요된다. 이런 상황을 개선하기 위해, 메이퇀덴펑은 메이퇀 클라우드와 협력해 콘텐츠 안전 심사 플랫폼을 공동 구축했다. 업계 관계자에 따르면, 이는 자연언어 처리(natural language processing), 이미지 인식, 딥러닝 등 첨단기술을 기반으로, GPU 클라우드 서버 등의 지원으로 가동되는 플랫폼이라고 한다.

2017년 메이퇀 클라우드의 콘텐츠 안전 심사 플랫폼이 온라인에서 정식 상용 서비스를 시작했다. 이 플랫폼은 음란물, 도박, 마약류의 동영상 및 불법광고 등 메이퇀덴펑에 올라와서는 안 되는 콘텐츠를 식별하고 판단할 수 있으며, 이를 통해 사용자의 경험 만족도를 크게 높여주고 있다.

현재 메이퇀덴펑에 올라온 사진 콘텐츠의 96.7%, 문자 콘텐츠의 99.65%는 메이퇀 클라우드 콘텐츠 안전 심사 플랫폼에서 심사를 거친 것이다. 그중에서 문자, 사진 콘텐츠가 심사에서 걸러지지 않는 비율은 0.02% 미만이며, 이 숫자 역시 점점 낮아지고 있다. 이 플랫폼 덕분에 메이퇀덴펑은 사람 손으로 직접 심사하던 시대와 작별을 고하게 되었다.

위의 사례처럼 스마트 심사가 콘텐츠에 대한 심사 분야에서 강력한 능력을 발휘한다는 사실을 알 수 있다. 무엇보다 중요한 점은 스마트 심사는 콘텐츠의 심사와 선별뿐 아니라 업무 증명서와 재무제표 등의 심사 등에서도 널리 활용할 수 있다는 것이다. 스마트 심사는 앞으로 더 많은 기업에 도입될 전망이다.

만약 기업이 모든 직원의 각종 재무보고 행위에 대해 자동 신용관리
방식을 도입하고, 모든 직원에게 상응하는 신용등급을 매길 수 있다
면, 데이터의 질을 높이는 동시에 재무업무 역시 더 체계화할 수 있을
것이다.

중국의 소프트웨어 기업인 킹디(Kingdee, 金蝶)가 개발한 '재무로봇
1.0'은 기업에 바로 이러한 서비스를 제공할 수 있다.

현재 킹디 재무로봇 1.0은 기계화된 자동화 프로세스를 기반으로
하면서, 본질적으로는 임베디드 기반의 자동화 로봇이다. 이 시스템
은 자동화 방식을 통해서 서류의 심사, 대금 수취 및 지불, 장부 기
입, 세금납부 등 기업의 재무 관련 기본 업무를 대규모로 처리할 수
있다.

그중 가장 많이 활용되는 업무환경은 다음 두 가지다. 첫째 직원의
신용을 기반으로 한 자동심사, 둘째 재무검사 항목을 기반으로 한 자
동심사다. 먼저 첫 번째 경우에 관해 설명해 보겠다.

기업은 각 직원에게 A, B, C, D 네 등급의 신용등급을 부여한다. A,
B 등급인 직원의 경우, 그들의 업무 서류는 킹디 재무로봇 1.0이 자
동적으로 심사한다. 반면 C, D 등급인 직원의 경우, 그들의 업무 서
류는 먼저 재무 공유센터의 심사담당자가 심사한 뒤, 이어서 킹디
재무로봇 1.0이 선별 심사를 진행한다. 구체적인 내용은 그림 2-7과
같다.

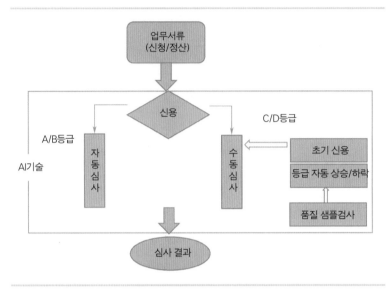

그림 2-7 신용 기반의 스마트 심사

신용등급을 기반으로 한 심사는 업무서류 심사 시간은 단축하고 효율성은 높인다. 또한 직원을 대상으로 신용등급을 산출하고 그에 상응하는 신용파일을 구축함으로써 재무보고 행위는 더욱 체계화되고, 기업의 재무관리는 더욱 철저해진다.

스마트 배치 : 배치 자동화를 지원해 공유센터의 업무효율을 높인다

온라인 기업이든 오프라인 소매기업이든 배송이라는 절차는 매우 중요하다. 점점 더 치열해지는 경쟁 속에서 최근 각광받고 있는 '스마트 배치 소프트웨어'는 기업에게 중요한 조력자가 되고 있다.

배송이 필요한 기업에게 제반 비용(기회비용, 인건비, 관리비용 등)의 절감은 기업의 사활이 걸린 시급한 문제가 되었다. 기업뿐 아니라 배송업체, 스마트 배치 소프트웨어 개발자 역시 비용 절감을 위해 최선의 노력을 다하고 있다.

특히 스마트 배치 소프트웨어 개발자들은 더 우수한 소프트웨어 개발을 위해 혁신을 추구하고 있다. 중국 청두의 링뎬(零點) 정보기술 주식회사가 개발한 배송, 배치, 중개 관련 소프트웨어 시스템인 콰이파오저(快跑者, Keloop)가 전형적인 사례다.

스마트 배치의 업무모델은 다음과 같다.

배송시스템이 빅데이터 분석, 스마트 GPS, 정보식별 등 첨단기술의 지원을 통해 주문 관련 업무를 자동 처리한다(그림 2-8 참고).

무인배송차량, 무인마트, AI 가전제품 등 다양한 스마트화 제품이 등장하면서 배송을 필요로 하는 많은 기업은 자체적인 스마트화 실현을 원하고 있으며, 이에 따라 스마트 배치의 수요가 점차 늘어나고 있다.

주문 자동 입력	시스템이 고객의 주문 상황을 토대로 주문 내역을 시스템에 자동 입력한다
주문 자동 분류	시스템이 빅데이터 분석과 스마트 GPS 기술을 결합해, 배송 희망자 그룹 또는 배송원에게 주문 내역을 분배한다.
주문 자동 결제	시스템이 AI 기술을 이용해 주문에 대한 자동 결제를 진행한다.
배송 노선 계획	시스템이 스마트 GPS를 토대로 업체, 배송원, 고객의 위치를 자동 파악하고, 최적의 배송 노선을 계획한다.

그림 2-8 스마트 배치의 업무 모델

📟 스마트 증서 제작 : 스마트 회계 엔진을 이용해 증서 제작의 효율을 높인다

시대가 발전하면서 기업의 회계시스템 역시 업그레이드되고 있다. 가장 뚜렷한 변화는 각 업무 시스템에 '스마트 회계엔진'을 배치했다는 점이다. 그럼 '스마트 회계엔진'이란 무엇일까?

사실 매우 간단하다. 일종의 업무시스템과 회계시스템 사이의 연결기로, 주요 기능은 재무담당자가 수동으로 입력한 영수증의 정보 및 업무거래 과정에서 생성된 영수증 정보 등을 자동 수집하고, 이어서 회계 규칙을 기반으로 이들 영수증의 정보를 명세서, 장부, 재무제표 등으로 만드는 것이다.

재무업무에서 '스마트 회계엔진'은 회계로봇과 비슷하며 마치 재무담당자처럼 회계 업무를 수행할 수 있다. 이것의 장점은 다음과 같다.

1. 효과적인 회계 제어

회계 규칙 모델을 수정하기만 하면 업무시스템을 수정할 수 있다. 그러면 재무담당자는 업무시스템을 더 효과적으로 제어할 수 있게 된다.

2. 재무 프로세스의 간소화

'스마트 회계엔진'을 도입하면 더 이상 각 시스템에서 회계 분개(分介)를 할 필요가 없다. 따라서 시스템을 중복 구축하는 일이 크게 줄어들게 된다.

그림 2-9 그래프 자동 제작

3. 통일된 다차원 데이터 표준의 구축

'스마트 회계엔진'은 통일된 다차원 데이터 표준을 만드는 데 큰 역할을 한다. 이는 재무제표와 업무 분석의 일관성을 유지하고, 비용결산, 사후심의 등을 더 간편하고 빠르게 수행할 수 있게 도와준다.

4. 시스템의 유연성 확대

시스템은 회계 문제를 더 이상 깊이 고려할 필요가 없고, 또 회계시스템 역시 업무시스템의 세대교체 및 업그레이드 등에 아무런 영향을 끼치지 않는다.

5. 업무의 비동기(asynchronous) 처리 실현

'스마트 회계엔진'은 시스템의 처리율(throughput, 스루풋)을 높일 수 있다. 무엇보다 시스템이 고객의 니즈를 반영해 피드백하는 속도를 더 빠르게 할 수 있다는 점이 중요하다.

마지막으로 '스마트 회계엔진'을 기반으로 많은 증명서를 자동 생성할 수 있기 때문에 재무담당자는 정산의 효율성과 정확성을 높일 수 있다는 점도 매우 중요하다.

🖳 스마트 세무 통제 :
스마트 조기경보, 탈루 탈세의 사전 방지 ○ ●

2017년 9월, '영수증 발행, 대충할 수 없다'를 주제로 '바이왕진푸(Best Wonder, 百望金賦), 수주커지(數族科技), 상미커지(商米科技) 전략적 협력 발표회'가 베이징에서 개최되었다. 이 발표회에서 '스마트 세무통제 POS(point of sales, 판매 시점 관리시스템)'와 첨단 융합 솔루션이 발표되었고 상용화 서비스를 시작했다.

'스마트 세무통제 POS'는 하이테크 기업 상미커지, 수주커지, 바이왕진푸 3개 기업이 공동 개발한 영수증 발급 시스템으로 대표적인 기능은 다음과 같다.

⑴ 기업 관리의 각 과정에서 생길 수 있는 약점을 보완한다. 가령 점점 더 중요성을 더하고 있는 영수증 발급 문제 등이다.

⑵ 영수증 발급 절차를 간소화해서 '지불 즉시 영수증 발급', '주문 즉시 영수증 발급'을 실현할 수 있다.

⑶ 영수증 발급의 효율성을 높인다.

'스마트 세무통제 POS'는 인터넷과 클라우드 컴퓨팅 기반의 영수증 발급 시스템으로 '주문, 고객, 대금, 영수증, 배송' 등 전 과정을 통합해 처리하게 해준다. 이는 영수증 관련 업무를 직접 관리할 수 있는 POS시스템으로, 대금 수납, 회원 관리, 금융, 배송 등을 포괄하는 원스톱 부가가치 서비스를 제공할 수 있다. 이는 고객에게 영수증 발급 과정에서 만족도 높은 경험을 선사한다.

'스마트 세무통제 POS'는 최강의 스마트 하드웨어, 세무통제 시스템, 금융플랫폼을 결합한 최고의 솔루션으로, 이 조합으로 인해 강력한 기능을 갖추게 된 것이다.

세무통제 시스템은 '스마트 세무통제 POS'의 중요한 구성요소다. 그래서 '스마트 세무통제 POS' 역시 탈세, 탈루 행위의 근절에 일정 부분 기여한다고 할 수 있다.

🔲 스마트 보고서 : 재무 빅데이터의 통합, 기업의 스마트 의사결정에 일조 ○●

AI는 재무 관련 빅데이터를 통합하고 이를 기반으로 재무 분석 보고서를 자동 생성할 수 있다. 이는 기업이 더 과학적이고 합리적인 재무 관련 의사결정을 하는 데 일조한다.

노키아(Nokia)는 AI를 재무업무에 활용하는 기업 중의 하나다.

2017년 9월, 노키아의 최고재무책임자(CFO) 크리스티안 풀롤라(Kristian Pullola)는 "우리는 AI가 재무담당자를 대체해서 재무보고서를 작성할 수 있기를 바란다"고 명확히 밝혔다. 이는 노키아가 알고리즘을 이용해 재무 예측보고서를 작성하고, AI를 이용해 재무보고 절차를 개선하는 계획을 구상하고 있음을 뜻한다.

만약 이런 구상이 현실화된다면 노키아의 재정 관련 업무의 효율성이 전보다 크게 향상되고, 재무담당자들의 숫자가 크게 줄어들 것이다. 그러나 인건비가 큰 폭으로 절감되기 때문에 결과적으로 기업 전체의 비용이 줄고 이를 다시 기업 발전에 투자할 수 있게 된다.

AI는 기업의 인사관리 업무 혁신을 이끈다

미래에는 혁신이 기업의 생존과 발전의 필수 경쟁력이 될 것이다. 중국 최대 인적자원 미디어 회사 HRoot의 CEO 탕추융(唐秋勇)은 그의 저서 《인적자원의 미래(원제: HR的未来简史)》에서 다음과 같이 서술했다.

"오늘날 기업의 혁신은 비단 제품의 혁신이나 기술의 혁신에 머물지 않는다. 더 나아가 전략의 혁신, 서비스·조직·제도의 혁신, 관리의 혁신, 마케팅의 혁신, 문화의 혁신 등이 포함된다."

혁신의 핵심은 바로 '인간'이며, 기업 업무의 핵심은 바로 '인사관리'다. 그러므로 인사관리 업무를 잘 하고 나아가 이를 지속적으로 혁신하는 것은 모든 기업이 중요시해야 할 과제다.

관리 내용 : 직원들의 특성을 자동 분석해 최적의 인력 배치를 실현

프리먼은 한 온라인 부동산 서비스 기업의 창업자다. 초창기에 그의 회사는 직원이 십여 명에 불과했지만, 회사가 발전해 규모가 커지면서 단기간에 많은 신규 직원을 채용해야 했다. 이런 상황이 반복될 때마다 프리먼은 골머리를 앓았다. 산더미처럼 쌓인 이력서를 앞에 두고 업무가 마비되곤 했다.

하지만 AI를 도입하면서 이 문제를 해결할 수 있는 솔루션을 얻었다. 구직자를 대상으로 출근 첫날에 할 수 있는 일에 관해 온라인에서 시뮬레이션했다. AI는 이력서 심사를 빠르고 손쉽게 진행했을 뿐만 아니라, 구직자의 특성을 분석했으며, 자연언어 처리와 머신러닝 등의 도움으로 구직자 개개인을 대상으로 한 개인 심리파일도 구축했다. 이는 구직자가 기업의 문화와 분위기에 적응할 수 있는지의 여부를 정확히 판단하는 데 도움을 주었다.

간단한 예를 하나 들어 보자. AI는 구직자가 어떤 어휘를 즐겨 사용하는지 평가한다. 가령 'Please(~해 주세요)' 'Thank you(감사합니다)', 'Sir/Ma'am(~님, 존칭 어휘)' 등이다. 이를 분석해 상대방에 대한 공감 능력과 고객을 대하는 능력 등을 판단한다. 또한 AI는 면접관이 구직자가 면접에서 보여준 모습을 평가하는 것을 도울 수 있다. 프리먼에 따르면 AI를 도입한 뒤 단시간 내에 4,000명의 구직자 가운데 가장 적합한 2~3퍼센트의 인재를 선발할 수 있었다고 한다.

사실 AI는 직원 채용에만 활용되는 것이 아니다. 어떤 직원에 대해 현재 그가 맡고 있는 직책 및 소속된 부서가 적합한지를 판단할 수 있고, 이를 통해 기업은 직원과 업무 또는 부서의 가장 좋은 매칭을 실시할 수 있다. 물론 인사관리 업무에서 AI가 완전무결하다는 말은 아니다. 다만 AI의 도움을 얻으면 사람이 단독으로 진행했을 때보다 성과는 훨씬 좋아진다.

관리 형식 : 빅데이터를 이용한 동태적 관리가 직원들이 가치를 발휘하도록 이끈다

만약 기업이 빅데이터를 활용해 직원들의 적극성과 자발성을 예측할 수 있고, 직원의 능력과 기여 정도를 미리 평가할 수 있다고 가정해 보자. 그렇다면 어떤 상황이 벌어질까? 미국의 소프트웨어 솔루션 기업인 하이그라운드(HighGround)는 직원의 업무 적극성을 향상하는 문제에 주력해왔다.

2015년 하이그라운드는 직원들과의 소통을 통해 데이터를 추출할 수 있는 시스템을 개발했다. 이 시스템을 도입하자 기업은 전 직원의 관련 상황을 명확하게 파악할 수 있었고, 그 덕분에 기업은 인사관리 업무를 순조롭게 진행할 수 있었다.

그 밖에 이 시스템에는 고객이 피드백을 남기는 기능도 있다. 이에 대해 하이그라운드 측은 고객과의 피드백 관련 데이터를 활용해 직원들의 능력을 향상시키고 적극성을 유도할 수 있다고 언급했다. 또 기업 임원진은 이 데이터를 토대로 최적의 경영 전략을 수립할 수 있다.

만약 직원들이 적극성을 충분히 발휘하지 않는다면 그것은 기업 내부 운영에 심각한 영향을 줄 수 있고, 또 대외 업무에도 좋지 않은 영향을 끼칠 수 있다. 기존에는 업무실적을 기준으로 직원들의 적극성을 고취하고 더 큰 가치를 실현하도록 유도했지만, 더 이상 이 방법으로는 좋은 효과를 거두기 어렵다. 이제는 새로운 기술과 새로운 소통 소프트웨어를 도입해야 더 좋은 효과를 거둘 수 있다.

그러나 새로운 기술과 소프트웨어를 도입할 때 주의할 점이 있다.

직원들이 이를 쉽게 받아들일 수 있도록 기업 측은 이 소프트웨어를 쉽게 들어가고 사용할 수 있도록 해야 한다. 그래야만 직원들이 이 소프트웨어를 자신의 핸드폰에 손쉽게 설치할 수 있고, 이 소프트웨어를 통해 상호 학습하고 고객의 피드백을 이해할 수 있으며, 그 과정을 통해 자신의 능력과 가치를 빠르게 극대화할 수 있기 때문이다.

사실 앞에서 말한 여러 장점 이외에도 하이그라운드의 데이터 추출 시스템은 잠재적인 고급 인력을 발굴해 기업의 인재풀을 확대하고 최적화하는 데도 기여한다. 이처럼 새로운 교류 및 데이터 분석 소프트웨어를 활용하면 기업은 직원들을 더 정확히 파악할 수 있고, 이는 직원들의 적극성 유도 및 가치 향상에 도움을 줄 수 있다.

관리 전략 : 직원에게 자율권을 부여해 만족도를 높인다   ○●

기존에는 많은 기업이 최고 임원진이 주요 전략을 수립하고 일반 직원들은 그것을 따르는 형태로 운영되었다. 하지만 어떤 전략도 처음부터 합리적이고 완벽할 수는 없으며, 이를 현장에서 시행하는 과정에서 끊임없이 조정하고 최적화해야 한다.

AI는 데이터 분석과 자연언어 처리 등 첨단기술을 통해 직원들의 아이디어와 의견을 파악할 수 있다. 이를 기업의 전략에 융합한다면 과학적이고 합리적인 전략을 세우는 데 도움이 될 뿐만 아니라, 직원들에게 어느 정도의 자율권을 부여함으로써 그들의 전략에 대한 만족도를 높일 수 있다.

동서고금을 막론하고 구성원들의 지혜를 모아 전략을 수립하고 이를 통해 기업의 혁신을 추진하며, 기업의 발전 과정에서 발생하는 수많은 문제를 해결해나가는 시스템은 매우 바람직한 것이다. AI는 이런 시스템을 실현하도록 뒷받침하는 강력한 기술이다.

또 최고 임원진 입장에서도 이런 시스템을 통해 전략을 수립해야만 빠르고 복잡한 환경 변화 속에서 기업의 업무를 적시에 신속히 변화시킬 수 있다. 직원들 또한 그 시스템을 통해 변화를 수용하고 혁신을 추진하며 빠르게 문제를 해결하는 능력을 키울 수 있다.

AI와 프로그래머의 업무

만약 AI가 점점 더 발전한다면 IT 업계의 중추를 담당하고 있는 프로그래머들은 어떻게 될까? AI로 대체될 것인가? 만약 정말로 그렇게 된다면 그 상황을 역전할 방법은 없을까? 이제부터 이 두 가지 문제에 관해 심도 있게 분석해 보겠다.

📲 AI 프로그래머는 초급 프로그래머의 자리를 대체할 것이다 ○ ●

프로그래머라는 직업은 AI로 대체되지 않을 것이라고 믿는 사람이 많다. 오늘날 프로그래머들은 일부 코딩 작업에서 AI의 도움을 받아 전체 프로그램을 완성하기도 한다. 이런 상황은 그들에게 좋은 소식일까 아니면 나쁜 소식일까?

2017년 블룸버그 통신과 인텔 실험실의 연구원들은 완전한 소프트웨어 프로그램을 자동 생성하는 AI로봇이 이미 탄생했으며, 이를 'AI 프로그래머(AI Programmer)'라고 한다고 밝혔다.

그때부터 초급 프로그래머가 할 수 없는 일은 AI 프로그래머에게 넘길 수 있게 되었다. AI 프로그래머는 유전 알고리즘(genetic algorithm)과 튜링완전언어를 기반으로 하기 때문에 다양한 유형의 업무를 수행할 수 있다.

물론 AI 프로그래머에게도 한계는 있다. 가장 대표적인 문제는 ML 프로그래밍에 적용할 수 없다는 점이다. 이 때문에 관련 전문가들은 ML 언어로 프로그램을 만드는 미래를 감안하면 대표적인 프로그래밍 언어를 교체하는 방안을 고려할 필요가 있다고 말한다.

현시점에서 AI 프로그래머는 아직 초급 단계에 있어 초급 프로그래머들에게 충격을 줄 수는 있지만 중, 고급 프로그래머들의 입지를 흔들지는 못한다. 따라서 앞으로 AI가 정말로 자동으로 프로그래밍을 하게 되면 초급 프로그래머들은 일자리를 잃을 것에 대한 대비를 해야 한다. 이는 현 추세를 종합 분석하여 내린 정확한 예측이라 할 수 있다.

🖥 고급 AI 과학자는 희소 자원이 되었다

2017년 12월, 중국의 텐센트(텅쉰, 騰訊) 연구원과 보스즈핀(BOSS直聘, 중국의 모바일 구인구직 플랫폼)은 〈2017년 전 세계 인공지능 인재 백서〉(이하 '백서'라고 칭한다)를 공동 발표했다. 〈백서〉에 따르면, 현재 AI분야에 종사하는 전 세계 과학자는 약 30만 명이며, 시장의 수요는 이미 100만 명 수준에 이르렀다고 한다. 반면 AI 관련 학과를 개설한 대학(대학원 포함)은 약 300여 곳이고, 매년 AI 분야 졸업생은 2만 명을 겨우 넘는 수준이므로 AI 과학자에 대한 시장 수요는 충족되지 못하고 있다.

이러한 수요와 공급 간의 커다란 불균형으로 인해 AI 분야 과학자에 대한 기업들의 경쟁이 점점 더 치열해지고 있다. 우수한 AI 과학자를 더 많이 초빙하기 위해 기업은 수억 원, 심지어 수십억 원의 연봉도 아까워하지 않는다.

이러한 공급 부족 현상이 발생한 원인에 관해 중국의 AI 기술 스타트업 디파이테크(DeePhi Tech, 深鑑科技)의 CEO 야오쑹(姚頌)은 이렇게 말했다.

"이는 2013년 이전에는 AI가 이렇게 상용화될 줄 몰랐기 때문입니다. 그래서 많은 AI 관련 전공자들이 졸업 후에 검색이나 추천 쪽으로 분야를 바꿨고, 비전(Vision), 언어 등 AI 관련 업계에 계속 남은 사람은 극소수에 불과했습니다. 그래서 현재 AI 관련 분야에서 경험이 풍부한 인재를 찾기가 매우 어려워졌습니다."

현재 AI는 업계의 기본이 되어가고 있지만 AI 과학자는 희소 자원이 되었다. 이에 대해 중국의 메디컬 이미징 AI 기업 후이이 후이잉(匯醫慧影)의 공동창업자 겸 CEO 궈나(郭娜)는 이렇게 말했다.

"AI 스타트업 입장에서 필요한 인재의 부족은 아주 흔한 일이죠. 하지만 앞으로 2~3년 뒤에는 많은 AI 인재들이 취업시장에 쏟아져 나올 것이고, 그럼 기업도 원하는 인재를 쉽게 뽑을 수 있게 될 겁니다."

그렇다면 어떤 유형의 AI 과학자가 가장 희소할까? 이 질문에 답하기 전에 먼저 AI 과학자의 유형을 이해할 필요가 있다(그림 2-10의 3가지 유형 참고).

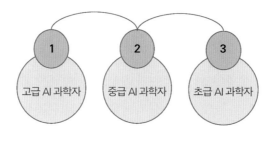

그림 2-10 AI 과학자 유형

1. 고급 AI 과학자

일반적으로 고급 AI 과학자는 연구 방향과 프레임을 직접 설정하고 최첨단 연구를 독자적으로 수행할 수 있다. 전 세계적으로 이런 실력을 갖춘 고급 AI 과학자는 무척 드물다.

2. 중급 AI 과학자

중급 AI 과학자는 프레임을 직접 설정할 수는 없지만, 현재 유행하고 있는 연구 프레임의 흐름을 따라가거나 일부 발전적 성과를 낼 수 있다. 또 어떤 프로젝트에 대해 주문형(customized) 수정도 할 수 있다. 향후 AI가 지속적으로 발전하면서 이 유형의 AI 과학자도 일정 수준 증가할 전망이다.

3. 초급 AI 과학자

초급 AI 과학자는 기존 프레임 위에서 파라미터 조정을 하는 정도만 가능하다. 이런 유형의 AI 과학자는 매우 많다. 심지어 AI 관련 업무

경험이 없는 사람도 공개수업이나 트레이닝을 받으면 이런 업무를 수행할 수 있다.

이러한 3가지 유형의 AI 과학자 가운데 고급 AI 과학자가 가장 희소하고 몸값도 가장 높다. 그 이유는 AI 관련 여러 근본적인 문제를 해결하고 나아가 AI의 성능을 계속해서 향상시킬 수 있기 때문이다.

　따라서 AI를 발전시키고 싶은 국가 또는 기업이 최우선적으로 할 일은 더 많은 고급 AI 과학자를 배양하는 것이다. 여기에는 당연히 막대한 비용을 투자해야 한다. 하지만 결과적으로 매우 풍성한 성과로 돌아올 것이다.

프로그래머의 역습 : 수학 + AI 과학기술 + 팀워크로 무장

앞에서 언급했듯이 AI는 프로그래머에게 충격을 줄 가능성이 크다. 따라서 이런 충격파 속에서도 살아남으려면 프로그래머(특히 초급 프로그래머)들은 몇 가지 노력을 할 필요가 있다. 그것은 주로 그림 2-11과 같이 3가지 방면으로 요약할 수 있다.

1. 수학에 정통하기
대다수 프로그래머의 경우, 프로그래밍 과정에서 수학 지식이나 영어 지식은 그다지 많이 필요하지 않으며 정상적인 로직만 갖고 있으면 충분하다. 왜일까? 매일 키보드를 두드리며 생각이 나면 즉시 코드를

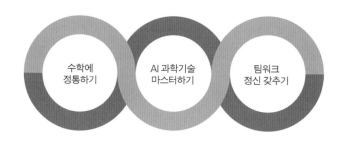

그림 2-11 프로그래머들이 노력을 기울여야 하는 분야

짜는데, 그렇게 해서 만든 프로그램이 기계에서는 그런대로 잘 작동하기 때문이다.

하지만 이 분야에 오래 종사할수록, 또 깊이 들어갈수록, 수학 지식이 부족한 프로그래머는 점점 더 역부족임을 실감하게 될 것이다. 왜냐하면 DirectX 게임을 프로그래밍하려면 선형대수학과 공간기하학을 꼭 알아야 하고, 또 몸짓 인식(gesture recognition), 이미지 인식(image recognition) 분야를 연구하려면 확률론을 꼭 알아야 하기 때문이다. 그래서 AI에 역습을 가하고 싶은 프로그래머라면 수학지식을 갖추는 것이 첫 번째 과제다.

2. AI 과학기술 마스터하기

속담에 "넘어지면 넘어진 그곳에서 다시 일어나야 한다"라는 말이 있다. AI가 가져온 충격파에 효과적으로 대응하려면 바로 AI 관련 핵심 과학기술을 마스터해야 한다. 이때 가장 기본적인 3가지 세부 요건은 '머신러닝 알고리즘 입문하기', '코딩을 이용해 알고리즘 실현하기',

'완전한 기능의 모델 실현하기'다. 이 세 요건을 모두 충족하는 프로그래머만이 AI의 공격에 카운터펀치를 날릴 수 있다.

3. 팀워크 정신 갖추기
일반적으로 개발 관련 업무는 팀 전체가 하나가 되어 완성하는 경우가 많다. 만약 개인 혼자서 일을 한다면 영원히 완성하지 못할 수도 있다. 설사 완성했다 해도 품질을 보장할 수 없다. 프로그래머가 하는 일은 개발 관련 업무에 속하기 때문에 팀워크 정신을 습득하는 것은 AI에게 역습을 가하기 위한 필수조건 중 하나다.

물론 앞의 세 가지 노력을 다 했다고 해서 반드시 역습에 성공할 수 있는 건 아니다. 하지만 이런 노력을 기울이지 않는다면 AI에 의해 대체되고 자신의 생존이 달린 일자리를 잃을 수도 있다.

AI와 기업 구매관리 업무

2017년 6월, 경영컨설팅 기업 맥킨지(Mckinsey)는 〈인공지능: 차세대 디지털 프런티어〉라는 제목의 비즈니스 보고서를 발표했다. 보고서의 데이터에 따르면, 60%의 직업에서 적어도 30%의 세부 업무는 AI 자동화 기술로 대체된다고 한다. 이런 거대한 물결은 기업의 구매관리 부문에 충격을 가할 것이다. 그런데 그 충격의 정도는 다양하며, 그중 고빈도 구매 거래는 AI로 상당 부분 대체될 것이다. 그러나 AI가 기업의 구매관리 업무에 가져다줄 편리함 역시 무시할 수 없다.

AI는 전략적 구매를 가능하게 한다 : 선별 + 심사 + 가격 조회 + 계약 체결의 스마트화 ○●

통상적으로 기업의 구매는 '전략적 구매'와 '통상적 구매' 두 가지로 구분할 수 있다. 그중 통상적 구매는 구매담당자의 집행능력이 중시되고, 전략적 구매는 구매담당자의 의사결정 능력이 중시된다. 여기에서는 전략적 구매에 관해 중점적으로 이야기해 보겠다. 일반적으로

그림 2-12 전략적 구매의 4단계

전략적 구매는 그림 2-12와 같이 4단계로 이루어진다.

이 4단계에서 가장 중요한 단계는 원료의 선별과 제품의 가격 문의다. 이 두 단계에서 AI는 지식 그래프(Knowledge Graph) 기술과 머신러닝 기술을 이용해 이미 크게 활약 중이다.

AI는 지식 그래프를 이용해 가장 우수하고 저렴한 원료를 선별함으로써 비용을 최소화한다. 또 비즈니스 협상 알고리즘을 이용해 가격 조회가 가능하기 때문에 속임을 당하는 피해를 최소화한다. 이처럼 AI를 활용함으로써 전략적 구매는 점차 지능화되고 있다. 또한 선별, 심사, 가격 조회, 계약 체결에 이르는 모든 과정이 원스톱으로 이루어진다.

2016년 중국의 전자상거래 징둥은 전자상거래 구매 플랫폼을 개발했다. 그 결과 기존의 복잡한 구매업무 프로세스는 더 간편하고 투명하며 지능화되었다. 이 전자상거래 구매 플랫폼과 관련하여 징둥의 쑹춘정(宋春正) 부사장은 이렇게 말했다.

"AI 덕분에 우리는 이미 스마트 구매 시대에 접어들었습니다. 데이터 공유를 통해 산업사슬에서의 업스트림(upstream)과 다운스트림(downstream) 간 정보 교류가 아주 손쉽고 원활해졌기 때문입니다. 미래의 구매업무는 분명 구매, 공급, 판매가 완벽하게 일체화된 형태가 될 것입니다."

이를 통해 징둥은 AI 기술을 이용해 더 스마트한 구매 프로세스를 만드는 데 주력하고 있음을 알 수 있다.

또 징중의 연구개발팀은 클라우드 컴퓨팅, 딥러닝, 블록체인 등 기술을 이용해 빅데이터 기반의 구매 플랫폼 및 구매 관련 데이터 분석 플랫폼을 구축했다. 그중에서 스마트 추천 기술에 힘입어 빅데이터 구매 플랫폼은 고객의 선호도를 자동 분석해 고객의 니즈에 가장 부합하는 원재료를 선택해 알려주는 기능을 갖고 있다. 또한 징둥은 기존보다 더 효율적인 구매 플랫폼 개발을 위한 기술 개발과 혁신에 투자를 아끼지 않고 있다.

결론적으로 이러한 플랫폼은 구매방식의 변화와 구매과정의 최적화에 크게 기여한다. 또 마케팅과 관리의 효율성 제고, 고객에 대한 서비스 품질의 향상 등에도 큰 도움을 준다. 이를 통해 기업들은 기존보다 더 맞춤화되고 과학적이며 민주적인 경영관리 모델을 구축할 수 있게 되었다.

▦ AI는 통상적 구매의 효율성을 높인다 : 물품 주문 + 물류배송 + 대금지불의 스마트화　　　○●

통상적 구매의 경우, 일반적으로 구매주문을 처리하는 시간이 약 20%를 차지하고, 나머지 80%의 시간은 계획관리, 공급업체 및 배송업체와 상세하고 구체적인 배송 스케줄 협의하기 등에 사용한다.

소비 채널에서 직접구매 등 '탈(脫) 중개화' 현상이 확산되었고, 여기에 AI가 고객의 니즈를 발굴, 분석, 추출함에 따라 공급사슬에서의 채찍효과(Bullwhip Effect, 제품에 관한 수요정보가 공급사슬 단계를 거쳐서 전달되며 지속적으로 왜곡되는 현상)가 크게 개선되었다.

AI를 통해 기업은 고객의 니즈를 좀 더 명확하게 예측할 수 있게 되었다. 또한 기업과 공급업체 간의 체계적인 데이터 교류가 가능해지면서 AI는 공급업체의 일부 핵심 상황(병목 구간, 설비가동률 등)을 파악할 수 있게 되었다. 그 덕분에 기업은 공급사슬에서 수요와 공급의 균형을 실현해 재고를 실시간 최적화할 수 있을 뿐만 아니라 구매 및 주문 처리를 완전 자동화하는 것도 가능해졌다.

실제로 2017년부터 이미 다수의 기업이 이 분야에서 적극적인 움직임을 보이고 있다. 독일의 오토(Otto)는 그중 대표적인 사례다.

독일의 전자상거래 기업인 오토는 AI 프로그램을 이용해 30일 내에 판매될 제품을 사전에 예측하고 있는데 정확도는 90% 이상에 달한다. 또한 AI 프로그램을 이용해 주문 상황을 예측하고 이를 토대로 재고량을 결정한다. 그 결과 오토는 제품이 고객의 손에 도달하는 데까지 걸리는 시간을 대폭 단축했고, 고객만족도 역시 크게 향상시킬 수 있었다.

이처럼 AI를 이용해 기업의 전략적 구매뿐 아니라 통상적 구매의 효율성도 높일 수 있음을 알 수 있다. 바로 이런 이유 때문에 수많은 기업, 특히 소매기업들이 적극적으로 'AI+구매' 전략을 수립하고 시행하고 있다.

🔲 구매담당자의 역할 변화 :
업무 담당자에서 관리자로 탈바꿈하다 ○ ●

AI가 기업의 구매 업무에 본격적으로 도입되고 있는 가운데 기존의 구매담당 일자리도 대폭적인 감축이 불가피해졌다. 이런 추세 속에서 구매담당자들은 변화를 모색할 필요가 있다. 즉 AI를 구매 업무에 적극 도입하고, 이를 바탕으로 고객과 기업에게 더 큰 가치를 창출할 수 있어야 한다.

다시 말해, 기존 구매담당자들이 수행했던 업무의 중심은 이제부터 비용 관리, 리스크 관리, 구매실적 관리, 고객관계 관리 등으로 전환되어야 한다. 특히 비용 관리의 경우, 한 제품에서 70%의 비용은 연구개발 과정에서 결정되기 때문에 구매담당자는 앞으로 제품 개발 과정 초기에 더 적극 개입해야 한다. 이는 구매담당자의 관리자로서의 역할이 점점 더 부각되고 있음을 의미한다.

한편 AI 시대에 구매담당자들은 비용 개념, 가치 분석 및 예측 능력, 의사전달 능력, 인간관계 및 소통 능력을 갖추어야 한다. 그래야만 기업의 전략적 구매와 통상적 구매의 효율을 극대화하고, 자신의 몸값을 높일 수 있으므로 AI로 인해 도태되는 일을 피할 수 있다.

AI와 기업 마케팅관리 업무

AI의 영향력이 이미 산업의 전 분야에 미치고 있는 가운데, 마케팅 분야 역시 예외가 아니다. 오늘날 이미 많은 기업에서 마케팅 촉진 및 절차 간소화에 AI 기술을 활용하고 있으며, 특히 광고, 서비스 등 핵심 분야에서 이런 경향이 두드러진다. 이는 기업의 마케팅 관리의 효율성을 향상시켜 기업의 운영에 일조하고 있다. 다음은 'AI+기업 마케팅관리'에 관해 상세히 설명해 보겠다.

🅰️ 빅데이터 : 마케팅 광고에서 개인화, 규모화를 실현   ○●

액센츄어(Accenture)는 세계 최대의 경영컨설팅, 정보기술, 물류 아웃소싱 관련 서비스를 제공하는 다국적 기업이다. 그 산하의 대행기업인 액센츄어 인터랙티브(Accenture Interactive)는 2017년 광고주와 브랜드를 위한 한 가지 제품을 선보였다. 이 제품은 AI라는 최첨단 기술을 사용해 동영상 안에 광고를 맞춤형으로 자동 삽입되도록 한다.

간단한 예를 들면 다음과 같다. 어떤 광고에서 비행기 한 대가 하늘을 날고 있다. 만약 이 광고를 본 사람이 한 명은 말레이시아에, 또 한 명은 프랑스에 있다고 가정해 보자. 이때 말레이시아 시청자는 말레이시아항공사의 로고가 붙은 비행기를, 프랑스 시청자는 에어프랑스 로고가 붙은 비행기를 볼 수 있게 만드는 방식이다.

액센츄어 인터랙티브의 R&D 부문 대표 알렉스 나레시(Alex Naressi)는 머신러닝을 도입함으로써 이 제품은 인간의 시각(視覺)을 학습할 수 있었고, 나아가 이에 대한 시뮬레이션과 추적도 가능해졌다고 말했다. 또 이 제품은 어떤 영상에서도 히트맵(heatmap, 소비자의 마우스의 움직임을 열 분포 형태의 그래픽으로 사용자에게 보여주는 도표)을 제작할 수 있으며, 이어서 시청자들이 관심을 갖는 콘텐츠를 분석해 광고를 합리적으로 배치할 수 있다.

나레시 대표는 한 인터뷰에서 브랜드의 안전성을 보장하고 브랜드와 언어환경 사이의 연관성을 높이기 위해 이 제품은 '자동 구문분석(parsing)'과 '인공 통찰력'을 결합했다고 말했다.

2017년 칸 국제 광고제에서 액센츄어 인터랙티브는 이 제품을 정식 발표했다. 하지만 그 당시에는 아직 특허 신청 중이어서 광고주 및 브랜드와 이에 관한 테스트를 진행할 수 없었고, 구체적인 가격도 발표하지 못했다.

나레시 대표는 이 제품은 '중단 없는 네이티브 광고(native advertising, 정보나 기사처럼 보이도록 디자인된 온라인 광고) 자원'으로, 이를 통해 더욱더 맞춤화, 규모화된 광고를 만들 수 있고, 광고가 차단당하는 현상도 방지할 수 있다고 생각한다고 말했다.

액센츄어 인터랙티브가 개발한 이 제품은 'AI+마케팅 광고'의 새로운 지평을 열었다고 평가할 수 있다. 이로써 광고는 과거의 일방통행식 전달에서 탈피해 고객과 기업을 연결하는 진정한 가교 역할을 수행할 수 있게 되었다. 이는 고객과 기업 모두에게 이점을 준다.

🔲 자연언어 처리 : 스마트한 마케팅 및 고객서비스　○●

역사적으로 보면 고객서비스 직원에 대한 시장의 수요는 매우 크다. 대다수 개발도상국에서 고객서비스는 생계를 책임지는 중요한 일자리가 되었고, 인터넷기업과 같은 저자본기업의 경우도 고객서비스 직원 수요는 매우 크다.

그렇지만 기업 입장에서 고객서비스는 매우 난감한 일자리다. 그 이유는 기업 입장에서 고객서비스 직원을 너무 많이 채용하면 인건비 등 운영비가 크게 증가하는 반면 그에 따른 실제 이윤 증가는 그다지 크지 않기 때문이다.

따라서 기업은 지출을 줄이기 위한 다양한 방안을 모색하고 있다. 하지만 우수한 애프터서비스(A/S)는 마케팅에서 없어서는 안 될 중요한 위치를 차지하기 때문에 고객서비스는 기업으로서는 버릴 수 없는 존재다. 이러한 문제를 해결하기 위해 IT 기업들은 현재 AI로 눈을 돌리기 시작했다. 중국의 넷이즈(Netease, 網易)도 대표적인 기업 중 하나다.

2016년 넷이즈는 AI 기반의 스마트 고객서비스 제품을 출시했다. 주요 목적은 중소기업의 고객서비스 비용 절감을 돕기 위해서였다. 전자상거래 기업의 경우 다양한 서비스 제공은 필수다. 넷이즈의 이

제품은 전자상거래 기업을 위해 제품의 사양, 배송 상황, A/S 보장 등 고객의 다양한 질문과 컴플레인을 자동으로 해결해준다.

　스마트 고객서비스의 장점은 분명하다. 첫째, 고객서비스 비용을 기존의 10분의 1 수준으로 절감할 수 있다. 둘째, 회신 정보가 늦게 전달되거나 부정확한 경우 등 고객에게 불편함을 유발할 수 있는 행위를 없앨 수 있다. 이와 같은 이유로 미래에는 스마트 고객서비스가 다양한 분야에 폭넓게 도입될 것이다. 또한 기업의 더 많은 이윤 창출에 기여할 것이다.

🔲 머신비전(Machine Vision) : 가상현실(VR) 마케팅의 전위대　○ ●

어떤 의미에서 보면 마케팅이란 '티핑 포인트(tipping point, 상황이 급격하게 변화하기 시작하는 시점)'를 만들고, 이 티핑 포인트를 이용해 해당 브랜드 제품을 널리 홍보하고 나아가 이를 사람들의 뇌리에 깊고 강렬하게 각인시키는 일련의 행위라 할 수 있다. 머신비전에 기반을 둔 가상현실 마케팅의 강력한 경쟁력은 바로 '고객 체험'이라 할 수 있다. 그러나 그 핵심은 '체험 마케팅'과 본질적으로 차이가 없다. 즉 식품 시식, 자동차 시승, 옷 입어보고 구입하기 등과 같이 본질적으로는 체험 마케팅에 속한다.

　미디어 형태가 다양하고 고급화되면서 기업의 마케팅에 있어서 미디어의 양방향성, 피드백 등이 중요한 기능이 되고 있다. 또 과거에는 옥외광고, 지면 등이 광고 매체의 주요 수단이었지만, 오늘날에는 디지털 미디어가 일반화되면서 고객이 광고에 직접 참여하는 것이 중시되고 있다. 특히 디지털 미디어 시대에 사람들은 자신의 느낌, 견해, 제안을 온라인 댓글, 후기 등의 다양한 방식을 통해 기업에 전달하고 기업은 이를 다시 제품에 반영하고 있다. 이것이 바로 고객 참여형 마케팅이다.

최근에는 가상현실(VR)이 새로운 매체로 등장하면서 고객의 참여 의식이 한층 더 높아졌다. 사람들은 가상현실(VR) 속에서 자신을 마케팅 과정의 일원으로 간주하며 그 과정에서 현실감을 느끼게 된다. 이처럼 가상현실(VR)은 인공지능 시대의 마케팅 트렌드와 잘 맞아떨어져 마케팅에서 가상현실(VR)의 적용 범위는 거의 무한정이다.

예를 들면 고객은 자동차를 구입할 때 제품 외관에 대한 느낌, 사양, 기능, 조작 과정 등을 매우 중요시하는데, 이런 유형의 제품을 마케팅할 때 가상현실(VR)을 이용하면 고객에게 실제 조작의 쾌감을 직관적이고 사실적으로 체험하게 할 수 있다. 아우디(Audi)를 예로 들어 설명해 보겠다.

아우디는 2015년 오큘러스(Oculus)와 제휴했다. 그 후 소비자들은 아우디 오프라인 체험매장에서 가상현실(VR) 설비를 장착한 후 다양한 모델의 신차를 가상으로 시승할 수 있게 되었다. 또한 상황설정을 통해 피혁(가죽), 인테리어, 색상, 엔터테인먼트 설비 등 다양한 차량 인테리어 설비를 선택하고 체험해볼 수도 있다.

아우디뿐만이 아니다. 볼보(Volvo) 자동차도 구글의 카드보드(Cardboard)를 활용한 마케팅에 나섰으며, 가상현실(VR) 시승 체험 서비스를 제공한다고 공식 발표했다. 고객은 무료의 구글 카드보드를 신청할 수 있으며, 볼보의 앱을 다운받으면 볼보의 특정 신차를 시승

하는 체험을 할 수 있다. 아울러 이런 특정 신차의 내부 구조와 실제 조작 과정을 상세하게 파악할 수 있다.

현재 하드웨어 물량 부족으로 인해 가상현실(VR) 마케팅은 아직 급속한 성장을 위한 발판이 마련되지 않았다. 하지만 일부 업계의 선도 기업들은 이미 가상현실(VR) 마케팅의 잠재적 가치를 인식했다. 이는 머지않은 미래에 가상현실(VR) 마케팅이 폭발적으로 발전할 것임을 의미한다. 그때가 되면 벤치마킹하고 참고할 만한 마케팅 사례가 많이 나타나고, 그에 따라 마케팅 수단 역시 혁신을 거듭하게 될 것이다.

딥러닝 : 스마트 예측, 분석, 원인분석을 통한 마케팅 효과의 극대화

AI 분야에서 딥러닝(deep learning)의 주요 역할은 컴퓨터에게 인간의 학습행위를 깊이 있게 모방하고 실현하도록 하는 것이다. 빅데이터 마케팅에 주력해온 알리마마(알리바바 산하의 온라인 광고 및 거래 플랫폼)는 2017년부터 딥러닝에 본격적으로 뛰어들었다. 그 이유는 무엇일까?

현 상황에서 딥러닝과 AI가 기존의 기업활동에서 효율 극대화를 실현할 수 있는 분야가 바로 마케팅이다. 알리마마의 수석 알고리즘 전문가인 류카이펑(劉凱鵬)은 이를 특정한 상황으로 요약해 "수요를 정확히 파악한 후, 고객이 가장 원하는 제품과 광고를 찾아주는 것"이라고 말했다.

또 온라인쇼핑 전체 과정에서 고객이 보이는 행동 패턴을 분석해보면 그들이 검색, 클릭, 구매하는 모든 행위가 사실은 인지, 기억, 판단 과정임을 알 수 있다.

이에 관해 류카이펑은 "눈에 보이는 모든 광고에 대해 소비자는 어떤 행동을 보이는가? 소비자는 그것을 좋아할 수도 있고, 클릭할 수도 있고, 구매할 수도 있다. 이 확률을 계산하는 것은 전형적인 머신러닝 문제다"라고 말했다. 그는 또 기업은 이런 문제를 머신러닝 문제로 모델링한 뒤 방대한 데이터를 이용해 검증할 수 있다고 덧붙였다.

현재 알리마마는 많은 분야에서 상당한 성과를 거두었는데, 그중에서 '인지'와 '기억' 분야에서의 성과가 괄목할 만하다. 또 '판단' 분야(예를 들면 정보 이해, 이미지 인식 및 분류 등)도 알리마마는 지속적으로 개척해나가고 있다. 무엇보다 이미지 인식 및 분류에 기반한 딥러닝은 이미 인간의 수준에 근접했거나 심지어 뛰어넘었다는 사실에 주목할 필요가 있다.

딥러닝을 기업의 마케팅에 도입한다면 마케팅의 많은 세부 과정(가격 제안, 예측, 분석, 아이디어, 투입 등)을 지원하고 최적화할 수 있다. 이는 마케팅의 정확성을 보장할 뿐만 아니라 마케팅의 효율을 극대화할 수 있다.

사실 알리마마는 이미 2016년 항저우 윈시대회(雲栖大會)에서 스마트 공급량(flow) 매칭과 가격 산정을 실현하는 'OCPX 엔진'을 정식으로 공개했는데, 이는 AI 분야에서 이룩한 중요한 성과였다. 알리마마가 AI 탐색의 여정에서 아주 큰 진전을 거둘 수 있었던 원동력은 바로 딥러닝 기술 덕분이었다.

제3장

AI와 조직경영층

한 기업에서 조직경영층이 해야 할 일은 의사결정, 직원 관리, 중요 고객 면담 등 매우 다양하다. 그런 만큼 이 모든 일을 완벽하게 수행하기란 결코 쉽지 않다. 하지만 AI를 도입한다면 상황은 크게 달라질 수 있다. AI는 조직경영층이 수행하는 업무의 질과 효율성을 높여줄 수 있다. 또한 조직경영층은 AI를 토대로 더 과학적이고 합리적인 의사결정을 내리고, 이를 통해 기업의 장기적 발전을 도모할 수 있다.

AI는 기업의 HR을 재편한다

AI가 출현한 뒤 기존의 인력자원 관리는 점차 스마트화하고 있다. HR(인사담당자, 인사관리자)은 AI 등 소프트웨어의 도움을 받아 직원 선발, 인사고과, 실적평가 등 기초적인 업무를 수행할 수 있게 되었다. 이는 AI를 이용할 경우 기존의 사무적인 업무에서 탈피해 더 많은 시간과 노력을 기업의 인력자원 관리 업무에 투자할 수 있다는 의미다. 뿐만 아니라 HR은 본연의 역할과 가치 창출에 더욱 충실할 수 있다. 그래서 일부 전문가들은 앞으로 AI를 이해하지 못하는 HR은 개인적인 발전을 이루기 어렵다고 단언하기도 한다.

AI 시대의 HR : 이성과 감성을 겸비해야 한다

첨단 과학기술의 발전에 따라 전 세계적으로 평준화 경향이 점차 두드러지고 있다. 기업은 신속한 벤치마킹을 통해 규모를 확대하고 있고, 개인들도 과학기술의 힘을 활용해 자신의 역량을 키우고 있다. 그런 가운데 인재는 현대 세계의 중심에 자리 잡게 되었다.

그런데 기업이 성숙단계로 접어들어 직원 수가 갈수록 늘어나면 기업은 혁신능력이 크게 낮아질 수 있다. 또 조직의 비대화, 업무의 고도화 등으로 인해 기업은 우수 인재의 영입과 기업 구조조정의 중요성을 인식하게 된다. HR의 역할이 중요해지는 것이다.

HR이 하는 일 중에는 과학기술을 활용할 업무가 많다. 따라서 기업의 HR은 이런 변화에 적극 대처하고 자신의 능력을 계속 향상시켜야 한다. 그렇다면 구체적으로 어떤 노력이 필요할까? 가장 중요한 일은 이성과 감성을 겸비한 인재로 거듭나는 것이다.

먼저 이성이란 객관적 데이터에 기반을 두고 사유하여 업무 중에 생길 수 있는 각종 문제를 발견, 이해, 해결해야 한다는 뜻이다. 2016년 미국의 한 유명 기업은 인적자원 관련 기술인 'HR Tech'에 막대한 투자를 하여 시장규모가 140억 달러로 성장했다. 만약 HR이 기존의 전통적인 업무 프로세스와 진부한 관리방식을 벗어나 구조를 전환하고 싶다면, 지문인식 출석체크, 온라인 트레이닝, KPI(핵심성과 지표) 실적평가 등 AI 기반의 신기술에 주목하고 이에 대해 지속적인 관심을 기울일 필요가 있다.

두 번째로 감성이란 업무 과정에서 발생하는 감정과 느낌을 말한다. 보통 업무로 보내는 시간은 가족과 함께하는 시간보다 길다. 따라서 직원들은 업무에서 더 좋은 경험을 할 수 있기를 원하며, 또 다양한 문화를 즐기고, 직업적 전문성과 심리적 안정을 동시에 얻고 싶어 한다.

만약 직원을 '왕'으로 여긴다면 HR은 직원들과 상호 교류와 소통을 할 수 있는 플랫폼을 세심하게 설계해야 한다. 모든 기업 서비스는 소비자 대상 서비스처럼 전환하고, 기업경영 방식 역시 인간 존중 방식으로 전환해야 한다.

🔲 'AI+인사'는 기존의 인재영입 방식을 변화시킨다 : 자동화 + 능동화 + 정밀화 + 네트워크화 ○ ●

HR이 수행하는 모든 업무 가운데 인재 선발은 가장 기초적이며 핵심적인 업무다. 그런데 인재 선발에 AI가 도입되면서 이 업무는 큰 변화를 맞이했다. 구체적으로 다음 몇 가지 방향으로 설명해 보겠다.

1. 자동화

1994년 미국의 몬스터닷컴(Monster.com)은 세계 최초의 구인구직사이트를 개설했다. 채용 경로가 복잡해지고 이력서 선별기술도 낙후됨에 따라 기업과 구직자 간의 정보비대칭 문제가 한층 더 심화된 것이 그 배경이었다. 이력서가 너무 많으면 다 읽어볼 수 없고, 이력서가 너무 적으면 제대로 된 인재를 선발하기 어렵다.

또 관련 데이터에 따르면, 인재 선발 업무에서 HR은 평균 70%의 시간을 이력서 선별과 읽기에 사용한다고 한다. 여기에는 구직 플랫폼에 로그인하기, 각 사이트에 들어가 원하는 인재 찾기 등의 시간도 포함된다. 미국에서는 이미 오래전부터 인재 선발 업무에서 이런 문제점들에 봉착했고, 이를 해결하기 위해 대다수 기업은 ATS(applicant tracking system, 지원자 추적 시스템)를 활용하고 있다.

2. 능동화

진정한 인재는 기업을 위해 측정 불가능한 가치를 창출한다. 그런 의미에서 보면 구인시장에서 원하는 인재의 부족 현상은 영원히 해결되지 않을 것이다. 또 일반적으로 진정한 인재는 굳이 자발적으로 직장을 구하려고 애쓸 필요도 없이 모두 피동적인 구직자들이다. 이런 상황에서 HR은 기존의 피동적인 인재선발 과정에서 탈피해 능동적으로 나서야만 기업에 꼭 필요한 진정한 인재를 더 많이 확보할 수 있다.

또 HR은 시장마케팅의 관점에서 채용 문제를 고려해야 하며, SNS를 활용해 기업 이미지를 구축해야 한다. 실제로 미국의 한 기업은 HR의 홍보 카피 작성에 도움을 주기 위해 구직자의 이목을 끌 수 있는 문구와 표현방식을 수집 및 분석하기도 했다.

이 기업은 HR이 작성한 직책 소개 및 채용 문구의 초안에 대해 점수를 매겼고, 시대에 뒤떨어진 어투를 변경하라는 등의 수정 제안을 했다. 또한 이 기업은 다양한 구직자들이 선호하는 텍스트 유형을 조사하고 그에 따른 맞춤형 문구로 바꾸기도 했다.

3. 정밀화

구직자 매칭하기는 단순히 인재가 가진 기능을 찾아 연결하는 일만을 가리키는 것은 아니다. 예를 들면 모든 기업이 프로그래머를 채용하고 있지만, 부서장이 어떤 사람인지 기업문화가 어떤지에 따라 맞는 유형의 구직자를 선발하는 것이다. 그렇다면 수많은 이력서 속에서 기업에 가장 적합한 인재를 판별하기 위한 방안은 무엇일까?

Celential.Ai 기업은 머신러닝 기술을 이용해 구직자를 대상으로 자동으로 순위를 매겼다. 이 기업은 자연언어 처리 기술을 이용해 구직자의 이력서를 분석한 뒤, 이력서에 기재된 관련 정보에 근거해 구직자와 직위가 매칭되는지의 여부를 판단했다. 또 이 기업이 개발한 AI시스템은 이력서 데이터베이스에 저장된 대표적인 채용 케이스를 자동학습한 뒤 하나의 인재 모델을 만들어냈으며, 이를 바탕으로 구직자가 향후 업무에서 어떤 활약을 보여줄지 정확하게 예측했다.

4. 네트워크화

미국에서는 채용면접의 50% 정도가 온라인으로 진행된다. 실제로 기존의 채용면접은 객관성이 결여되고 완벽한 기준도 갖춰져 있지 않다. AI 면접분석 기업 하이어뷰(HireVue)는 1차 영상면접에서 몇 가지 중요한 시그널(예를 들면 미세한 표정, 각종 제스처, 사용하는 어휘 등)을 추출한 뒤, 구직자가 해당 직책에 적합한지 여부를 평가하고 판단하는 데 주력하고 있다.

그중에서 자연언어 처리 기술은 구직자의 답변 분석에 사용되고, 컴퓨터비전(Computer Vision) 기술은 구직자의 표정과 동작 등 비(非)언어적 요소 해석에 활용된다. 이는 면접의 효율성을 크게 높였고, 2차 대면면접 대상자를 신속하게 추려내는 데 큰 역할을 한다.

이처럼 AI가 발전하면서 인재 선발 방식에 커다란 변화가 생겼다. 따라서 새로운 시대의 HR들은 AI라는 신기술을 적극 수용해 자신의 업무에 활용할 필요가 있다.

HR의 세 가지 신기능

사회가 발전함에 따라 기업이 HR에게 요구하는 역할은 기존의 급여 통계, 채용 및 훈련 등 비교적 단순한 업무에 국한되지 않으며, 나아가 기업의 전략계획 수립에 참여하기를 원한다.

AI 시대에 HR은 각 직원의 능력과 업무 관련 데이터를 통합함으로써 해당 직원과 그가 맡고 있는 업무가 더 잘 매칭되도록 할 수 있다. 하지만 이 일을 제대로 수행하기란 결코 간단하지 않다. 이를 위해 HR이 갖춰야 할 3대 핵심 능력은 다음과 같다. 첫째, 업무자동화 프로세스 구축. 둘째, 정보화 통합, 인력자원 데이터 축적. 셋째, AI 마인드를 통한 스마트 전략 시스템 구축이다.

업무자동화 프로세스 구축 ○ ●

HR은 매일 다양한 업무를 수행한다. 만약 하나의 간단명료하고 합리적인 프로세스를 구축하지 않으면 많은 시간과 노력을 낭비할 가능성이 높으며, 이는 기업의 발전에 좋지 않은 영향을 주게 된다. 반면 우수한 HR은 기본적으로 자신만의 업무 수행 프로세스가 갖춰져 있다. 예를 들면 언제 어떤 일을 해야 하는지, 어떤 문제는 어느 상사에게 가서 확인을 받는지 등이다. 이렇게 되면 각종 업무를 최단 시간 내에 순조롭게 완수할 수 있으며, 효율성은 크게 높아져 자신도 상사에게 인정을 받고 성과를 거둘 수 있다.

그렇다면 프로세스란 구체적으로 무엇일까? 프로세스란 업무 수행의 순서와 절차를 배치 및 안배하는 일련의 행위다. 구체적으로 말하면, 한 기업 내에서의 프로세스란 특정 업무를 완수하기 위해 제정한 일련의 과정을 체계화 및 규칙화한 것이다. 예를 들어 흔히 볼 수 있는 채용 프로세스, 직원교육 프로세스, 입사 프로세스 등이다.

하지만 위에 든 예를 토대로 업무 프로세스를 체계화, 규칙화한다면 목표의 부족, 방향의 편향 등 문제를 초래할 가능성이 높고, 아울러 강력한 저항도 뒤따를 수 있다. 그러므로 프로세스에 대한 명확한 정의를 내릴 필요가 있다. 프로세스 관리학에서는 프로세스란 '우수한 단대단(end-to-end) 업무 프로세스를 체계적으로 구축하는 것을 핵심으로 삼고, 조직의 업무실적을 지속적으로 제고하는 것을 목적으로 하는 체계화된 방법'으로 정의한다.

여기에서 주목할 점은 HR이 프로세스를 기획할 때 주업무 프로세스를 근거로 삼고 아울러 업무실적 향상을 궁극적인 목표로 삼아야 한다는 것이다. 실제 업무 프로세스를 심도 있게 이해하고 연구하지 않은 모든 프로세스는 단순히 전문가적 관점을 가진 HR에 불과할 뿐, 자신의 업무를 제대로 효율화하는 데는 역부족이다.

AI 시대에 프로세스의 중요성은 점점 더 분명해지고 있다. 그리고

HR의 앞에 놓인 핵심 업무는 실적 제고를 위한 프로세스를 구축하는 일이다. 여기에서 말한 프로세스는 자동화로, 주요 목적은 AI의 가장 큰 특징인 '자동화'를 업무에 도입하는 것이다.

📟 정보화 통합 : 인력자원 데이터의 축적　　　　○ ●

관련 통계에 따르면 현재 미국에는 직원들의 업무 관련 데이터를 활용할 수 있는 기업이 전체의 10% 미만이라고 한다. 이는 HR이 과거의 성공과 실패 사례들을 자세히 분석하고, 이를 토대로 그 원인 등을 더 명확히 파악할 필요가 있다는 의미다. 일반적으로 최초 단계에서의 데이터 분석은 시각화 툴(visualization tool)의 사용이 핵심인데 이는 과거에는 없었던 빅데이터를 수집, 추적하기 위해서다. 가령 업무 데이터의 상관성을 분석하는 경우 방대한 인력 관련 데이터를 활용한다.

현 상황에서 대다수 기업은 직원 근무 상황, 실적 등급, 거래액 등의 업무 데이터만을 볼 수 있다. 하지만 미래에는 더 완벽한 조직 관련 데이터, 개인의 업무 관련 데이터를 확보할 수 있게 되었다.

빅데이터 규모가 커짐에 따라 HR은 조직의 관계, 채용에서의 성공과 실패의 원인 등을 보다 더 명확히 파악할 수 있을 것이다. 예를 들면 왜 직원의 가치가 충분히 발휘되지 못하고 있는지, 새로운 채용제도가 기업에 더 많은 우수 인재의 영입에 적합한지, 왜 마케팅부서의 실적이 여전히 개선되지 않고 있는지 등이다. 또한 인력 데이터는 HR이 의사결정을 더 신속하고 효과적으로 하도록 도울 수 있다.

많은 사람이 OKR(Objective Key Results, 목표 및 핵심결과 지표)이 공평

하고 전문적인 지표라고 생각한다. 하지만 이 분야에 있어서는 마이크로소프트가 구글보다 훨씬 더 철저한 듯하다. 왜냐하면 기존의 실적 평가를 없애고 피드백 시스템을 도입했기 때문이다. 최근 들어 미국에는 자동평가 소프트웨어가 대거 도입되고 있는데, 그중 베터웍스(BetterWorks)와 리플렉티브(Reflektive)가 가장 대표적이다.

이런 소프트웨어를 통해 경영진과 직원들은 관련 피드백과 의견을 직접 조회할 수 있고, 토론을 통해 결정했던 실적 목표를 공유할 수도 있다. 이런 방식에는 두 가지 장점이 있다. 하나는 피드백의 신뢰도와 실행가능성을 높여주므로 HR은 더 과학적이고 합리적인 의사결정을 할 수 있다. 또 하나는 조직 전체의 사기를 진작한다.

과거의 위에서 아래로의 탑다운(top-down)식 업무 프로세스는 구시대적이므로 더 이상 통용되기 어렵다. 그 대신 더 민첩하고 지속 가능한, 피드백 기반의 프로세스로 바뀌고 있다.

종합해 보면 인력 데이터 등 각종 데이터는 모두 그 나름의 가치가 있기에 AI 시대의 HR은 마치 하나의 데이터베이스처럼 많은 데이터를 축적하고, 이를 자신의 향후 업무를 위한 밑거름으로 활용해야 한다.

AI 마인드를 통한 스마트 전략 시스템 구축

HR에게 있어서 AI의 마인드를 갖추고, AI를 이용해 스마트 전략 시스템을 구축하는 법을 배우는 일은 매우 중요하다. 이 과정의 핵심적 요소는 바로 '예측성(predictability) 모델'이다. 일부 전문가는 예측성 모델이 유연한 인력 관리 수요의 분석 등 다양한 분야에 활용될 수 있다고 전망한다.

오늘날 공유경제와 크라우드 소싱(crowd sourcing, 대중(crowd)과 아웃소싱(outsourcing)의 합성어로, 기업활동의 일부 과정에 대중을 참여시키는 방식) 시장은 이미 상당히 발전했고, 이로 인해 노동력 관리의 수요도 변화했다. 과거에는 HR이 직접 계획하여 인력 채용을 진행했지만, 이제는 수요예측을 통해 인력을 조절 및 배치한다.

충분한 양의 빅데이터가 구축된다면 HR은 AI의 도움을 통해 우수 인재의 유출(流出) 실태를 분석 및 예측할 수 있고, 아울러 이를 방지하기 위한 최적의 방안도 마련할 수 있다.

스타트업인 하이큐 랩스(Hi-Q Labs)는 2017년에 외부 데이터만을 활용해 직원의 잔류율을 예측하는 솔루션을 개발했는데, 정확도가 심지어 내부 데이터를 활용했을 때보다 더 높았다.

이처럼 데이터 기반의 툴을 활용할 경우, HR은 우수 인력을 기업에 계속 붙잡아둘 수 있는 효과적인 방안을 손에 쥐게 된다. 사실 인력에 관한 문제는 규모에 관계없이 어느 기업에게나 공통의 관심사다.

관련 통계에 따르면 어느 기업에서든 계속 새로운 업무를 찾는 직원이 있으며, 그중 79%는 마땅히 받아야 할 교육을 받지 못한다고 생각한다고 한다. 이는 모든 직원이 기업과 업무에 관해 좀 더 많이, 좀 더 깊이 알고 싶어 하는 욕구가 있음을 보여준다.

앞의 내용을 종합해 보면, AI는 아직까지 HR을 완벽히 대체하지 못했다는 사실을 알 수 있다. 현재 기술로는 진정한 의미의 스마트화를 실현하지 못했다는 의미다. 하지만 기업의 인력 문제에 있어서 일부 특화된 AI 솔루션이 이미 개발되었고 또한 계속 개발되고 있다는 점에 주목할 필요가 있다. 따라서 미래에는 AI가 HR이 수행하는 다양한 업무에 훨씬 더 깊게 파고들 것으로 예측된다.

조직경영층은 AI에 어떻게 대응해야 할까?

AI는 이미 우리의 일과 삶에 커다란 영향을 미치고 있으며, 이는 돌이킬 수 없는 추세다. 이런 상황에서 기업의 장기적이고 지속적인 발전을 도모하려면, 조직경영층은 이 트렌드를 면밀히 관찰하고 대응해야 한다. 기업 차원에서는 먼저 AI라는 기술을 도입하고 자동화 업무는 AI에게 맡겨야 한다. 둘째 감정과 소통 관련 일은 인간 노동자에게 맡겨야 한다. 셋째 기존의 업무 네트워크를 과감하게 개혁해 '인간-기계의 협업' 체계를 구축함으로써 기업의 발전을 도모해야 한다. 이제부터 이 점에 관해 상세하게 설명해 보겠다.

AI라는 첨단기술 이용하기 : 자동화 업무는 AI에게 맡긴다

맥킨지가 발표한 데이터에 따르면, 전 세계 약 50%의 일자리는 현재의 기술로 자동화를 실현할 수 있고, 완전 자동화를 실현할 수 있는 일자리는 5% 미만이라고 한다. 또 약 60%의 일자리에서 최소 30% 이

그림 3-1 경영진은 AI를 이용해 기업의 발전을 도모할 수 있다.

상의 업무는 자동화 기술을 통해 대체 가능하다고 한다. 이 통계는 다른 한편으로 상당수의 사람들, 특히 의사결정을 하는 경영진의 업무 환경에 이미 큰 전환과 변화가 발생했음을 보여준다.

오늘날 자동화 기술에서는 '실행 가능성' 여부가 매우 중요한 요소로 부각되고 있다. 하지만 자동화의 활용 범위와 속도에 영향을 주는 요소는 실행 가능성 하나만은 아니다. 이 밖에 주요 요소로는 관리감독 및 사회의 수용 정도, 노동시장의 현실 상황, 자동화로 인한 장점, 자동화 솔루션의 비용 등 다양하다.

일반적으로 자동화가 업무에 미치는 잠재력 영향력은 업종별, 직군별로 차이가 있다. 관련 보고서에 따르면, 예측 가능한 환경에서 수행하는 업무(예를 들어 기계 조작하기, 패스트푸드 만들기 등)가 자동화의 영향을 가장 쉽게 받는 것으로 나타났다.

또한 데이터 수집, 데이터 처리는 자동화가 가능한 분야다. 특히 이 두 분야의 경우 기계는 인간보다 훨씬 빠르고 일을 더 잘 수행한다. 하지만 일부 업무에서 자동화가 실현 가능하다거나 또는 이미 실현되었다고 해서 인간의 일자리 기회가 줄어들지는 않는다는 점을 인식해야 한다.

예측 불가능한 환경에서 수행하는 업무(예를 들어 화초 손질하기, 미취학 아동 돌보기, 수도관 수리하기 등)의 경우, 오랜 시간이 지나도 대규모의 자동화는 여전히 실현되기 어려울 것이다. 그 이유는 첫째 이런 유형의 일자리는 자동화 기술 개발이 어렵다. 둘째 이런 유형의 일자리는 보통 급여 수준이 높지 않기 때문에 이 분야에 대한 자동화는 그다지 사업적인 매력이 없다.

따라서 미래의 인간 노동자는 더 많은 시간과 노력을 타 노동자와의 소통, 훈련, 관리 등 자동화를 실현하기 어려운 일자리에 쏟게 될 것이다. 아울러 필요한 지식과 능력도 과거와는 크게 달라질 전망이다. 앞으로는 소통, 감성, 논리, 창의성 등 방면의 능력이 더 많이 요구될 것이다.

물론 AI와 자동화는 기업에게 업무 효율의 향상, 동태경제(dynamic economics) 형성, 경제적 이윤 극대화 등 많은 긍정적 효과를 가져다준다. 그래서 AI에 효과적으로 대응하기 위해 경영진은 '선택과 집중' 전략의 일환으로 자동화가 가능한 업무는 AI에게 맡기고, 나머지 업무는 직원들에 맡겨 효율적인 분업을 실시해야 한다.

그림 3-2 인간 대신 기계나 시스템을 조작하는 로봇

🖳 감정 관련 일, 관계 유지, 돌봄은
인간 노동자에게 맡긴다 ○●

이제 AI는 사람처럼 메일에 답장을 보낼 수 있고, 일부 생산라인의 작업도 대신하고 있다. 하지만 우리 인간은 AI 때문에 불안감과 두려움을 가질 필요가 없다. AI가 인간의 모든 일자리를 대체할 수는 없기 때문이다. 현시점에서 AI가 수행하는 일은 반복적이거나, 복잡하거나, 체력을 많이 요구하는 일이다. 관점을 달리하면 AI가 더욱 발전하면 인류는 이런 반복적이거나, 복잡하거나, 체력을 많이 요구하는 노동에서 해방된다고 볼 수도 있다.

반면 양방향 교류와 소통 등에 대한 수요는 점점 늘고 있고 관련 일자리도 증가하고 있는데, 이 분야의 일자리는 AI가 대체할 수 없다. 딜로이트(Deloitte)가 2017년에 발표한 영국 노동력 연구 분석 보고서에 따르면, 지난 20년 동안 '관심과 배려' 관련 일자리가 큰 폭으로 증가했으며, 그중 간호조무사 관련 일자리는 909% 증가했고, 돌봄 분야 종사자 수도 168% 늘었다고 한다.

또 관련 연구에 따르면, 감성에 기반한 소통과 교류는 인간의 심신에 긍정적이고 건강한 영향을 끼친다고 한다. 미국에서는 포옹 서비스(cuddle therapy)를 유료로 제공하는 커들러도 등장했다. 물론 이 서비스는 많은 오해나 거부반응도 초래했지만 포옹이 치유의 효과도 있어 사업이 확대되는 추세라고 한다. 마찬가지로 심리상담이나 갈등 조정 등의 업무는 AI로 대체하기가 매우 어렵다.

그 밖에 '유료 친구 찾기'로 대표되는 사회적 관계 맺기가 점차 새로운 트렌드로 자리 잡았으며 대표적인 사례가 '유료 라이브 보기', '유료 독서모임' 등이다. 이처럼 감정 치유, 관계 유지 등 업무는 모두 인간이 수행해야 한다. 조직경영진은 이 점을 잘 인식하고 이를 기업 운영에 적극 활용할 수 있어야 한다.

🖥 새로운 업무 네트워크 구축 : 인간-기계 협업, 공동 업무 처리 ○●

〈MIT 테크놀로지 리뷰(MIT Technology Review)〉의 보도에 따르면, 미국 MIT 컴퓨터과학 및 인공지능 연구소(CSAIL)의 다니엘라 러스(Daniela Rus) 소장은 지금 시급히 해야 할 일은 인간과 AI 로봇이 협업하는 새

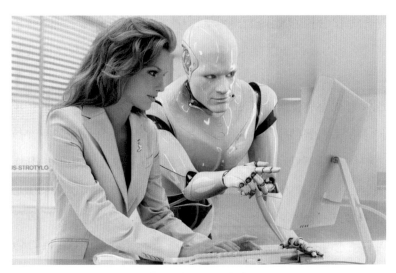

그림 3-3 AI 로봇과 인간이 함께 작업하고 있다

로운 방안 모색이며, AI 로봇이 인간의 일자리를 빼앗을까 단지 두려움을 느끼고 걱정할 것이 아니라고 강조했다.

러스 소장은 2017년도 MIT의 주제강연에서 "인간과 AI 로봇은 경쟁자가 아니며 서로 협력 파트너가 되어야 한다"라고 말했다. 이 말은 AI를 적대시하고 배척할 필요가 없음을 일깨워준다.

MIT가 실시한 한 연구는 인간과 AI 로봇이 함께 작업할 경우 업무 효율이 큰 폭으로 향상되는 결과를 보여주었다. 따라서 앞으로 경제학자, 기술전문가, 정책제정자 등의 최대 관심사는 'AI 로봇과 인간의 협력 방안'이 될 것이다.

세계 최고의 로봇 연구센터 중 하나인 CSAIL은 이 문제의 해답을 찾는 데 주력해왔다. 러스 소장은 인간과 AI 로봇이 암 진단, 질병 치료 등 의학 분야에서 협력한다면 많은 긍정적 성과를 낼 수 있다고 말했다.

AI 로봇이 인간의 일자리에 어떤 영향을 미칠 것인지, 어떻게 혁신을 통해 새로운 비즈니스 기회를 만들어 그 영향을 최소화할 것인지 등에 관해 전문가와 학자들은 치열한 논쟁을 벌이고 있다. 2017년 11월, 러스와 MIT의 다른 동료들은 'AI와 미래의 일자리'란 이름의 의미 있는 행사를 진행했다.

이 행사에서 일부 강연자는 미래에 발생할 수 있는 엄청난 변화를 엄중하게 경고했다. 한편으로는 AI가 인간의 능력을 강화할 수 있다는 점도 여러 차례 언급되었다. 여기에서 러스 소장은 하버드 대학교 연구원들이 실시한 연구를 소개했다. 이 연구의 주요 목적은 전문 의사와 AI 소프트웨어가 암 진단에서 보이는 능력의 차이를 분석하는 것이었다. 그 결과 두 가지 사실이 밝혀졌다. 첫째, 전문 의사가 AI 소프트웨어보다 진단 능력이 더 뛰어났다. 둘째 인간과 AI가 협업할 경우, 진단 능력이 훨씬 더 높아졌다.

러스 소장은 이 행사에서 AI가 법률과 제조업 분야에서 인간의 능력을 향상시킬 수 있으며, AI 로봇과 AI 소프트웨어는 맞춤형 제작 및 소매 분야에서 매우 큰 역할을 수행할 수 있다고 말했다.

또한 러스 소장은 또 다른 프로젝트에 관해서 언급했는데, 이 프로젝트는 MIT가 주도했으며, AI를 이용해 시각장애인이 무인자동차를 운전하도록 돕는 것과 관련한 내용이라고 한다.

러스 소장은 현재 뇌-컴퓨터 인터페이스(BCI)는 상당한 수준에 도달한 것은 아니지만, 미래에 AI 로봇과 인간의 상호교류에 커다란 영향을 끼칠 것이라고 예측했다.

AI 로봇과 인간의 협업은 이처럼 긍정적 효과가 많다. 물론 여러 문제점들이 존재하는 것도 사실이다. 그리고 인간이 완성해야 하는 일은 여전히 매우 많다. 반복성이 강한 일, 복잡하고 자질구레한 일, 체력을 요하는 일 등을 AI 로봇에게 맡긴다면, 우리 인간은 좀 더 의미있고, 좀 더 가치 있는 일에 주력할 수 있을 것이다.

제4장

AI와 실무 종사자

어떤 기업이든 실무 종사자의 역할은 결코 과소평가할 수 없다. 만약 이들이 없다면 경영진이 내린 어떤 의사결정도 효과적으로 수행될 수 없으며 기업의 정상적인 운영도 어렵게 된다. 그래서 AI와 실무진이 어떤 충돌을 일으킬지 점점 더 큰 관심사가 되고 있다.

데이터로 보는 AI가 실무 종사자를 대체할 가능성

AI의 인간 일자리 대체에 관한 논란이 지속되면서 기업에서 핵심 역할을 수행하고 있는 실무진 역시 어느 날 갑자기 자신의 '밥그릇'을 빼앗기지 않을까 걱정하기도 한다. 관련 데이터에 따르면 텔레마케터, 회계사, 고객서비스 직원 등 실무 종사자도 AI로 대체될 확률이 매우 높다. 특히 텔레마케터의 경우, AI로 대체될 확률이 무려 99%에 달한다. 이런 통계 수치를 접하면 당연히 두려움이 들 수밖에 없다.

텔레마케터가 AI로 대체될 확률은 99%

2017년 영국 BBC 방송은 옥스퍼드 대학 마이클 오스본(Michael A. Osborne) 교수와 칼 프레이(Carl B. Frey) 교수의 연구를 토대로 365종의 직업에 대해 미래에 '대체될 확률'을 분석했다. 그 결과 텔레마케터가 AI로 대체될 확률이 가장 높았으며, 무려 99%로 나타났다. 이 숫자는 사람들을 놀라게 하고도 남는다.

그렇다면 텔레마케터가 대체될 확률이 왜 그렇게 높은 것일까? 그 주요 원인은 다음과 같다.

⑴ 텔레마케터가 하는 일은 반복성이 강한 노동이다. 또 난이도 역시 높지 않아서 체계적인 훈련만 받으면 금방 실무에 투입될 수 있다.

⑵ 정확한 데이터가 수집되지 않은 상황에서, 텔레마케터들은 막대한 시간과 노력을 쏟아 고객을 선별해야 한다.

⑶ 텔레마케터의 이직률이 매우 높고 유동성도 계속 증가하고 있다. 그 결과 인건비 상승을 초래한다.

⑷ 텔레마케터의 업무는 단조롭지만 스트레스가 커서 심리적으로 악영향을 끼친다. 따라서 사람이 이 일을 했을 때의 효율성이 계속 하락한다.

그렇다면 AI가 텔레마케터의 업무를 대체하는 것은 정말로 현실화되었을까? 이에 관해 아직까지는 현실화되지 않았고 오랜 후의 일이라고 생각하는 사람이 많다. 하지만 현실은 그렇지 않다. 텔레마케터를 대신할 AI 로봇은 이미 업무에 투입되고 있다. 중국의 '칭쑹후(輕松呼)'가 대표적인 사례 중 하나다.

'칭쑹후'는 스마트 언어(smart language)를 활용한 신개념 전화마케팅 서비스 시스템으로, 기업의 제품 홍보 및 마케팅 업무에 활용할 수 있다. 이 시스템은 딥러닝 기법을 채택했고, 또 자연언어 생성(NLG), 자동음성인식(ARS), 대화관리(DM), 언어이해(SLU), 문자음성변환(TTS) 등 최첨단 대화시스템 기술이 적용되었다.

차세대 AI 텔레마케팅 분야의 전문가인 칭쑹후는 인간과 기계의 협업, 고객 프로파일링, CRM 모바일 관리플랫폼의 완벽한 결합을 실현했다. 또 기업 입장에서도 이 시스템을 이용하면 텔레마케터를 다수

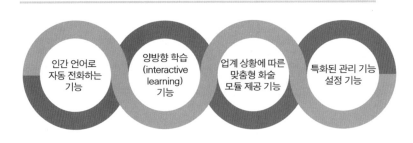

그림 4-1 칭쑹후의 기능

고용하는 데 드는 비용을 크게 절감할 수 있다. 칭쑹후는 그림 4-1과 같은 우수한 기능을 지니고 있다.

그중에 '인간 언어 자동전화' 기능은 실제 인간의 언어를 이용해 타깃 고객에게 자동전화를 할 수 있는 방식이다. '양방향 학습' 기능은 인간과 기계의 최적화 결합을 통해 마케팅의 효과를 극대화한다. '업계 상황에 따른 맞춤형 화술 모듈 제공' 기능은 다양한 고객군을 분석해 다중언어 화술 모듈을 제공한다. '특화된 관리 기능 설정' 기능은 미션 수행 및 중단 시간을 설정하고 후속 데이터를 심도 있게 발굴한다.

'이런 기능이 칭쑹후가 텔레마케터를 대신할 수 있는 이유라고 할 수 있는가?'라고 의문이 들 수도 있다. 하지만 결코 무시할 수 없는 다음과 같은 이유들도 있다.

⑴ 저비용 관리 : 칭쑹후를 도입하면, 기업은 채용 비용, 훈련 비용, 직원 유실에 따른 비용, 인건비 등 여러 방면에서 비용을 절감할 수 있다.

⑵ 고효율 필터링 : 칭쑹후는 매우 효과적으로 고객 자료를 정리할

수 있으며, 또 잠재 고객의 전환율도 크게 높일 수 있다.

(3) 표준화 집행 : 칭쑹후는 감정의 표준화, 고객 프로파일링, 화술의 표준화를 실현할 수 있다. 이는 텔레마케터가 갖추기 어려운 큰 장점이다.

(4) 정밀한 데이터 : 칭쑹후는 백 오피스(Back Office)의 녹음 기능을 지원한다. 그래서 고객의 의향 변화를 실시간 집계할 수 있고, 나아가 데이터의 시효성과 정확성을 보장한다.

이처럼 칭쑹후의 특징은 저비용, 고효율, 표준화, 지능화다. 또 이런 이유 때문에 텔레마케팅의 문제점을 전면적으로 해결할 수 있고, 나아가 텔레마케터를 완벽하게 대체할 수 있는 것이다.

최근 상황을 보면 칭쑹후와 같은 AI 시스템이 점점 더 많아지고 있다. 기업 입장에서 이는 장점이 매우 많기 때문에 앞으로 많은 기업이 이를 도입하겠지만, 텔레마케터 입장에서는 커다란 위기이므로 철저한 대응이 필요하다.

회계사가 AI로 대체될 확률은 97.6%

회계사라는 직업은 진입장벽이 결코 낮지 않으며 비전도 밝은 직종이다. 그럼에도 불구하고 AI로 대체될 확률이 무려 97.6%로 나타났다.

연구를 통해 자세히 살펴보면 회계사의 주요 업무는 관련 정보를 수집 및 정리하는 일이며, 회계사에게는 거의 100%에 가까운 매우 높은 수준의 논리성이 요구된다는 사실을 쉽게 알 수 있다. 이러한 사실을 감안하면 AI가 인간 회계사보다 경쟁력이 높다는 점은 더욱 분명

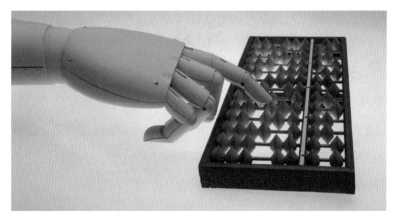

그림 4-2 로봇 회계사

해진다.

또 전 세계 회계컨설팅 빅4로 꼽히는 딜로이트, 프라이스 워터하우스 쿠퍼스(PwC), 언스트 앤드 영(Ernst & Young, EY)은 2017년부터 재무 스마트 로봇 도입 계획을 차례로 발표했다. 이는 AI가 재무 분야에서 막강한 경쟁력을 갖고 있음을 증명하는 사례다.

딜로이트는 이미 그 이전에 회계사들을 번거롭고 반복적인 업무에서 해방되도록 AI를 재무 업무에 도입하는 방안에 대해 캐나다의 한 스타트업과 제휴하고 협력했다. 이 소식이 전해지자 업계에서는 지대한 관심을 보였다.

재무 관련 업무는 하나하나가 결코 쉽지 않아서 회계사는 업무를 진행하면서 역부족을 실감할 때가 많다. 이런 상황에서 회계사의 재무 업무를 도와줄 기술이 정말로 도입된다면 희소식이 아닐 수 없다. 그 대신 회계사는 좀 더 가치 있고 의미 있는 일에 시간과 노력을 쏟을 수 있다.

텔레마케터나 회계사와 비교할 때 고객서비스 직원이 AI로 대체될 확률은 더 낮지만, 그래도 무려 91%에 달한다. 또한 관련 데이터에 따르면 51.4%의 고객서비스 직원이 자신의 직업에 대해 불만족스럽게 생각하고 있었는데 그 주원인은 단조로운 업무, 낮은 급여, 열악한 복리후생, 고강도 업무 등으로 나타났다.

또한 고객서비스 업계에는 각양각색의 문제가 존재하는데 채용의 어려움, 높은 인건비, 훈련, 높은 이직률 등이다. 가령 중국의 메이저 인터넷기업인 바이두(百度), 알리바바, 징둥, 아마존 차이나 등도 이 문제를 제대로 해결할 방법이 없었다. 하지만 마이크로소프트의 샤오빙(小冰)으로 대표되는 AI 고객서비스 로봇이 개발되자 이러한 문제는 해결 가능성이 높아지고 있다.

이제 고객서비스 업계에서 로봇이 인간을 대신하는 일이 현실화되고 있음은 분명하다.

2017년 4월 10일, 알리바바는 '뎬샤오미(店小蜜)'라는 이름의 AI 로봇을 정식 출시했다. 알리바바 측 설명에 따르면 '뎬샤오미'는 질문에 답변하기, 개인화 상품 추천하기뿐만 아니라, 주문 내용 수정하기, 반품, 환불 등 다양한 서비스도 제공할 수 있다. 또한 시간이 지날수록 점점 더 강력한 기능을 선보이고 있다.

그 후로 투자자들과 투자기관들은 스마트 고객서비스 분야에 지대한 관심을 보이기 시작했다. 이와 관련해 매트릭스 파트너스 차이나(Matrix Partners China, 經緯中國)의 파트너인 쥐링예(左凌燁)는 이렇게

그림 4-3 로봇 고객서비스 직원

말했다.

"고객서비스는 기업 서비스 소프트웨어에서 가장 큰 시장 중의 하나입니다. 고객 경험 만족도가 점점 더 중요해지고 관련 기술이 계속해서 발전함에 따라, 고객서비스 상품은 더 많은 도전에 직면해 있습니다. 가령 옴니채널(Omni-Channel, 기존의 온·오프라인 유통 채널에 IT·모바일 기술을 융합한 유통 전략), 실시간 서비스, 모바일화, AI의 지원 등입니다. 매트릭스 파트너스는 고객서비스 시장이 향후 중국에서 크게 성장할 것으로 전망합니다."

비즈니스의 핵심 분야인 고객서비스는 기업 이미지 제고에 매우 중요한 영향을 끼친다. 바로 이런 이유 때문에 점점 더 많은 기업이 고객서비스센터 구축에 심혈을 기울이고 있다. 그 이유는 첫째 해당 기업에 대한 고객의 호감도와 인지도를 높이기 위해서다. 둘째 해당 업계에서 기업의 위치와 영향력을 강화하기 위해서다.

　대다수 고객서비스 직원에게 요구되는 가장 핵심적인 능력은 고객의 심리를 꿰뚫는 것이다. 만약 AI가 이런 능력을 갖출 수 있다면 인간 고객서비스 직원을 대체할 수 있다. 또한 시장 측면에서 보나 기술 측면에서 고려해볼 때, 고객서비스 분야는 AI로 대체될 가능성이 매우 높다.

　먼저 시장 측면에서 고려해 보자. 첫째, AI 고객서비스 로봇은 고객이 제기한 문제를 최단 시간 내에 답변할 수 있으며, 이는 고객에게 매우 만족스러운 경험을 제공한다. 둘째, 기업이 AI 고객서비스 로봇을 도입하면 인건비를 크게 절감할 수 있다. 셋째, 기업은 AI 고객서비스 로봇의 도움을 받아 기존보다 더 많은 고객의 니즈와 행위 관련 데이터를 수집할 수 있으며, 이를 통해 제품 및 서비스의 세대교체와 최적화를 촉진할 수 있다.

　이어서 기술 측면에서 살펴보자. AI 고객서비스 로봇이 인간을 대신해서 활약하려면 기초적인 능력과 핵심적인 알고리즘이 필요하다. 예를 들면 자체 학습능력, 빅데이터 수집 및 분석 능력, 정확한 구문분석(parsing) 등이다. 그런데 이런 기술들이 점점 완벽해지고 성숙되고 있다.

　이런 점들을 종합할 때, 인간 고객서비스 직원이 AI로 대체되는 것은 불가능하지 않다. 따라서 고객서비스 종사자들은 이런 상황을 엄중하게 인식하고 받아들여야 한다. 자신의 고객 통찰능력을 더욱 키우고, 아울러 AI 관련 지식을 적극적으로 배워야 한다. 이렇게 '지피지기'를 해야만 AI 시대가 되어도 '백전불태'할 수 있을 것이다.

AI 시대에 실무 종사자가 갖춰야 할
AI 관련 4대 능력

AI의 위협에 직면해 실무 종사자들이 취해야 할 가장 바람직한 전략은 적극적인 대응이며 생존에 필요한 AI 능력을 갖추는 것이다. 대표적인 능력으로는 기계관리 능력, 프로세스 정보 능력, 알고리즘 능력과 판단력, 플랫폼 및 데이터 관리 능력이다.

기계관리 능력

'AI가 실무 종사자를 위협할 것이다'라는 주장은 실무 종사자들에게는 큰 걱정거리가 아닐 수 없다. 그럼에도 실무 종사자들이 AI 관련 소프트웨어, 기계, 로봇을 어떻게 개발하고 유지보수해야 하는지에 관해서는 관심이 높지 않은 편이다.

실무 종사자들이 갖춰야 할 필수기술인 AI는 아직까지 성숙한 단계에 이르지 못했다. 다시 말해 먼저 기업 내에서 AI가 좀 더 폭넓게 사용될 필요가 있다는 뜻이다. 하지만 현실적으로 AI의 기업 내 활용 수준은 아직 걸음마 단계이며 매우 분산되어 있다.

실무진 특히 IT분야 실무 종사자는 훌륭한 기술 시스템과 구조를 충분히 개발할 수 있으며, 스마트화된 미래를 개척할 능력도 갖추고 있다.

따라서 실무 종사자들은 인공지능 시대에 자신의 발전과 기업의 발전이 공동운명체라고 인식하고 AI의 개발과 관리를 통해 단순히 지시만 수동적으로 수행했던 과거 업무방식에서 탈피해 미래의 고효율 노동의 시대에 좀 더 과학적이고 합리적인 결정을 내리는 능력을 강화해야 한다.

프로세스 정보 능력

경영진과 비교해 실무진은 활용할 수 있는 자원을 충분히 확보하지 못한 것으로 보인다. 예를 들어 AI는 방대한 정보를 분석하고 처리하는 능력이 뛰어나기 때문에 업무의 수준과 효율성을 높이는 데 크게 기여할 수 있다. 이는 실무 종사자들이 갖추기 어려운 능력이다.

다시 말해 AI는 모종의 방식(예를 들어 데이터 합성, 의사결정 등)을 통해 실무진이 어떤 프로세스에서 업무 수행의 효율성을 높일 수 있도록 도와준다. 따라서 실무진은 AI 조작의 재설계와 AI 능력의 재구축을 통한 통합적 업무 수행을 지원해 더욱 복잡해지고 어려워진 의사결정이 수월하게 이루어지도록 해야 한다.

오늘날 AI는 인간은 할 수 없는 방식으로 기존의 '고객 중심' 업무 프로세스를 한 단계 업그레이드하고 있다. 이는 기업의 업무관리와 로봇의 프로세스 자동화의 융합이다. 또는 좀 더 넓게 말하면, 로봇의 프로세스 자동화 이외에 다른 사례들도 있다. 가령 고객의 음성으로 신원을 인식하는 시스템의 경우, 일부 업계에 도입되어 고객에 대한 소통 서비스 품질 향상에 크게 기여하고 있다.

🖥 알고리즘 능력과 판단력   ○●

물론 모든 실무 종사자가 AI 과학자가 될 필요는 없다. 하지만 기본적인 알고리즘 능력과 데이터 처리 및 분석 능력을 갖춘다면 여러 가지로 유리하다. 실무진은 기업의 핵심적 이익을 창출하기 위해 다음 두 가지 방면에 힘써야 한다.

(1) AI의 능력을 상세하게 설명하고 기업과 협력해 함께 지속적으로 모델을 업그레이드해 나간다.

(2) 머신러닝의 기반인 일부 수학 개념을 이해함으로써 필요시 신속하게 창의성을 발휘할 수 있어야 한다. 여기에서 말하는 창의성을 갖춘다면 실무진은 AI 역량 프레임(competency frame)을 빠르게 구축할 수 있고, 나아가 기업을 위해 더 많은 효율과 이윤을 창출할 수 있다.

또한 판단력은 실무진이 반드시 갖춰야 할 능력이다. 실무진은 대부분 시간을 업무에 사용하는데, 머지않아 AI가 실무진의 업무 수행을 돕는 훌륭한 '조수'가 될 것이다. 그때가 되면 실무진은 AI라는 기술을 받아들이는 한편, 더 복잡하고 어려운 의사결정 과정에 자신만의 판단력을 활용할 수 있어야 한다.

물론 이러한 전환을 실현하는 일은 결코 쉽지 않다. 실무진은 자신의 문제해결 능력은 물론이고, AI처럼 문제를 해결하는 기술도 갖춰야 한다. 즉 AI 시대에 실무 종사자들은 스스로를 더욱 업그레이드하고 아울러 AI 관련 기능도 더 많이 습득해야 한다.

🖳 플랫폼 및 데이터 관리 능력   ○ ●

실무진이 갖춰야 할 또 다른 능력은 플랫폼 및 데이터 관리 능력이며, 이는 더 많은 정보 처리와 더 많은 기술 플랫폼 관리에 큰 도움이 된다. 일반적으로 머신러닝 방식은 입력된 데이터와 유사한 예측모델밖에는 생성하지 못한다. 따라서 기업 입장에서는 데이터 품질 등은 특별히 새로운 위험이 아니다.

반면 만약 실무 담당자가 플랫폼과 데이터 관리 능력이 부족하면 AI는 많은 난관에 부닥치고 제 기능을 다할 수 없다. 따라서 실무진은 스스로 이 분야의 능력을 키워 AI가 제 기능을 수행할 수 있도록 해야 자신의 일에서도 큰 도움을 받을 수 있다.

AI의 끊임없는 발전으로 전 세계 모든 기업에서 AI가 활용될 날이 올 것이다. 따라서 기업에서 중추적 역할을 담당하는 실무진은 이런 신기술을 능숙하게 다뤄야 할 필요성과 이유가 충분하다. 실무진이 맞이하고 있는 가장 큰 기회는 '노동력의 재편'으로, AI 시대에 빠르게 적응할 필요가 있다.

현 상황에서 실무진이 해야 할 과제는 이 밖에도 많다. 첫째, AI 제품(AI 소프트웨어, AI 기계, AI 로봇 포함)을 이용한 효율적 관리에 역량을 집중하는 것이다. 둘째, AI 제품이 채택하고 있는 데이터와 알고리즘에 관심을 기울이는 일이다. 셋째, 자신만의 판단력과 리더십을 키우기 위해 최선의 노력을 다하는 것이다.

만약 이런 미션을 훌륭히 해낸다면 AI를 더욱 최적화할 수 있고, 나아가 기업에 더 많은 기여를 할 수 있게 된다. 이처럼 AI로 대체되는 위험 앞에서 실무 종사자들은 결코 자포자기하거나 현실에 안주하지 말고 AI 관련 필수능력을 갖추어 AI를 능숙하게 다루고 활용할 수 있어야 한다.

제5장

AI는 농업을 재정의한다 : 첨단 농업을 통한 생산량 증가와 자원의 효율적 이용

현재 인류는 그 어느 분야보다 농업 분야에서 큰 위기를 맞고 있다. 관련 통계에 따르면 전 세계 약 8억 명이 기아의 위험에 처해 있으며, 이 수치는 계속 증가하고 있다. 인류를 기아의 위협에서 벗어나게 하려면 곡물 생산량을 늘려야 하는데, AI가 그 문제를 해결하는 열쇠 중의 하나다.

1

첨단과학을 통해 농업의
업그레이드를 실현한다

오늘날 'AI+농업' 모델은 매우 큰 주목을 받으며 발전하고 있다. 하지만 상당수 농민에게 이는 마치 거대한 쓰나미처럼 큰 충격으로 다가오고 있다. 그렇다면 농민들도 텔레마케터나 회계사처럼 실업의 위기에 놓이게 될까? 하지만 당분간은 그럴 염려가 없다.

본질적으로 'AI+농업'은 민생 프로젝트로서 농민 중심으로 추진되어야 한다. 초기 단계에는 전통 관념의 변화, AI의 실제 활용 등 모든

그림 5-1 온실 제어판 옆에 선 농장 노동자와 과학자

면에서 적응과 성장에 필요한 충분한 시간이 필요하다. 농민들은 이 기간에 기존의 생각이 뒤바뀌는 경험을 하게 될 것이다.

하지만 발전의 후기 단계에 이르면 농민들도 생존과 발전을 위해 기술을 적극 받아들이게 될 것이다. 따라서 일자리를 잃고 싶지 않다면 농민들 역시 시대의 흐름에 발맞추어 끊임없이 학습해 첨단기술을 숙지하고 농업에 활용해야 한다.

🔲 사물인터넷(IoT) 시스템 : 농작물의 생장 현황 실시간 모니터링 ○●

AI 시대를 맞이해 '농업 IoT 시스템' 역시 널리 활용되고 있다. '농업 IoT 시스템'은 현대농업에 IoT, 클라우드 컴퓨팅, 모바일 인터넷 등 다양한 첨단기술을 접목한 것으로, 그 구조는 다음과 같이 총 4개의

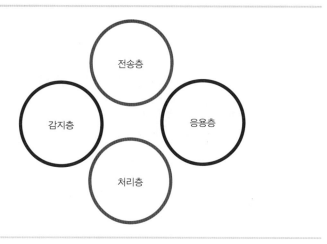

그림 5-2 농업 IoT 시스템의 구조

층으로 구성된다(그림 5-2 참고).

위의 그림에서 알 수 있듯이 '농업 IoT 시스템'은 탄탄한 기술력과 다층화된 지원을 통해 구축되었다. 그렇다면 그 기능은 매우 강력할까? 대답은 'Yes'다. 관련 전문가에 따르면 '농업 IoT 시스템'의 핵심 기능은 다음과 같다.

1. 원격 자동 제어

'농업 IoT 시스템'을 통해 농장의 일부 변수(예를 들어 공기 습도, 햇빛 강도, 이산화탄소 농도 등)가 기준치를 훨씬 초과하면 농민은 컴퓨터나 핸드폰을 이용해 송풍기, 롤러 셔터, 관개(灌漑) 기계 등을 원격 자동 제어할 수 있다. 이를 통해 농작물의 성장에 적합한 환경으로 바꾸고, 농산품의 품질도 유지할 수 있다.

2. 농업 현장의 데이터 실시간 파악

'농업 IoT 시스템'의 모니터링 센터는 농장의 평면도를 기반으로 농민이 토양 데이터, 기상 데이터 등 농장 운영에 필요한 각종 데이터를 파악할 수 있도록 지원한다. 또한 이 모니터링 센터는 농기계와 설비의 운영 상황을 실시간 모니터링할 수 있다.

여기에서 기상 데이터에는 일조량, 강우량, 풍속, 풍향, 공기 습도, 공기 온도, 이산화탄소 농도 등이 포함된다. 토양 데이터에는 토양 함수율(含水率), 토양 온도, 토양 EC수치, 토양 장력(張力), 토양 pH 농도 등이 포함된다. 농기계 및 설비의 운영 상황은 주로 물펌프의 압력, 수량계의 유량, 조명 상태, 설비의 위치, 롤러 셔터의 상태, 밸브의 상태 등이 포함된다.

　이처럼 '농업 IoT 시스템'을 도입하면 농민은 각종 데이터를 손쉽게 파악할 수 있고, 농기계나 설비의 운영 상황을 모니터링하고 제어할 수 있다.

3. 스마트 자동 조기경보

농민은 농작물의 생장에 필요한 환경을 토대로 '농업 IoT 시스템'에 조기경보를 설치 운영할 수 있다. 만약 이상 징후가 포착되면 '농업 IoT 시스템'은 농민의 컴퓨터나 핸드폰에 고온 경보, 고습 경보, 일조량 과다 경보 등의 경보를 자동 발송한다. 또한 조기경보를 할 수준에 도달하면, '농업 IoT 시스템'은 농장 내 설비를 자동 제어할 수 있으며, 이 설비들 역시 해당 이상 징후를 최단 시간 내에 해결할 수 있다.

4. 동영상 및 이미지를 이용한 실시간 모니터링

농장에 설치한 동영상 모니터링 설비는 농작물의 생장 관련 정보를 지속적으로 관찰 및 수집할 수 있으며, 아울러 이 영상을 순차적으로 저장할 수 있다.

　또한 농민이 농장에 다양한 동영상 모니터링 설비를 설치하면 다양한 각도에서 사진 정보를 볼 수 있고, 농장을 전방위에서 모니터링하고 작물의 생장 상황을 원격으로 관찰할 수 있다. 아울러 농민은 농장과 농작물의 상황을 녹화하고 이를 필요할 때 돌려볼 수 있도록 설정할 수 있다.

　바로 이런 다양한 기능 덕분에 '농업 IoT 시스템'은 농작물의 생장에 큰 도움을 준다. 현재 이 시스템을 도입하는 농민이 점점 늘어나고 있으며 이는 농업의 지속적인 발전에 크게 기여하고 있다.

📟 머신러닝 기술 : 적절한 시점의 관개(물 대기), 경운(밭갈기), 해충 감별

농작물의 보호는 현대농업에서 매우 중요하다. 머신러닝 기술을 이 분야에 접목하면 농업의 선진화, 나아가 인류 전체의 곡물 수요 충족에 기여할 수 있다. 특히 천연자원을 좀 더 효율적으로 사용할 수 있게 된다.

비교적 넓은 개념으로 농작물보호에는 '관개', '밭 갈기', '해충 처리' 등 다양한 영역이 포함된다. 그중 가장 중요한 분야는 해충 처리인데, 해충을 감별하는 일이 특히 중요하다. 전통적인 해충 감별법은 농민이 눈으로 직접 감별해 처리했는데, 이런 방식은 효율이 낮고 오류 가능성이 높다는 분명한 한계가 있었다.

반면 머신러닝 기술을 결합한 컴퓨터의 경우, 해충 감별은 하나의 모델 식별 과정이다. 다시 말해, 컴퓨터는 수만 종의 해충과 작물의 사진을 감별 및 분류한 뒤 해충의 심각성과 지속 시간을 도출할 수 있다. 또한 미래에는 농민에게 완벽한 해결방안도 제공하게 될 것이다. 이를 통해 해충으로 인한 피해는 최소화된다.

현대농업의 머신러닝 기술은 정밀한 해충 감별은 물론, 감별의 오류로 인한 에너지와 자원의 낭비를 최소화한다는 점에서 매우 유용하다. 또한 농민은 위성, 순찰기, 드론 등 첨단설비로 촬영한 농장 영상자료

그림 5-3 SOD 농장의 관개시스템이 작업을 하고 있다

나 핸드폰으로 찍은 농작물 사진 등을 업로드하고, 특정 AI 기술을 이용해 이를 평가한 뒤 그에 맞는 맞춤형 관리 계획을 수립할 수 있다.

해충 감별뿐만이 아니다. 머신러닝 기술을 이용하면 적기에 농작물에 물을 주고 땅을 갈 수 있다. 이로써 현대농업은 한 단계 높은 수준으로 발전할 수 있다.

로봇을 이용한 편리한 파종과 수확

과거에는 농작물을 수확하려면 농민이 힘들게 직접 노동을 해야 했고 날씨의 제약도 많이 받았다. 더욱이 오늘날에는 선진국이든 개발도상국이든 농민 숫자가 갈수록 줄고 있어 심각한 사회문제가 되고 있다. 관련 통계에 따르면 2050년이 되면 지속적으로 증가하는 전 세계 인구를 먹여살리기 위해 농작물 생산량이 지금보다 50% 이상 증가해야 하는데, 농민의 부족, 기후변화 등으로 인해 농작물 생산량은 오히려 25% 감소할 전망이라고 한다.

이런 상황에서 농민들은 농업의 자동화를 실현함으로써 효율성을 크게 높이기를 희망하고 있다. 그런데 로봇이 출현한 이후 농민들의 이런 희망은 점차 현실화되고 있다. 오늘날 농장에는 점점 더 많은 로봇이 활약하고 있다. 이 로봇들은 각자 전담 분야가 있는데 가장 대표적인 것은 다음과 같다.

1. 채소 재배를 담당하는 로봇

중국 서우광(壽光) 국제 채소 과학기술 박람회(International Vegetable Science and Technology Expo Of China, 2000년에 시작되었으며 매년 4월 20일 산둥성 서우광 채소 하이테크 시범단지에서 개최된다)에서 서우광 그룹의 연구진이 자체 설계하고 개발한 스마트 로봇이 공식 첫선을 보였다. 이 스마트 로봇은 채소 수확과 관리 작업에서 큰 성과를 보여주었고, 또 동작이 매우 민첩하고 정교했다.

서우광 그룹의 이 스마트 로봇은 태양에너지 전지판을 이용해 태양에너지를 전기에너지로 전환하는 독특한 에너지 시스템을 갖추고 있다. 또 이 시스템은 전압과 주파수를 변경해 전기에너지를 저장하는 기능도 있다.

전기량이 부족할 경우, 이 로봇은 스스로 충전이 가능한 장소를 검색한 뒤 최단 시간 내에 충전을 할 수 있으며, 충전이 완료되면 잠시 중단했던 작업을 재개한다.

2. 과일을 선별하는 로봇

농업생산에서 열매를 수확하고 분류하는 일은 매우 중요한데 기존에는 많은 인력이 투입되어야 했다. 영국의 한 농기계 연구소에서는 수확물을 자동 분류하는 로봇을 개발했다.

이 로봇은 구조가 튼튼하고 내구성이 뛰어나며 조작이 매우 간편하다. 또한 선별 효과를 높여주는 기계 조합 장치를 장착하고, 광전(光電) 이미지 식별 기술을 채택했기 때문에 습도가 높거나 진흙밭 등 열악한 환경에서도 작업이 가능하다.

또한 이 로봇은 입자가 작은 체리와 입자가 굵은 토마토를 구분해 선별한 뒤 담을 수 있다. 그리고 크기가 다양한 감자를 겉껍질에 상처가 나지 않게 분류할 수 있다.

3. 농약을 살포하는 로봇

베이징의 한 식물보호 기업은 이탈리아, 스페인과 합작으로 분사로봇을 개발했다. 이 분사로봇은 높이가 사람 3~4명의 키를 합친 높이이며, 독특한 외관으로 인해 마치 SF 영화에 등장하는 외계인을 닮았다.

과거에는 해충이 들끓으면 일꾼을 사서 일일이 농약을 쳐야 했다. 하지만 요즘에는 많은 일당을 주어도 이런 인력을 구하기가 쉽지 않은데다 일부 작물은 2~3미터까지 자라기 때문에 보통의 분무기로 농약을 살포해서는 효과를 거두기 어렵다.

위에서 말한 분사로봇은 높이와 너비를 자유롭게 조절할 수 있고, 또 독특한 설계로 다양한 높이의 농장에 투입할 수 있으며, 농작물에 아무런 손상도 입히지 않는다.

4. 접붙이기 로봇

중국 농업대학 공학원 산하 농업로봇 실험실의 책임자인 장톄중(張鐵中) 소장은 접붙이기(접목) 로봇을 개발했다. 이 로봇은 '접본(接本) 묘목' 공급 시스템, '접수(接穗, 수목(穗木)이라고도 함) 묘목' 공급 시스템으로 구분된다. 작물 묘목을 이 시스템(접본 묘목 공급 시스템 또는 접수 묘목 공급 시스템)에 넣으면, 이 로봇은 단 한 번의 절차만으로 묘목 붙잡고 절단하기, 위치 정하기, 접합하고 고정하기 등 원하는 작업을 아주 신속하게 수행할 수 있다.

또한 묘목을 넣고 접붙이기에 성공하기까지 단 몇 초밖에 소요되지 않으며, 한 시간에 400그루 이상의 묘목을 접붙이기할 수 있다고 한다. 특히 이 로봇으로 접붙이기를 한 작물 묘목의 활착률(活着率)은 95%에 달한다.

물론 이 밖에 다양한 분야의 농업용 로봇이 있다. 예를 들면 농업용수 관개 로봇, 파종 로봇 등이다. 이런 로봇이 등장한 이후 작업의 질과 효율성이 높아졌고, 반대로 농민의 작업량은 크게 줄어들었다.

🔲 딥러닝을 이용한 농작물 품종 개량   ○ ●

많은 농업 전문가가 현대농업의 핵심 목표는 더 많은 새 품종을 연구 배양하는 것이라고 말한다. 이 분야에서 딥러닝은 이점이 상당히 많은데, 가장 대표적인 점은 농작물 품종 개량 과정에서 더 정밀하고 효과적인 농작물 개량이 가능하다는 것이다. 작물 품종 개량 전문가는 딥러닝을 이용해 생산량이 더 많은 종자를 연구 개량할 수 있으며, 이를 통해 곡물 생산량 증대에 기여할 수 있다.

과거 많은 농작물 품종 개량 전문가들은 어떤 특정한 형질을 찾기 위해 부단히 노력했다. 왜냐하면 이 형질은 농작물이 물과 양분을 더 효과적으로 이용하고, 또 기후변화에 적응하고 충해를 막는 데 도움이 되기 때문이다.

만약 어떤 농작물 한 그루의 특정 형질이 대대로 유전되도록 하고 싶다면 우선 정확한 유전자 서열부터 밝혀내야 한다. 하지만 어느 구간의 유전자 서열이 이런 형질을 갖고 있는지 정확히 밝히는 일은 결코 쉽지 않다.

새로운 품종을 연구 배양할 때, 농작물 품종 개량 전문가는 수만 가지의 선택에 직면한다. 하지만 딥러닝 기술이 도입되면서 10년 이내의 관련 정보(예를 들면 어떤 특정 형질의 유전성 여부, 어떤 작물이 서로 다른 기후 조건에서 구체적으로 어떻게 생장하는지 등)를 추출할 수 있다. 또한 딥러닝 기술은 이런 정보를 토대로 확률모형을 만들 수 있다.

한 명의 품종 개량 전문가로서는 도저히 얻을 수 없는 방대한 양의 정보를 확보하면, 딥러닝 기술은 이를 이용해 어떤 유전자가 이 작물의 특정 형질을 제어하는지 정밀하게 예측할 수 있다. 이처럼 딥러닝 기술을 활용하면 수백만 개의 유전자 서열을 대상으로 검색 범위를 크게 좁힐 수 있다.

딥러닝 기술은 앞에서 언급한 머신러닝 기술의 중요한 일부분으로, 기초 데이터(raw data)를 다양하게 조합하여 최종 결론을 유도해내는 일을 한다. 딥러닝 기술이 도입되면서 농작물 품종 개량은 과거보다 훨씬 정밀해졌고 효율성도 크게 높아졌다. 특히 더 넓은 범위의 변수를 모니터링할 수 있게 되었다.

품종 개량 전문가들은 새로운 품종이 서로 다른 조건에서 어떤 결과를 나타낼지를 알아보기 위해 사전에 컴퓨터로 시뮬레이션을 한다. 물론 단기적으로 보면 이러한 디지털 테스트는 실제 토양에서의 연구를 대체할 수 없지만 해당 농작물이 어떤 결과를 보여줄지에 관한 예측 정확도를 높이는 데는 도움이 된다.

다시 말해 어떤 새로운 품종을 땅에 직접 심기 전에, 품종 개량 전문가는 딥러닝 기술을 이용해 전반적인 테스트를 사전에 끝낼 수 있고, 이런 테스트를 통해 해당 농작물이 더 잘 생장할 수 있는 방안을 찾아낼 수 있다.

AI 농업 설비의 전형적인 사례

2017년 7월, 중국 국무원(國務院)은 〈차세대 인공지능 발전 계획〉(이하 〈발전계획〉으로 칭함)을 공식 발표했다. 〈발전계획〉이 2025년을 기한으로 제시한 전략적 목표는 다음과 같다.

첫째, AI 기초이론을 완성하고, 일부 기술과 응용 수준을 세계적인 수준으로 끌어올린다. 둘째, AI의 산업가치를 글로벌 가치사슬의 상층부에 진입하게 한다. 셋째, 차세대 AI를 스마트 제조, 스마트 의료, 스마트 도시, 스마트 농업·국방 건설 등 분야에서 광범위하게 활용한다. 넷째, AI 핵심산업의 규모를 4,000억 위안(한화 약 70조) 이상으로, 연관 산업의 규모는 5조 위안(한화 약 878조) 이상으로 끌어올린다.

이 계획의 핵심 프로젝트인 스마트 농업은 어떤 방식으로 실행될까? 가장 핵심적인 방식은 파종 로봇, 스마트 점적관수(點滴灌水, drip irrigation) 시스템, 스마트 선별기 등 AI 농업설비의 지속적인 개발이다. 이러한 AI 농업설비가 상용화된다면 미래의 농업에서 매우 중요한 역할을 담당할 것이다.

농업 발전을 저해하는 원인 중 하나인 낙후된 농기술을 개선하려면 첨단기술을 도입해 농업 작업의 질과 효율성을 높여야 한다. AI 기술이 그중 대표적인 첨단기술이다.

2012년 미국의 발명가 데이비드 도하우트(David Dorhout)는 AI 기반의 파종 로봇 '프로스페로(Prospero)'를 개발했다.

프로스페로는 먼저 씨앗과 토양의 유형에 따라 최대의 효과를 낼 수 있는 파종방식을 선택한 다음, 정밀하게 땅을 갈고 씨를 뿌린다. 또

그림 5-4 스마트화된 작물 심기

한 예정된 위치에 이미 씨앗이 뿌려져 있는지 점검할 수 있는데, 만약 씨앗이 뿌려져 있지 않다면 비어 있는 위치에 씨앗을 뿌린 뒤 그곳에 표시를 해둔다.

표시를 하는 행위는 개미의 습성을 학습한 것으로, 개미의 경우 동료 개미가 목표지점을 쉽게 찾을 수 있도록 페로몬을 남겨 표시를 해둔다. 프로스페로 역시 씨앗을 뿌린 뒤 흰색 안료를 분사하는데, 그러면 주변 토양의 반사율에 변화가 생긴다. 이런 식으로 다른 프로스페로가 이 흰색 안료를 발견하면 이곳은 이미 파종이 끝난 지점이란 사실을 금방 파악할 수 있어 중복으로 파종하는 일을 방지할 수 있다.

프로스페로는 여러 대가 함께 농장에서 일할 수 있다. 이 경우 적외선을 이용해 프로스페로들 간에 효율적으로 의사소통을 하는데, 여기에는 게임이론 기반의 연산이 적용된다고 한다.

또한 프로스페로는 어느 씨앗을 어느 위치에 뿌렸는지 모두 기억할 수 있으며, 협업이 필요한 경우 서로간에 신호를 주고받기 때문에 적절한 파종 간격을 유지할 수 있다.

프로스페로의 조작법은 복잡하지 않으며, GPS와 같은 데이터집약형 시스템도 전혀 필요 없다. 따라서 농민 누구나 편리하고 간편하게 사용할 수 있다.

프로스페로가 처음 나왔을 때는 파종 자동화가 걸음마 단계였지만, 현재 이 기술은 성숙 단계에 도달하고 있다. 이밖에 선별 로봇, 수확 로봇 등도 농장에서 활약하고 있으며, 이는 현대농업의 발전에 훌륭한 촉매제 역할을 하고 있다.

관개의 시기와 양은 대다수 농민에게 상당히 까다로운 문제다. 현시
점에서 이 두 문제의 해결 방법은 다음 두 가지다.

(1) 대학교 또는 농업과학원에서 연구 발표한 농작물 생장 규칙을
근거로 관개를 한다.

(2) 농민의 오랜 경험을 바탕으로 관개를 한다.

관련 데이터에 따르면 중국의 농업용수의 활용 효율성은 약 45%
로, 이는 유럽이나 미국 등 선진국의 70~80%와 비교할 때 상당히 낮
다. 또한 1무(畝, 1무는 약 667제곱미터)당 관개 수량은 500세제곱미터 이
상인데, 이는 실질적인 용수량의 2~3배에 달하는 수치다. 그래서 물
사용량을 크게 줄이려면 관개 방식을 개선해야 한다. 관련 기술이 지
속적으로 발전함에 따라 최근 이는 현실화되고 있다. 첨단 클라우드
컴퓨팅 기술을 이용해 진정한 의미의 '관개 자동화'가 실현되고 있으
며, 나아가 관개의 질과 효율을 크게 높일 수 있게 되었다.

현재 중국에서는 스마트 관개 시스템을 연구 개발하는 기업이 점점
늘어나고 있다. 대표적으로 선양 위안다(瀋陽遠大, CNYD) 그룹이 있다.

선양 위안다의 AA 스마트 점적관수 시스템 설명회에서 리전차이
(李振才) 부회장은 이렇게 말했다.

"우리는 농작물의 욕구 관련 실시간 데이터를 제공하는 '전문가'를
찾았습니다. 이는 바로 작물의 뿌리입니다. 위안다 AA 스마트 점적관
수 시스템은 작물의 뿌리 부분에 센서를 설치해 뿌리와 직접 '대화'를
합니다. 이를 통해 생장에 필요한 작물의 욕구를 실시간 파악하고, 이

욕구를 토대로 관개, 시비(施肥, 비료 주기)의 시간과 양을 결정합니다."

위안다의 스마트 점적관수 시스템은 이스라엘의 기술을 도입했으며 이를 기반으로 연구를 거듭해 내놓은 창작물이라고 한다. 이 시스템은 모래땅과 기타 다양한 유형의 토지에도 적용할 수 있다. 또 바로 이런 이유 때문에 많은 전문가는 이를 대다수 농작물에도 적용할 수 있는 '스마트 점적관수 시스템'이라고 평가한다.

이 스마트 점적관수 시스템은 농장에 설치한 센서를 통해 작물 뿌리 부분의 미세한 변화를 정밀하게 관측할 수 있다. 또한 작물에 자동으로 물을 주고 뿌리에 산소가 원활히 공급되도록 하여 작물의 생장을 촉진할 수 있다.

스마트 점적관수 시스템의 클라우드에는 거대한 데이터베이스가 있는데, 이곳의 데이터는 다년간의 과학연구와 실제 재배 과정을 통해 축적된 것이다. 이 데이터가 있기 때문에 스마트 점적관수 시스템은 농장의 데이터와 클라우드 데이터베이스 속의 데이터를 상호 대조 및 분석할 수 있고, 이를 통해 작물의 성장에 필요한 실질적인 요소가 무엇인지 정확히 판단한 후 이에 따라 필요한 조치를 취할 수 있다. 즉, 클라우드에 축적된 방대한 데이터 덕분에 농장의 실제 상황을 판단하는 방식에 큰 변화가 생긴 것이다.

리전차이 부회장은 "농업은 이제 빅데이터, 클라우드 컴퓨팅, 사물인터넷, 자동화 등으로 대표되는 현대농업4.0 시대에 접어들었으며, 다양한 농작물에 대한 시스템화되고 맞춤화된 정밀한 비료주기와 관개가 가능해졌습니다"라고 말했다. 또한 기존의 점적관수와 비교해 선양 위안다의 스마트 점적관수 시스템은 농업의 용수 부족 상황을 효과적으로 개선할 수 있다.

이러한 농업 자동화 제품이 상용화되면서 수많은 농민의 작업환경을 개선하고, 농가의 소득 증대에도 기여하고 있다.

🖫 스마트 선별기 : 머신비전(Machine Vision)을 이용한 선별의 효율성 제고　　　　　　　○ ●

대다수 농민, 특히 채소와 과일 농가에게 가을은 수확의 계절이며 동시에 일 년 중 가장 바쁜 시기다. 잘 익은 과일을 따고 세심하게 선별해야 하는데 이 과정에서의 작업량이 상당하다.

규모가 큰 채소 또는 과일 농장에서는 매년 엄청난 인건비를 주고 경험이 풍부한 전문 노동자를 고용해 제품을 선별한다. 선별 노동자에게는 '속도전'이 요구된다. 만약 작업 진도가 늦게 되면 애써 수확한 농산품을 제때 팔지 못해 판매의 골든타임을 놓칠 수 있기 때문이다.

그림 5-5 사과 자동 선별하기

이런 어려움을 해결하기 위해 베이징 공업대학의 학생 몇 명은 2017년 AI 기반의 스마트 선별기를 개발했다. 이 선별기는 그림 5-6 과 같이 3가지 요소로 구성되어 있다.

먼저 농민이 선별 대상 농산품을 스마트 선별기의 캐터필러 위에 올려놓는다. 농산품은 곧 캐터필러를 따라 식별 케이스로 들어간다. 이어서 식별 케이스는 해당 농산품이 어느 품종에 속하는지 자동 판단한 뒤 관련 정보를 농산품 선별 푸시로드에 전달한다. 마지막으로 푸시로드가 해당 농산품을 정해진 바구니에 넣는다.

전체 과정에서 가장 중요한 프로세스는 케이스에서 농산품을 식별하는 단계다. 이 스마트 선별기는 어떻게 이런 강력한 기능을 갖출 수 있게 된 것일까? 또 해당 농산품이 어떤 유형에 속하는지 어떻게 정확하게 판단할 수 있는 것일까? 가장 핵심적인 원동력은 이 스마트 선별기에 머신러닝, 머신비전 등 첨단 기술이 적용되었기 때문이다.

베이징 핑구(平谷)구의 한 수밀도(복숭아) 재배 단지는 2017년 이 스마트 선별기를 도입했다. 개발자는 이 스마트 선별기에게 6000장의 단지 내 복숭아 사진을 '학습'하게 했는데, 그 목적은 복숭아의 선별

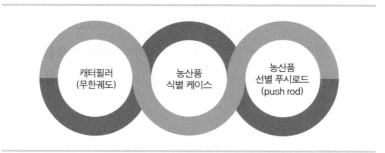

그림 5-6 스마트 선별기의 3개 핵심 구성요소

기능을 강화하는 것이었다.

이 스마트 선별기는 복숭아를 '학습'하는 과정에서 서로 다른 품종의 복숭아 특징을 추출했고, 이를 바탕으로 매우 정밀한 분류 로직을 구축했다. 예를 들어 복숭아의 색깔이 노란색이고 단단하면 직접 시장에서 판매할 수 있고, 또 색깔이 짙고 무르면 복숭아 과즙을 만들 수 있다는 식으로 분류하는 로직이다.

이런 분류 로직을 구축하기만 하면, 스마트 선별기는 복숭아의 품종을 구분한 뒤 이를 해당 품종에 상응하는 바구니에 넣을 수 있게 된다. 또한 분류 작업을 지속하면서 이 스마트 선별기는 더 많은 새로운 복숭아 분류 관련 데이터를 축적할 수 있었고, 이를 바탕으로 선별의 정확도를 스스로 더 높일 수 있었다.

이 복숭아 재배단지의 책임자는 해당 스마트 선별기를 도입한 뒤 단지 전체의 선별 정확도가 90퍼센트 이상으로 높아졌다고 말했다.

전 세계적으로 스마트 선별기의 숫자는 지속적으로 증가하는 추세다. 한 예로 2017년 8월 일본에서는 오이 스마트 선별기를 개발했다. 이 선별기 역시 방대한 양의 오이 사진을 '학습'하면서 선별의 정확도를 크게 높였다.

물론 스마트 선별기가 활약하는 분야는 농업뿐만이 아니다. 가령 배송업체는 스마트 선별기를 활용해 신속하게 물품을 분류한다. 또한 쓰레기 분류에 스마트 선별기를 도입해 자동 분류하는 지역도 있다. 미래에는 AI가 차세대 농업 혁명의 핵심 원동력으로서 강력한 위력을 발휘하게 될 것으로 전망된다.

AI에 대응하기 위한 농업의 혁신 방안

농업에 '가족농업(Family Farm)'이라는 개념이 있다. 이는 주로 가족 구성원의 노동력에 의존하고, 농업의 규모화, 집약화, 상품화 방식의 생산경영을 하며, 농업 소득이 가족의 주 수입원인 농업경영 방식을 말한다. 현재 AI의 지속적인 발전에 따라 '가족농업'은 점점 더 큰 도전을 받고 있으며 이 도전에 대한 대처방안의 모색이 시급한 해결 과제

그림 5-7 튤립을 커팅하는 기술

로 떠오르고 있다. 그 해결방안은 다음과 같이 요약할 수 있다. 첫째, 첨단기술을 도입해 '정밀농업(precision agriculture)'을 더욱 발전시켜야 한다. 둘째, 수직 일체화된 '농업 가치사슬(value chain of agriculture)'을 구축해야 한다. 셋째, 농산품 브랜드 개발 및 이를 위한 사고의 전환에 힘써야 한다.

📟 첨단기술을 이용한 '정밀농업'의 발전　　○●

디지털화의 거대한 물결이 밀려오면서 '정밀농업' 역시 크게 발전하고 있고, 또 '가족농업'에도 지대한 영향을 끼치고 있다. FAO(UN 식량농업기구)는 2050년이 되면 세계 인구가 97억 명에 달할 것으로 전망하고 있다. 하지만 현재의 식량 생산량 추세로는 이렇게 많은 인구를 먹여 살릴 수 없다. 또 인류는 물, 토지 등 자연자원이 지속적으로 고갈되고, 이상기후의 위협에도 직면해 있다.

　그렇다면 이런 문제들을 어떻게 해결해야 할까? '정밀농업'이 좋은 대안이 될 수 있다. 원래 정밀농업이란 개념은 미국에서 처음 나왔으며 그림 5-8과 같이 3가지 요소로 구성되어 있다.

　위의 3대 구성요소 이외에 정밀농업을 구성하는 10가지 시스템이 있다. 이는 GPS(위치 확인 시스템), RS(농지 원격 모니터링 시스템), GIS(농지 지리 정보 시스템), 스마트 농기구 시스템, 농지 정보 수집 시스템, 농업 전문가 시스템, 네트워크화 관리 시스템, 환경 모니터링 시스템, 트레이닝 시스템, 시스템 통합이다.

　'가족농업'이 정밀농업으로 발전해나가려면 먼저 다음 세 가지를

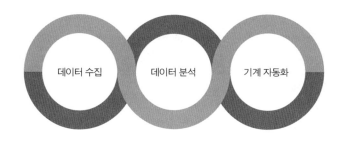

데이터 수집　　데이터 분석　　기계 자동화

그림 5-8 정밀농업의 3대 구성요소

반드시 실현해야 한다.

　(1) 정밀한 위치 : 해충 제거, 잡초 제거, 관개할 곳, 시비할 곳의 위치 정밀하게 결정하기

　(2) 정밀한 양 : 농약, 제초제, 물, 비료의 양 정밀하게 결정하기

　(3) 정밀한 시간 : 농약 사용, 제초제 사용, 관개, 시비의 시간 정밀하게 결정하기

　많은 농업 전문가는 정밀농업이 빅데이터에 기반한 농업관리시스템이라고 말한다. 이 시스템은 센서와 모니터링 기술을 통해 농장 관련 핵심 데이터를 편리하고 정확하게, 적시에, 완전하게 수집할 수 있다. 또한 작물의 생장에 영향을 미치는 다양한 요소의 기능 및 작물과의 상호관계를 토대로 과학적이고 합리적인 결정을 신속히 내릴 수 있고 나아가 작물에 대한 각종 요소 투입을 적절히 관리하고 통제할 수 있다.

　만약 가족농업을 진정한 의미의 정밀농업으로 발전시킨다면 각종 요소의 투입을 최적화하고, 이를 통해 농작물의 생산량과 수익 역시 최대화할 수 있다.

무엇보다 가족농업주들은 정밀농업을 통해 AI 시대에 빠르게 적응할 수 있다는 점이 중요하다. 또한 자신의 장기적 발전을 도모하는 한편, 농업 생태환경과 자연자원 보호에도 크게 기여할 수 있다.

수직 일체화된 농업 가치사슬의 구축

사회가 끊임없이 발전하면서 농업 및 관련 업종에 종사하지 않으려는 사람이 늘고 있는데 그 주요 원인은 다음과 같다.

(1) 과거에 비해 오늘날에는 업종이 훨씬 다양화되었고 사회의 경쟁도 훨씬 치열해졌다. 따라서 많은 젊은이가 새로운 시대에 걸맞은 일자리를 원한다. 예를 들면 IT 분야나 서비스 직종 등이다.

(2) 대다수 농장은 도시에서 멀리 떨어진 지방에 위치하는데 이 지역은 도시에 비해 경제적 수준이 낮고, 환경이 열악하다. 또한 농업의 현대화 수준이 뒤처져 있다.

(3) 농업은 기후의 영향을 크게 받는다. 그런데 최근 기후변화가 극심해지면서 농업경영의 어려움이 가중되고 있고, 농작물의 생장 역시 상당한 영향을 받고 있다.

(4) 농산품의 판로가 상대적으로 적은 편이다. 이로 인해 노력에 비해 적절한 보상이 뒤따르지 않는 불일치 현상이 발생한다.

그러므로 농업의 발전을 위해서는 시대의 흐름을 따라가고 적극적으로 혁신할 필요가 있다. 오늘날 AI의 지속적인 발전으로 농업은 새롭게 태어나고 있다.

2017년 11월, '제19회 중국 첨단기술 박람회(China Hi-Tech Fair)'가 중국 선전(深圳)에서 개최되었다. 이 대회에서는 농업과 관련된 많은 AI 제품이 선을 보이면서 업계의 큰 주목을 끌었다.

또 대회에서는 AI 제품뿐 아니라 자동 파종, 토양 테스트, 재해 조기경보 관련 제품 등 다양한 첨단기술도 선보였다. 이런 기술을 농업에 도입하면 농장관리, 농장 모니터링 등 다양한 분야에서 자동화를 실현할 수 있다.

많은 나라에서 농업 관련 AI 제품 및 첨단기술이 아직 널리 활용되지 못하고 있다. 세계 각국은 공업화에 주력하고 있지만 농업은 여전히 모든 산업의 근간이다. 그런 가운데 AI가 농업에 새로운 힘을 불어넣고 있으며 이는 농업 발전의 중요한 트렌드로 자리 잡고 있다.

만약 가족농업이 이런 트렌드를 따라가고 나아가 크게 발전하기 위해서는 무엇보다 AI를 적극 도입하고, 수직 일체화된 농업 가치사슬을 구축할 수 있어야 한다. 미래의 가족농업은 AI로부터 더 많은 다양한 장점을 취하게 될 것이 분명하다.

🔲 농산품 브랜드 개발 및 이를 위한 사고의 전환　　○●

2015년에 자오류쉰(趙留勳)이라는 한 농민이 이렇게 말했다.

"몇 년 전만 해도 멍진현(孟津縣)산 배를 킬로그램 당 1위안(한화 약 170원)에 팔았어요. 그런데 상표등록, 지리적 표시 인증, 메이커 포장 등을 실시한 지금은 킬로그램 당 12위안(한화 약 2000원)에 판매하고 있습니다. 브랜드 고급화의 결실을 맛보고 있는 중입니다."

이런 긍정적 변화를 가능하게 한 요인은 바로 농산품 브랜드 가치의 제고였다.

2015년과 비교할 때 현재의 농업에는 상당한 변화가 생겼다. 하지만 농산품 브랜드의 중요성만큼은 여전히 변하지 않았다. 더욱이 AI의 영향으로 농산품 브랜드의 구축은 필수가 되었다. 그렇다면 농업 분야의 핵심 요소인 가족농업은 어떻게 해야 농산품 브랜드를 구축할 수 있을까? 이를 위해서는 다음 절차를 충실히 밟아나가야 한다.

1. 기존의 '소규모 분산식' 경영방식에서 탈피해 브랜드 영향력을 제고

시장경제가 발전하면서 농업 역시 점차 대규모 산업화의 방향으로 이동하고 있다. 따라서 기존의 소규모 분산식 경영방식은 더 이상 적합하지 않다. 앞으로는 농업 구조를 시급히 재편하고 '규모화'해야만 시장에서 더 많은 기회를 얻을 수 있다.

2017년 중국의 한 시(市)에서는 4개 대형 가족농장이 연합해 복숭아 판로 확대를 위한 '복숭아 산업 발전 연합당 지부'를 결성하고, 이어서 복숭아 발전 협회를 발족했으며, 최종적으로 '연합당 지부+협회+농장' 시스템을 구축했다.

이 시스템이 구축된 뒤 연합당 지부는 정기적으로 농업 전문가를 초빙해 가족농장주들에게 농업 관련 경험을 전수하고, 생산판매 좌담회도 정기적으로 개최하고 있다. 이 4개 대형 가족농장은 일련의 활동을 통해 공동 브랜드를 만들었다. 또한 많은 소규모 가족농장을 규합해 업무의 효율성, 복숭아 생산량, 브랜드 영향력 등을 확대했다.

2. 첨단기술의 힘을 이용한 농산품 품질 향상

첨단기술을 이용해 농산품을 혁신하는 것은 브랜드 구축의 한 방식이다. 중국 마좡 식용균 재배 전문 합작사(馬莊食用菌種植合作社)는 인위적으로 자연환경을 조성해 버섯의 품질을 개선하는 방식으로 브랜드를 구축했다. 이 합작사는 과거에는 야생 버섯을 관찰하고 모방해 진흙을 이용해 느타리버섯을 재배하는 기술을 독자 개발한 적도 있다. 이 재배법 덕분에 이 회사는 명성과 영향력을 크게 높였고, 새로운 판로도 개척할 수 있었다. 이 재배법으로 생산한 느타리버섯은 아미노산과 비타민 함량이 이전에 비해 훨씬 증가해 많은 소비자의 사랑을 받게 되었다.

왕젠민(王建民) 이사장은 합작사에서 재배되는 모든 느타리버섯은 자연환경을 모방한 환경에서 자라기 때문에 차별화되는 품질을 만들어낼 수 있었다고 밝혔다. 특히 이 합작사가 등록한 '마좡 육량(馬莊育良)' 상표는 이미 허난성의 유명 상표로 인정받으며 베이징, 산둥성 등 많은 도시에서 판매되고 있다.

3. 마케팅 전략의 혁신 및 마케팅 방식의 확대

중국의 뤄닝현(洛寧縣) 사과는 〈인민일보〉 인터넷판 런민망(人民網)의 공식 웨이보(微博)에 브랜드 홍보 광고를 올려 대중의 관심을 불러일으켰다. 이처럼 인터넷을 활용한 마케팅은 인지도를 높이는 데 크게 기여한다.

관련 자료에 따르면, 이 광고가 포스팅되자 불과 한 시간 만에 클릭 수가 3만 1,000건에 달했다고 한다. 네티즌들은 각종 질문을 올렸고,

뤄닝사과 브랜드의 홍보 담당자는 일일이 답변을 올렸다.

이처럼 새로운 시대를 맞이해 농산품의 마케팅 방식에도 혁신과 확대가 불가피해졌다. 가족농장이든 농산품기업이든 신기술을 이용한 마케팅의 기회를 놓쳐서는 안 되며, 이를 이용해 자신의 브랜드를 만들어야 한다.

오늘날 농산품 브랜드 개발은 농업에서 매우 중요한 분야로 자리 잡았으며, 이는 향후 농업의 현대화와 산업화의 발전에 동력이 될 것이다.

제6장

AI는 노동자를 재정의한다 : 노동 효율성 제고 및 스마트 미래의 구축

산업 현장에서는 로봇 암(robotic arm, 로봇팔) 등 AI 제품들이 점차 인간 노동자의 일자리를 대신하고 있다. AI 기술이 주도하는 이 새로운 변화는 노동자에게 간편하고 효율적이며 안전한 노동을 가져다주었지만, 동시에 일자리를 빼앗아갈 수 있다는 두려움과 우려도 함께 초래했다. AI의 지속적인 발전과 기능 향상에 따라 앞으로 AI 제품은 세밀한 감정과 정교한 사고를 갖출 가능성이 매우 높다. 이러한 변화가 인간에게 축복일지 아니면 재앙일지 지금으로서는 정확히 판단하기 어렵다. 하지만 한 가지는 분명하다. AI는 이미 노동자를 재정의하고 있다는 점이다.

인간은 육체노동을 벗어나
AI 오퍼레이터(관리자)로 변신

현재 각 산업 분야에서 발생하고 있는 새로운 트렌드는 AI 제품으로 육체노동을 수행하고 인간 노동자는 AI 제품을 조작하는 관리자로 변모하고 있다는 것이다. 왜 이러한 트렌드가 출현했을까? 첫째, AI 제품은 단순하고 반복적인 일에 결코 싫증을 내지 않기 때문이다. 그들은 정해진 요건을 철저히 준수하고 명령을 수행하며 거의 오류도 범

그림 6-1 로봇 암이 인간을 도와 체력을 요하는 업무를 수행하고 있다

하지 않는다. 둘째, AI 제품은 피곤함을 느끼지 않기 때문이다. 부품이 손상되지 않는 한 그들은 24시간 365일 내내 쉼 없이 작업할 수 있다. 셋째, AI 제품은 매우 정밀하게 작업할 수 있기 때문이다. 예를 들면 부품 제작의 경우, 마이크로미터 수준으로 정밀한 작업이 가능하다.

🔲 로봇 암 조작 : 업무가 더 쉽고 안전해진다　　○●

자동화 제품 중 가장 대표적인 것이 바로 로봇 암이다. 일반적으로 로 봇 암은 그림 6-2와 같이 몇 가지 요소로 구성되어 있다.

이 중에서 구동 요소(motor element)는 로봇 암의 움직임을 구동하는 역할을 하며, 오일 실린더(oil cylinder), 캠(cam), 래크(rack), 실린더 등으 로 구성되어 있다. 조향장치는 로봇 암이 올바른 방향으로 움직이도 록 조종하고, 제품의 무게로 인해 돌거나 흔들릴 때 무게중심을 잡아 주는 역할을 한다. 암은 연결과 외력을 받아내는 역할을 한다.

로봇 암에 장착된 부품은 매우 많다. 대표적으로 냉각장치, 자동 검

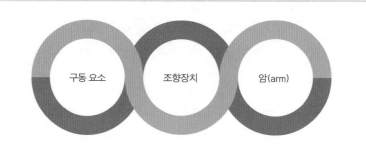

그림 6-2 로봇 암의 구성요소

측 장치, 제어 부품, 파이프라인, 오일 실린더, 스트로크(stroke) 위치 확인 장치, 조향간(操向杆) 등이 있다. 따라서 로봇 암의 작업 범위, 동작의 정밀도, 구조, 하중 등은 모두 로봇 암의 성능에 매우 큰 영향을 끼친다.

산업현장에서 로봇 암이 매우 광범위하게 응용되고 있는데 그 이유는 다음과 같다.

1. 노동자의 작업 안전성 제고

로봇 암을 도입한 이후 노동자의 작업 안전성은 크게 향상되고, 반대로 과거에 자주 발생했던 산업재해 사고는 대폭 감소했다. 공장 내 모든 작업을 인간 노동자가 수행하던 시절에는 아무리 경험이 풍부한 숙련공이라 해도 기계의 고장, 부주의 등으로 인해 부상을 입을 위험

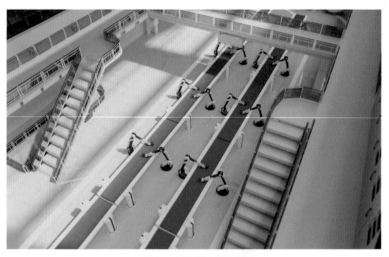

그림 6-3 로봇 암의 협동 작업

에 항상 노출되어 있었다. 특히 교대제 노동의 경우, 밤 시간대에 근무하는 노동자들은 피로 등으로 인해 안전사고 발생 위험이 높았다. 하지만 로봇 암이 도입되면서 작업은 더 안전해졌고 공장의 손실도 크게 감소했다.

2. 노동이 쉽고 간편해지다

공장에 로봇 암이 도입되면서 노동자들은 모든 작업을 전담할 필요가 없이 하나 또는 여러 대의 로봇 암을 관리감독하면 되기 때문에 과거에 비해 작업이 훨씬 수월해졌다. 또 로봇 암이 생산 컨베이어벨트에 투입되면서 노동자들은 작업이 쉽고 간편해졌고, 공장 내 여유 공간도 크게 늘어났다. 이처럼 로봇 암은 노동자와 공장 모두에게 큰 도움을 준다.

현재 로봇 암을 도입해 전체 프로세스를 자동화하는 공장이 점차 증가하고 있다. 물론 이로 인해 노동자 수가 크게 줄어든 것은 사실이다. 하지만 남은 노동자들은 작업량이 줄고 노동환경도 더 안전해졌다.

🖥️ 빅데이터를 이용한 제조업 생산이 제품의 표준화, 판로의 확대를 이끌다

현재까지도 빅데이터에 관한 업계의 공인된 개념 정의는 없다. 빅데이터는 다양한 분야(금융, 의료, 제조업, 통신, 비즈니스, 농업 등)와 연관되어 있으며, 각 분야마다 서로 다른 분류 방식을 채택하고 있다. 여기에서는 빅데이터가 제조업 분야에서 어떻게 활용되고 있는지 소개하겠다.

상하이 교통대학의 장즈빈(江志斌) 교수는 제조업 빅데이터에 관해 이렇게 말했다.

"빅데이터는 먼저 빅데이터가 생성되는 환경 또는 상황에 따라 웹 및 SNS 미디어 빅데이터, 기계 빅데이터, 대규모(벌크) 거래 빅데이터 등으로 구분할 수 있습니다. 또 응용 분야에 따라 의료보건 빅데이터, 금융 빅데이터, 교육 빅데이터 등으로 나눌 수도 있습니다. 제조업 빅데이터는 응용 분야에 따른 구분으로, 제조업 분야에서 정보화 활용으로 생성된 각종 데이터를 가리킵니다."

그 밖에 장즈빈 교수는 제조업 빅데이터의 5대 특징으로 다양성, 대규모, 정확성, 시효성, 큰 가치를 들었다. 현재 많은 노동자와 기업은 제조업 빅데이터의 중요성을 인식하고 있으며, 제조업 빅데이터는 실제로 매우 중요한 역할을 수행할 수 있다. 지금부터 그림 6-4와 같은 두 가지 방면에서 구체적으로 설명해 보겠다.

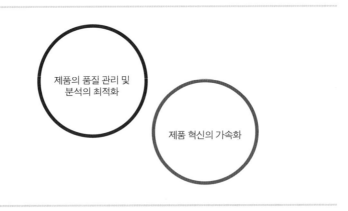

그림 6-4 제조업 빅데이터의 역할

1. 제품의 품질 관리 및 분석의 최적화

빅데이터가 몰고온 강력한 충격파로 인해 제조업 분야에서는 많은 혁신 방안이 쏟아지고 있다. 예를 들어 반도체 제조를 예로 들어 보겠다. 반도체 칩 생산 과정은 많은 복잡한 공정(가령 적층(積層), 열처리, 도펀트 (dopant, 미세 불순물) 첨가, 광 식각(光蝕刻, photoetching) 등)으로 이루어지며, 각 공정은 매우 엄격한 물리적 특성 요건을 충족해야 한다.

또한 고도로 자동화된 AI 제품은 반도체 칩을 생산하면서 동시에 다양한 데이터를 생성한다. 반도체 관계자에게 이런 데이터는 어떤 의미가 있을까? 만약 그것이 큰 가치를 지니고 있다면 반도체 관계자들은 그것을 어떻게 활용해야 할까?

한 반도체 과학기술 기업이 생산한 웨이퍼는 테스트 공정을 거치면서 방대한 양의 데이터세트를 생성해냈다. 이 데이터세트에는 수백만 행(行)에 달하는 테스트 기록과 수백 가지의 테스트 항목이 포함되어 있다. 품질관리 요건에 따르면, 반도체 노동자는 이 수백 가지 테스트 항목에 대해 각각 프로세스 능력 분석(process capability analysis)을 한 차례씩 실시해야 한다.

기존의 업무 모델에 의하면, 반도체 노동자는 수백 가지 프로세스 능력 지수를 일일이 계산하고, 동시에 품질관리를 엄격히 시행해야 한다. 여기에서 업무의 복잡성이나 방대한 업무량은 일단 논하지 않기로 한다. 물론 반도체 노동자 가운데는 계산량의 문제를 해결할 수 있는 사람이 있을 수 있지만, 수백 가지 프로세스 능력 지수에서 그 연관성을 찾아내기란 매우 어려우며, 반도체 웨이퍼의 품질과 성능을 판단하는 것 역시 매우 까다롭다.

그런데 빅데이터 품질 관리 및 분석 플랫폼을 도입하면 반도체 노동자들은 '프로세스 능력 분석표'를 신속히 작성할 수 있다. 무엇보다 동일한 빅데이터로부터 완전히 새로운 분석 결과를 얻을 수도 있다는 점이 중요하다. 이런 분석 결과는 반도체 웨이퍼의 품질을 향상시키며, 나아가 판매 업무가 순조롭게 진행되도록 일조한다.

2. 제품 혁신의 가속화

고객과 기업 사이에 거래를 하거나 상호 교류를 하면 그 과정에서 많은 데이터가 생성된다. 만약 기업이 이 데이터를 심도 있게 수집 및 분석한다면, 고객이 기업의 혁신을 위한 활동(가령 제품 디자인, 수요 분석 등)에 참여하도록 할 수 있으며, 이를 토대로 제품의 혁신을 좀 더 효과적으로 추진할 수 있다. 이 분야에서 아주 모범적인 사례가 바로 포드 자동차다.

포드 자동차는 포커스 전기차(Focus Electric)를 혁신, 최적화하는 과정에서 빅데이터 기술을 도입했다. 그 결과 포커스 전기차는 진정한 의미의 '빅데이터 전기차'로 변모할 수 있었다. 포커스 전기차는 주행 중이거나 정차 중일 때 방대한 양의 데이터를 생성하는데, 이 데이터는 고객과 포드 모두에게 매우 유용하다.

먼저 고객 입장에서 가속도, 충전 빈도, 제동거리, 제동시간 등의 데이터는 이 자동차를 좀 더 효율적으로 운전하는 데 도움을 준다. 포드 자동차 입장에서 보면, 엔지니어들은 방대한 운전 관련 데이터를 수집할 수 있고, 이를 토대로 포커스 전기차를 좀 더 깊이 이해함으로써 더 완벽하고 과학적인 혁신 및 업그레이드 계획을 세울 수 있다.

이처럼 제조업 생산 과정에서 빅데이터는 매우 중요한 역할을 수행한다. 첫째, 빅데이터의 도움으로 고객의 니즈에 좀 더 부합하는 제품을 개발할 수 있다. 둘째, 빅데이터의 힘을 빌리면 제품 판매에도 도움이 된다. 따라서 노동자들은 이 기술을 활용해 AI 시대에 자신의 경쟁력과 몸값을 높일 필요가 있다.

📟 AI 비전 기술을 이용한 품질검사 : 좀 더 안전한 노동환경 조성　　　　　　　　○ ●

AI 비전 기술을 활용한 대표적인 분야는 제품 품질관리(Quality Control, QC)다. 현재 QC 담당자를 대신해 스마트 QC 설비를 도입해 비교적 간단한 QC 작업을 수행하는 기업이 점점 늘어나고 있는 추세다. 예를 들면 제품의 외관에 결함이 있는지, 제품의 치수가 제품표준에 맞는지 등을 검사한다. 그림 6-5는 광원(光源)을 이용해 맥주의 품질을 제어하는 과정을 보여준다.

사람이 직접 QC를 진행할 경우 다음 세 가지 문제가 발생할 수 있다.

⑴ QC 담당자의 급여 수준이 과거보다 크게 올라 QC 비용이 지속적으로 증가할 수 있다.

⑵ QC 담당자에게 피로, 조작 실수, 집중력 저하 등이 발생하면 검사의 누락, 오류, 심지어 2차 손상이 발생할 수 있다.

⑶ 제강공장, 제철공장 등 특수 업종의 경우 QC 담당자의 안전을 보장하기 어렵다. 부상의 위험성도 크고 심지어 생명을 잃을 수도 있다.

그림 6-5 광원을 이용한 맥주의 품질관리

    반면 스마트 QC 설비를 도입하면 이 세 가지 문제점을 완전히 보완할 수 있으며, 나아가 QC의 신속성과 통일성을 기할 수 있다. 현재점점 더 많은 스마트 QC 설비가 등장하고 있는데, 그중 대표적인 한가지가 바로 QC 클라우드다.

    2018년 중국의 '바이두 클라우드'가 QC 클라우드를 정식 출시했다. 바이두 측은 이 QC 클라우드는 ABC(AI, 빅데이터, 클라우드 컴퓨팅)에 기반을 두고 있으며, 머신비전 기술과 딥러닝 기술을 심도 있게 융합해 식별률과 정확도가 매우 높으며, 설치 및 업그레이드도 아주 용이하다고 밝혔다. 또한 QC 클라우드의 가장 큰 강점은 QC 담당자의 개입이 필요한 프로세스를 없앴다는 점이다. 이밖에 QC 클라우드는 제품 분류 기능도 갖추고 있다.

    제품 QC의 경우, QC 클라우드는 다층 신경망(multi-layer neural

network, MNN)을 훈련해 제품 외관에 발생한 하자의 모양, 크기, 위치 등을 식별한다. 특히 동일 제품의 외관에 다수의 하자가 발생한 경우 이들을 분류 및 식별할 수 있다.

제품 분류의 경우, QC 클라우드는 AI를 기반으로 유사한 제품을 대상으로 예측 모델을 만든 뒤 정밀한 분류를 수행할 수 있다.

바이두 클라우드 측은 QC 클라우드가 그림 6-6과 같이 세 가지 측면에서 기술 경쟁력을 갖고 있다고 말한다.

1. AI 머신비전

QC 클라우드는 바이두가 다년간 축적한 기술을 바탕으로 제조업 능력을 전면적으로 향상시켰다. 기존의 비전 기술과 비교해 AI의 머신비전 기술은 기존에는 불가능했던 불규칙한 결함도 식별할 수 있다. 또한 식별 정확도가 매우 높아서 이미 99% 이상의 정확도를 보이고 있으며, 이 식별 정확도는 데이터량이 많아짐에 따라 더욱 높아지고 있다.

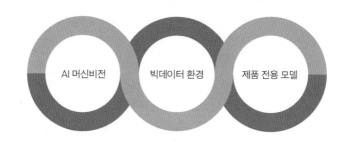

그림 6-6 QC 클라우드의 3대 기술 경쟁력

2. 빅데이터 환경

QC 클라우드가 생성하는 제품 품질 관련 데이터는 생성 즉시 바이두 빅데이터 플랫폼으로 옮겨진다. 덕분에 사용자는 제품 품질 관련 데이터를 편리하게 얻을 수 있을 뿐만 아니라, 이 데이터들은 제품의 품질 향상과 제조 프로세스의 업그레이드에 중요한 근거로 활용된다.

3. 제품 전용 모델

QC 클라우드는 딥러닝 능력을 훈련하는 서비스를 제공한다. 모델 사전 제작 능력을 기반으로 사용자가 스스로 모델을 최적화 또는 확장할 수 있으며, 구체적인 업무환경에 따라 자신만의 모델을 만들 수 있다. 이를 활용하면 QC의 효율과 분류 효과 등을 크게 높일 수 있다.

또한 바이두 클라우드 측에 따르면 QC 클라우드는 스크린 생산공장, LED칩 생산공장, 제강공장, 제철공장, 유리 제조공장 등 대다수의 업무환경에 활용할 수 있다고 한다. 구체적으로 QC 클라우드는 다음의 경우에 활용할 수 있다.

(1) 태양광 EL(Electro Luminescence, 전계 발광) QC : 수십 종의 태양광 EL의 결함을 식별할 수 있으며, 구체적으로는 균열, 단결정/다결정 암역(暗域), 블랙 에지(black edge), 블랙 보더(black border) 등이다. AI 기술을 이용하면 이런 결함을 정확히 분류할 수 있고 식별 정확도도 크게 높일 수 있다.

(2) LED칩 QC : 딥러닝 기술을 이용해 LED칩의 결함을 식별하고 분류하도록 훈련할 수 있다. 이를 통해 QC의 효율성과 정확도도 크게 높아진다.

(3) 자동차 부품 QC : 차량의 핵심 부품에 대한 QC를 실시할 수 있다. 또 AI 머신비전을 기반으로 다양한 QC 방식을 지원해 QC의 속도를 높일 수 있다.

(4) 액정스크린 QC : 액정스크린 외부의 회로를 토대로 예측모델을 설계 및 최적화함으로써 정확도와 리콜률을 크게 높일 수 있다.

현재 QC 클라우드와 유사한 스마트 QC 설비는 매우 많으며, 많은 역할을 수행하고 있다. 이러한 스마트 QC 설비는 QC 담당자의 업무 부담을 줄여주고 안전사고 예방에 기여하며, 기업들이 빠르게 제품을 최적화하여 장기적 발전을 도모하는 데 도움이 된다.

AI 공장의 전형적인 사례

전 세계 각지의 공장에서는 매일 수백만 명의 노동자가 반복적이고 지루한 업무를 수행하고 있는데 이는 신체적, 정신적으로 큰 부담이다. 하지만 AI의 발달로 많은 로봇이 공장에 도입되어 인간 노동자를 보조하거나 심지어 대신하여 많은 일을 완수하고 있다. 그중 무인 만두공장, 폭스콘(Foxconn), 징둥, 알리바바를 예로 들어 설명해 보겠다.

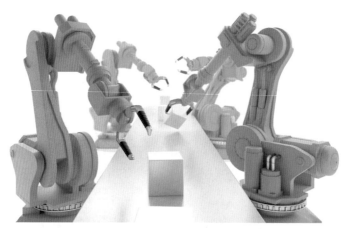

그림 6-7 생산라인에서 작업 중인 로봇

최근 들어 '무인화'가 큰 주목을 받고 있다. 무인 마트, 무인 호텔, 무인 자율주행, 무인 레스토랑 등 수많은 무인화 관련 신조어가 등장하고 있다. 무인화 추세 속에서 중국에도 무인공장 시대가 막을 열었다.

2017년 8월, 중국 허베이성 친황다오(秦皇島)에 위치한 한 만두공장이 갑자기 사회의 주목을 받으며 유명해졌다. 약 500제곱미터 넓이의 아주 청결하고 깔끔한 이 공장 내부에는 노동자가 단 한 명도 보이지 않고, 대신 각양각색의 기계가 24시간 쉼 없이 작업하고 있었다.

반죽 만들기, 소 넣기 등 만두 만들기의 모든 과정을 기계가 수행했다. 이 공장은 이처럼 완전 기계화 생산라인을 구축한 것이다. 이 공장에서 일하는 다양한 종류의 기계는 그림 6-8과 같다.

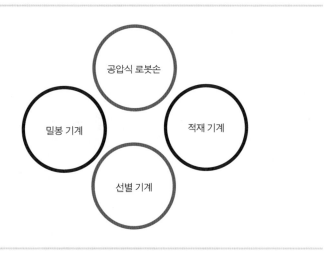

그림 6-8 만두공장에서 일하는 다양한 기계

이 기계들은 각자 맡은 업무가 정해져 있다.

먼저 공압식(pneumatic) 로봇손은 완성된 만두를 집어 정확한 위치에 내려놓는 역할을 한다. 밀봉 기계는 급속 냉동한 만두를 비닐로 밀봉포장한다. 선별 기계는 밀봉포장된 만두를 분류한다. 특히 이 선별 기계에는 빨판 손잡이가 달려 있어서 만두나 포장 용기를 손상시키지 않는다. 적재 기계는 제품을 넣어 포장한 상자를 운반해 지정된 장소에 차곡차곡 쌓는다.

이 기계를 도입한 뒤 공장의 노동자 수는 20명 미만으로 줄어들었고, 그중 대다수는 제어실이나 실험실에서 일하고 있다. 비록 노동자 수는 크게 줄었지만 업무의 효율성은 결코 떨어지지 않았다. 이 공장은 이러한 시스템 덕분에 중국의 대기업인 정다식품기업으로부터 투자를 받게 되었다.

이 만두공장의 설비 엔지니어인 장펑(姜峰)은 이에 관해 이렇게 말했다.

"우리는 설비로 노동자를 대체했고, 스마트 기계로 설비를 대체했습니다. 그 과정을 통해 회사는 인력을 대폭 감축할 수 있었고, 노동자들은 고된 노동에서 벗어날 수 있었습니다. 설비가 첨단화되면서 고장률도 낮아졌습니다. 보통의 경우 우리가 하는 일은 통상적인 점검뿐입니다."

이처럼 자동화, 무인화 생산 방식을 도입한 뒤 이 만두공장의 경쟁력은 점차 높아지고 있음을 알 수 있다. 다시 말해 자동화, 무인화 생산 방식으로 인력은 절감하고 효율은 높이며, 동시에 위험과 사고를 크게 줄이고, 식품안전은 최대한 보장할 수 있게 되었다.

📟 폭스콘 : 정밀로봇을 이용한 아이폰 조립으로 인건비를 절감 ○●

폭스콘에게 아이폰은 매우 중요한 제품이다. 이미 오래전에 제품의 품질 향상과 생산 효율성 제고를 위해 폭스콘이 아이폰 조립 공정에 로봇을 투입했다는 뉴스가 나온 바 있다. 폭스콘에서 로봇을 활용하는 구체적인 방식은 다음 3단계로 구분된다.

1단계 : 인간 노동자가 원하지 않는 반복적이고 번거로운 작업을 로봇에게 맡긴다. 여기에는 고위험 작업도 포함된다.

2단계 : 생산라인을 조절하고 개선한다. 또 노동자 수를 크게 줄여서 생산 효율성을 빠르게 높인다.

3단계 : 공장 전체의 자동화를 실현한다. 필요한 노동자 수를 최소화하고, 남은 노동자들은 테스트, 검사, A/S, 보증(warranty) 등 특정 업무를 맡도록 한다.

현재 폭스콘은 2단계에서 3단계로 넘어가는 과도기에 있으며 이 시기에 폭스봇(Foxbot) 로봇은 핵심적인 역할을 수행했다. 이 로봇은 폭스콘의 제조업4.0 실현을 위한 핵심 지표이기도 하다.

실제로 폭스콘은 이미 2006년에 '폭스콘 선전(深圳) 1호'란 이름의 로봇을 출시한 바 있다. 또 2011년 훙하이(鴻海) 그룹의 궈타이밍(郭台銘) 회장은 2014년까지 폭스콘 로봇 숫자를 100만 개로 늘리겠다고 말했다. 많은 우여곡절을 거친 폭스콘 로봇은 이제 좋은 성과를 올리고 있다. 폭스콘은 아이폰7을 대량 조립하던 2016년에 로봇을 작업 현장에 대거 투입했다. 관련 자료에 따르면, 아이폰7 조립에 투입된 로봇은 1만 대가 넘었다. 폭스콘 측에 따르면, 로봇의 단가는 약 2만 5,000달러로, 로봇 한 대당 평균 3만 대 이상의 아이폰7을 조립할 수 있다고 한다.

그 당시 언론은 2016년도에 시장에 출시된 모든 아이폰7은 폭스콘의 로봇에 의해 조립되었을 것이라는 추측 기사를 내놓기도 했다. 물론 이 추측이 전혀 근거가 없다고는 할 수 없다. 같은 해에 폭스콘 자동화기술 위원회의 다이자펑(戴家鵬) 사장은 국제로봇심포지엄에서 로봇산업의 발전과 활용에 기여한 공로를 인정받아 '엥겔버거 로보틱스상(Engelberger Robotics Award)'을 수상했다. 이 상은 이른바 '로봇산업계의 노벨상'으로 불릴 만큼 매우 권위 있는 상으로 유명하다. 다시 말해 로봇 분야에서 폭스콘은 이미 세계 최고 수준에 도달했음을 공인받은 것이다.

2016년 7월, 다이자펑 사장은 "우리가 자체 개발한 로봇 기술은 유압(油壓), 광택, 연마(polishing) 등 이미 20가지 일반제조 공정을 수행할 수 있으며, 전체 기계류 공정의 약 70%를 수행할 수 있을 것으로 전망된다"라고 말했다. 하지만 폭스콘의 로봇 기술이 이미 높은 수준에 도달했다고 해도 당분간은 여전히 인간 노동자에 의지해 생산의 정상적인 운영이 가능하다.

⊞ AI '로봇 창고' : 스마트 제품 선별을 통한 운영 효율성 제고 ○●

2017년 8월, 알리바바 산하의 물류회사인 차이냐오(菜鳥)네트워크는 자체 개발한 중국 최대의 '로봇 창고'가 광둥성 후이저우시(惠州市) 후이양구(惠陽區)에서 정식 상용화에 들어갔다고 발표했다.

그렇다면 차이냐오네트워크의 로봇 창고는 어느 정도 스마트화되었을까?

일반적으로 보통의 로봇 창고는 운반로봇 십여 대 정도로 구성되어 있다. 하지만 차이냐오네트워크의 로봇 창고는 백여 대 이상의 로봇이 동시에 일하고 있으며, 무엇보다 이 로봇들은 독립적으로 움직이고 상호 간 협업도 가능하다.

차이냐오네트워크 관계자에 따르면, 이곳의 로봇들은 각자 주문을 받아 제품을 선별하는 개별 작업은 물론, 하나의 주문에 대해 다른 로봇과 함께 피킹하는 협업도 가능하다고 한다. 뿐만 아니라 이 로봇들은 질서를 철저히 준수하면서 타 로봇을 식별하고, 임무의 긴급 정도에 따라 타 로봇에게 순서를 양보할 수도 있다.

차이냐오네트워크의 수석 알고리즘 전문가인 후하오위안(胡浩源)은 로봇 수십 대를 조작할 때와 수백 대를 조작할 때의 난이도는 전혀 차원이 다르다고 말한다. 실제로 로봇의 숫자가 많아질수록 임무의 배분도 복잡하고 어려워진다. 따라서 차이냐오네트워크는 과학적이고 합리적으로 각 로봇에게 적절한 임무를 배분해야 임무의 완성도를 높일 수 있다. 또한 로봇 상호 간의 충돌과 간섭을 방지하기 위한 대비책도 마련해야 한다.

'로봇 창고'의 로봇은 임무를 받으면 그 즉시 주문 상품이 위치한 진열대 밑으로 이동한다. 그리고 그 진열대를 통째로 들어 선별 작업자 앞으로 운반한다. 이곳에서 일하는 모든 로봇의 하중은 최대 250

킬로그램이다. 동시에 유연한 회전이 가능하기 때문에 선별 작업자 앞에서 진열대의 4개 면을 차례로 회전시킬 수 있다. 즉 진열대의 4개 면 모두에 상품을 채울 수 있으므로 기존보다 2배 이상 많은 양을 수 납할 수 있다.

또 후하오위안은 로봇 창고에서 진열대의 위치나 로봇의 배치 등은 모두 주문을 기반으로 결정하며, 이렇게 함으로써 임무 완성도를 극 대화하고 쏠림현상을 차단할 수 있다고 말했다.

이밖에 차이냐오네트워크는 '미래 그린 스마트 물류 자동차 프로 젝트'를 발표했다. 이 프로젝트의 목표는 '차이냐오 스마트 브레인'을 탑재한 신에너지 물류차량 100만 대를 만드는 것이다. 신에너지 물류 차량은 차이냐오 스마트 브레인을 탑재하고 있기 때문에 이 시스템은 가변적 주문(dynamic order)을 기반으로 배송원에게 최적의 노선을 추 천할 수 있다. 아울러 이 시스템은 도로 상황에 따라 인터페이스를 조 정하고, 배송원과 언어 소통을 할 수 있어 진정한 '스마트 물류배송'을 실현하게 된다.

차이냐오네트워크는 또 콰이창(快倉)이란 이름의 스마트 저장설비 회사에 막대한 자금을 투자했다. 콰이창은 이동식 선반, 상품 선별 작 업대, 재고 보충 작업대, 이동식 로봇 등의 연구개발에 주력하는 회 사다. 이곳 관계자는 콰이창은 차이냐오네트워크와의 협력을 계기로 '로봇 창고' 분야에서 새롭게 도약할 것이며, 물류산업 분야도 크게 발 전할 것으로 전망했다.

AI 시대에 노동자가 취할 선택은?

앞에서 언급했듯이 폭스콘은 아이폰 조립용 로봇을 도입했고 이로 인해 폭스콘의 노동자 수가 급감했다. 물론 이는 폭스콘만의 특수한 사정이 아니라 다른 많은 기업도 노동자 대신 로봇을 투입하고 싶어 한다. 영국 옥스퍼드 대학에서 이와 관련한 조사를 실시했는데, 미래에는 기술력이 낮은 노동자의 약 50%는 기계나 로봇으로 대체될 것이

그림 6-9 전자동화 제사(製絲) 작업장

라는 결과가 나왔다. 이런 상황에서 기존 생산라인 노동자들은 커다란 실직 압박을 받지 않을 수 없다. 그렇다면 노동자들은 어떤 선택을 해야 할까? 또 자구책은 무엇일까? 이제부터 이 두 가지를 집중적으로 논해 보겠다.

🖥 AI를 직시하라 : 부정적 자세를 버리고 AI를 적극 활용하라 ○ ●

기술 발전이라고 하면 우리는 보통 이점과 폐단이 모두 존재하는 일종의 '양날의 검'이라고 생각한다. 하지만 오늘날 급속도로 발달한 AI로 인해 엄청난 압박을 받고 있는 노동자들에게는 AI로 인한 폐단이 더 부각되어 보일 것이다. 그러나 노동자들이 지금 당장 해야 할 일은 올바르고 긍정적인 마인드로 AI를 직시하는 것이다. 마치 알파고를 상대로 3연패 뒤 힘겨운 1승을 따낸 이세돌 9단이 "인간과 로봇의 대결은 나에게 실패의 고통을 안겨주지 않았다. 오히려 바둑의 즐거움을 더 잘 이해할 수 있었다"라고 한 말의 취지와 일맥상통한다.

AI는 지속적으로 발전하고 상당수 노동자의 일자리를 대체할 것이 분명하다. 하지만 그럴수록 노동자들은 더 긍정적인 마인드를 가져야 하며, AI의 강력한 힘에 무기력하게 굴복해선 안 된다.

본질적으로 AI는 인간이 개발한 하나의 기술에 불과하다. 많은 경우 AI는 사용하면 매우 편리한 도구가 될 수 있다는 점을 받아들여야 한다.

현재의 추세로 비춰볼 때 노동자들은 AI의 운영 규칙, 장단점, 사용

법을 배워야 한다. 그러면 AI의 활용 능력은 크게 높아질 것이다. 이런 노동자들은 능력이 뛰어난 기계나 로봇을 효과적으로 제어할 수 있고, AI가 장점이나 경쟁력을 발휘하게 할 수 있다. 즉, AI와의 협업이 바로 현명한 선택이 될 수 있다.

🔲 인간과 기계의 협동 강화 : 동반 성장을 추구하다 ○ ●

2018년 1월 액센츄어는 한 기고문을 발표했다. 미래에는 인간과 AI가 우호적인 관계를 유지하고 적극 협력해야 하며, 인간과 기계가 상호 협력해야만 AI의 능력을 극대화할 수 있다고 지적했다.

중국 선전의 라푸(Rapoo, 雷柏) 과학기술 주식회사를 예로 들어 보자. 라푸는 기계 자동화를 통해 큰 혜택을 받았다. 여기서 말하는 혜택이란 단위시간 당 더 적은 노동자를 고용해 더 많은 제품을 생산할 수 있게 된 것을 가리킨다. 라푸의 부회장 덩추웨이(鄧邱偉)는 "과거에는 8명의 공장 노동자가 하루에 마우스 케이블 2,500개를 생산했지만, 이제는 4명이 하루에 3,000개를 생산할 수 있습니다"라고 말했다.

중국 노동관계대학의 원샤오이(聞效儀) 부교수는 최근 중국의 인구 보너스(population bonus, 인구분포 피라미드에서 생산가능 인구가 큰 비중을 차지하는 상황. 저축률과 투자율이 높아 경제성장에 유리한 인구 분포다)가 점차 사라지면서 노동력의 부족 및 인건비 상승 등 다양한 문제가 발생하고 있고, 제조업 기업들은 제품의 품질과 가치 향상을 원하고 있다고 지적했다. 또 이 모두는 기존의 노동집약형의 전통 제조업이 '스마트 생산'의 길을 따를 수밖에 없는 이유라고 설명했다.

기계가 도입되면서 공장의 노동력 부족 문제는 과거보다 훨씬 완화되었고, 또 노동자에게 과도하게 의존하던 생산방식도 크게 개선되었다. 또한 일부 전문가는 기계가 생산에 투입되면서 노동자들은 반복적이고 위험한 일, 단순하고 번거로운 작업에서 해방되어 공장에 필요한 노동자 수는 큰 폭으로 감소했고, 반대로 노동자들에게 요구되는 능력이나 자질 수준은 더욱 높아졌다고 말한다.

이처럼 기계가 인간의 많은 일자리를 대신했지만 그렇다고 모든 노동자가 기계로 대체된 것은 결코 아니다. 실제로 많은 경우 인간과 로봇이 반드시 협업해야만 제대로 완수할 수 있는 업무도 많다. 앞에서 언급한 라푸를 예로 들어보자. 라푸에서는 제품 포장에 기계를 이용하지만, 이보다 훨씬 더 중요한 검수 업무는 인간 노동자가 맡고 있다. 또 모든 생산라인에 기계의 조작과 유지보수를 책임지는 팀장을 반드시 배치한다.

덩추웨이 부회장은 "'기계가 인간을 대체한다'라는 것은 단순히 누가 누구를 대신한다는 문제가 아닙니다. 우리가 추구하는 것은 인간과 기계의 유기적인 상호교류 그리고 균형입니다"라고 말했다. 실제로 라푸에서는 기계를 도입한 이후 노동자의 구조에 큰 변화가 생겼다. 단순노동자가 절대다수를 차지하던 기존의 피라미드 구조에서 기술노동자가 점점 더 많아지는 역(逆) 사다리꼴 구조로 변화하고 있다.

AI가 가져온 새로운 트렌드는 '기계가 인간을 대체한다'는 표현보다는 '인간과 기계의 협업' 또는 '인간과 기계의 협력'이란 말로 표현하는 것이 더 바람직해 보인다. 왜냐하면 기계가 단기간 내에 인간 노동자를 완전히 대체하는 것은 불가능하기 때문이다. 따라서 AI 트렌

그림 6-10 인간과 기계의 협업

드 속에서 스스로를 지키기 위해서는 '기계와의 협력'이라는 이 기회
를 반드시 잡아야 한다.

정밀화 생산 :
AI가 완성할 수 없는 정밀한 작업을 완성한다   ○ ●

오늘날의 생산 프로세스와 생산방식은 이미 성숙하고 완벽한 단계에
도달해 있다. 반면 전통적인 사고방식과 기술 마인드의 부족으로 여
전히 인간노동자에 의한 생산방식을 고집하는 제조기업들도 있다.

사실 인간노동자에 의한 생산이 기계를 이용한 생산보다 우수한 점
이 분명히 존재한다. 기계의 구매나 유지보수 등 막대한 비용을 제외
하더라도 기계의 스마트화에는 여전히 많은 난관이 존재한다. 현재

기계는 모든 업무를 완전히 수행할 수 없으며 단순하고, 체력을 요하며, 반복적인 생산라인에서의 업무에 적합할 뿐이다. 반대로 정교한 업무, 세밀한 업무의 경우 기계는 그다지 적합하지 않다.

현재의 기계는 초반기의 기초적인 업무만을 수행할 수 있으며, 정교하고 세밀한 후반기의 작업은 인간노동자가 맡아서 완성해야 한다. 예를 들어 나사를 고정시키는 작업의 경우, 기계는 높은 정밀도를 요하는 작업을 수행할 수 없기 때문에 인간의 도움을 얻어 완성하게 된다. 이는 AI 시대에도 여전히 노동자들에게 생존의 기회가 남아 있음을 의미한다. 그러므로 핵심은 노동자들은 정밀생산에 주력하여 후반기 업무를 완수하는 능력을 높이는 것이다.

AI가 기존의 전통적인 제조업의 생산 프로세스나 생산방식을 바꿀 것은 분명하다. 어떻게 바꾸고 또 어떤 방식으로 바꿀 것인지는 현재로서는 단언하기 어렵다. 하지만 한 가지 분명한 사실은 이 과정에서 기업과 노동자는 다양한 어려움에 직면할 것이며, 이를 위해 충분한 준비를 해두어야 한다는 점이다.

AI는 금융을 재정의한다 :
효율성 제고 및 서비스 지상주의

AI가 금융 분야에 깊숙이 진입한 것은 결코 과장이 아닌 엄연한 현실이다. 실제로 금융 분야 종사자들은 이런 변화를 체감하고 있다. 또 앞으로는 AI가 금융종사자들의 많은 기존 업무를 보조하게 될 것이다. 따라서 AI 시대에 금융관계자는 끊임없이 자신을 냉정하고 객관적으로 판단해야 한다. 그래야만 AI 시대에 도태되지 않을 수 있을 것이다.

AI는 금융에 새로운 능력을 부여한다

크로스오버(Cross-over, 서로 다른 분야간 융합)는 혁신의 원천이다. 특히 AI와 금융의 융합은 새로운 혁신을 불러일으켰다. 이제 AI는 더 이상 하이테크 기업만의 전유물이 아니라 각 분야로 퍼져나가며 변혁을 일으키고 효율성 제고에 기여하고 있다. 금융 분야도 마찬가지다. 이제 AI가 금융 분야에서 일으킨 변화를 자세하게 소개해 보겠다.

그림 7-1 AI는 기업에 전략적 비즈니스 방안을 제공한다

과거에는 모든 신용대출 결정 여부를 신용대출 담당자가 결정했다. 하지만 이런 방식에는 많은 폐단이 존재했다. 예를 들면 주관적 판단의 개입 여지가 많고, 시간이 오래 걸리며, 많은 에너지를 소모해야 한다. 이런 폐단을 없애기 위해 등장한 스마트 신용대출 솔루션이 있다. 중국의 '두먀오(讀秒)'라는 제품이다.

초기의 '두먀오'는 단순히 의사결정을 도와주는 엔진 제품에 불과했는데, 수년간 업그레이드를 지속한 끝에 현재는 하나의 완벽한 '스마트 신용대출 솔루션'이 되었다. 저우징(周靜) 등 두먀오 팀은 금융테크 솔루션 기업인 핀테크(PINTEC, 品鈦)에 합류했다.

두먀오의 기술책임자인 중웨이샤오(仲惟曉)는 현재까지 두먀오에 들어온 데이터소스는 40가지가 넘으며, 이 데이터소스는 API(application programming interface)를 통해 실시간 수집된다고 말했다. 또 두먀오는 데이터소스에 접속한 뒤 다양한 자체모델(가령 부채비율 예측, 사기 여부 판단, 소득 예측 등)을 통해 데이터 클리닝(data cleaning)과 데이터 마이닝(data mining)을 실시한다. 그리고 이를 토대로 BSC(Balanced Scorecard, 균형성과표)와 의사결정 엔진의 제언을 종합적으로 고려해 신용대출 여부를 최종 결정한다. 무엇보다 신용대출 의사결정의 모든 세부 절차가 동시에 진행된다는 점이 중요하다.

업계 관계자에 따르면 두먀오는 단 10초 만에 신용대출 여부를 결정한다고 한다. 이는 무엇보다 방대한 데이터의 수집 및 분석, 모델을 통한 연산이 뒷받침되었기 때문에 가능한 결과다.

일반인에게 빅데이터, 머신러닝 등 첨단기술은 모호한 존재로 느껴질 수도 있지만, 사실 여기에서 다양한 규칙을 도출할 수 있다. 이에 관해 중웨이샤오는 두먀오의 파트너들이 대량의 데이터를 수시로 제공하지만 정말로 가치 있고 유용한 데이터는 기본적으로 데이터 마이닝을 통해 획득할 수밖에 없다고 말한다. 다시 말해 데이터를 가져다 머신러닝 모델에 집어넣기만 하면 결과가 자동적으로 예측되어 나오는 것이 아니라는 뜻이다.

간단한 예를 한 가지 들어 보자. 고객이 대출 신청을 하면 이 과정에서 거래 데이터, 신용 데이터, 행위 데이터 등 많은 데이터가 만들어진다. 이 데이터는 대출 결정기관에서 고객을 더 깊이 이해하는 데 도움을 준다. 하지만 이 데이터들은 데이터 마이닝을 거쳐야만 한다. 단지 마이닝 과정과 신용대출 과정이 서로 별개로 이루어질 뿐이다.

중웨이샤오는 또 이렇게 설명했다.

"방대한 데이터를 확보한 다음에는 디스턴스 벡터 알고리즘(distance vector algorithm), 클러스터링 알고리즘(clustering algorithm) 등 결정 알고리즘(decision algorithm)을 이용해 이들 데이터로부터 업무에 적합한 모델을 선별해냅니다. 그래야 리스크를 회피할 수 있기 때문입니다."

그는 이어서 한 가지 예를 들어 여기에 숨어 있는 논리를 설명했는데 구체적인 내용은 다음과 같다.

"예를 들어 고객이 다양한 플랫폼에서 대출을 받는 상황을 가정해 보죠. 과거에는 어떤 고객이 대출을 5번, 8번, 또는 10번 받았다는 것을 제3자가 데이터소스를 제공해야 알 수 있었죠. 하지만 지금은 어떤 플랫폼에서 몇 번 대출을 받았는지의 데이터와 과거 90일 동안, 또는 270일 동안, 1년 동안 이 데이터가 어떻게 변화했는지 등을 알 수 있게 되었습니다. 또 대출 횟수와 대출 플랫폼 숫자 사이의 연관성도 파악할 수도 있죠. 이런 원자료(raw data)를 토대로 구축한 것이 이른바 '디멘션(Dimension)'입니다."

서로 다른 고객들이 서로 다른 플랫폼들 상에 남긴 데이터는 그다지 서로 관련이 없어 보이지만 실제로는 상호 간에 그물망처럼 연결되어 있다. 또한 고객의 숫자가 많아질수록 남긴 데이터 양도 많아진다. 이렇게 되면 두먀오가 자체 개발한 모델은 더욱 최적화되고, 더 다양한 시나리오(상황)에 적용할 수 있게 된다.

이처럼 두먀오의 빅데이터는 한 명의 고객이 아닌 한 그룹의 고객을 대상으로 한다는 것을 알 수 있다. 그리고 기존에 축적된 기술력이 결합되어 두먀오는 단 10초 만에 대출 여부를 결정할 수 있는 것이다.

두먀오의 과학적 결정 총책임자 런란(任然)은 이렇게 말했다.

"사실 모델을 만드는 일에 있어서 대부분의 시간을 데이터 마이닝에 투자합니다. 수백 개, 수천 개의 데이터를 디멘션으로 구성한 뒤 마지막에 단숨에 모델을 구축합니다. 이 과정은 금방 끝납니다. 다만 이를 위해 우리는 엄청난 시간을 투자하고 수많은 시행착오를 거칩니다. 예를 들면 만약 지금 1,000개의 디멘션이 가동되고 있다고 할 때, 조금의 과장도 보태지 않고 우리는 대략 10만 개, 또는 20만 개의 디멘션을 구축해 어떤 디멘션이 유용하고 어떤 것이 쓸모없는지 테스트해야 합니다. 그래야만 데이터를 이해할 수 있기 때문입니다."

'두먀오'로 대표되는 스마트 신용대출 솔루션은 좀 더 과학적이고 합리적이며 정확한 대출 결정을 가능하게 했고, 아울러 대출 신청인과 대출 결정기관 모두 리스크를 회피할 수 있도록 도와주었다. 미래에는 스마트 대출결정이 더욱 일반화되고 성숙해질 것이며, 이로 인해 금융 분야의 안정성은 더욱 강화될 전망이다.

스마트 금융 컨설팅

금융컨설팅은 AI의 강력한 힘으로 혁신을 일으킨 또 다른 분야다. 현재 자산관리 수요가 계속 증가하면서 AI는 금융컨설팅 업무에서 큰 도움을 주고 있다. 예를 들어 은행에 로봇을 배치하여 고객에게 컨설팅 서비스를 제공하도록 하는 방식이다. 이를 통해 고객은 더 완벽한 컨설팅 체험을 할 수 있다. 로봇이 수행하는 역할을 그림 7-2과 같이 세 가지 방면에서 구체적으로 설명해 보겠다.

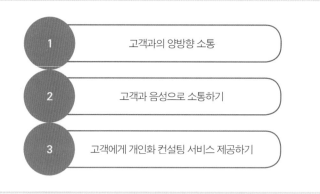

1	고객과의 양방향 소통
2	고객과 음성으로 소통하기
3	고객에게 개인화 컨설팅 서비스 제공하기

그림 7-2 로봇이 금융컨설팅에서 수행하는 역할

1. 고객과의 양방향 소통

데이터 평가 분야에서 로봇은 인간보다 훨씬 뛰어난 능력을 보인다. 금융서비스에 관하여 선택 가능한 최상의 솔루션을 각 고객에게 소개할 수 있고, 또 순자산가치(net asset value, NAV)가 높은 우량고객에게 과학적이고 합리적인 자산관리 전략을 제안할 수도 있다. 또한 로봇은 고객과 장시간에 걸친 양방향 소통을 통해 더 빠르고 편리한 컨설팅 서비스를 제공할 수 있다.

2. 고객과 음성으로 소통하기

앞에서 말했듯이 로봇은 고객에게 개인화 컨설팅 서비스를, 기업에게는 자금관리 컨설팅 서비스를 제공할 수 있다. 그 밖에 대다수 로봇은 스마트 음성 시스템을 장착하고 있기 때문에 고객과 음성으로 소통할 수 있고, 이는 서비스의 질과 효율을 크게 높인다.

구체적으로 살펴보면, 고객은 음성 입력을 통해 최신 금융상품을 검색하고 그중에서 관심 있는 한 가지를 선택할 수 있다. 이때 고객은 선택 결과를 로봇에게 음성으로 알려주기만 하면 로봇 역시 음성으로 고객에게 답변해준다. 또는 글자 텍스트로 금융상품 데이터를 고객의 핸드폰에 전송한다.

3. 고객에게 개인화 컨설팅 서비스 제공하기

일반적으로 로봇은 고객의 자산관리 니즈를 이해하고 파악할 수 있으며, 잠재적 리스크를 종합 분석한 뒤 해당 고객에게 다원화된 맞춤형 컨설팅 서비스를 제공할 수 있다. 특히 이를 토대로 로봇이 고객에게 좀 더 적합한 주식 등 금융상품을 추천할 수 있다는 점이 중요하다.

  또한 로봇은 아주 짧은 시간 내에 빅데이터를 처리한 뒤, 각 고객의 실제 상황에 근거하여 검색된 유용한 정보를 고객 핸드폰에 전송할 수 있다.

  이처럼 로봇은 금융컨설팅 업무의 일부를 담당하고 있다. 이는 금융기관의 인건비 부담을 줄이고, 업무의 질과 효율성을 높여준다. 무엇보다 금융 분야의 스마트화 수준이 이로 인해 훨씬 더 높아졌으며, 이는 금융산업 발전에 더 많은 새로운 기회를 가져다줄 것이다.

🖳 스마트 금융보안

오늘날 인터넷 보급률이 높아지면서 인터넷금융 역시 빠른 속도로 성장하고 있다. 이와 함께 관리감독 시스템도 점차 완비되고 있다. 특히 금융산업의 중요한 일부인 인터넷금융의 보안 문제는 결코 소홀히 할 수 없는 중요한 부분이다. 인터넷은 공공의 공간인 만큼 각양각색의 리스크가 발생할 수밖에 없다.

  금융지식서비스 기구인 링이차이징(零壹財經)의 창업자 바이량(柏亮)은 재테크 기관, 투자서비스 기관, 기술서비스 기관 등 세 유형의 기관을 우선적으로 발전시켜야 한다고 말하며 기술서비스 기관이 '미래 인터넷금융의 발전을 이끄는 핵심 주체'가 되어야 한다고 강조했다. 기술서비스 기관인 링크페이스(Linkface)를 예로 들어 설명해 보겠다.

링크페이스는 2014년 베이징 중관춘에 위치한 칭화과기원 창업홀 내의 한 사무실에서 탄생했으며, AI가 금융 분야에서 큰 활약을 함에 따라 스마트 금융보안을 위한 솔루션 연구개발에 힘쓰기 시작했다.

이런 연구 덕분에 링크페이스는 투자자들의 지대한 관심을 받으며 50여 개의 유명 기업과 파트너십을 차례로 체결했는데, 그중 인터넷 금융기업과 전통적인 상업은행의 비중이 가장 높았다. 이 과정에서 링크페이스는 진입장벽이 매우 높은 금융 분야에서 '보안' 수준을 높이는 것이 핵심 과제임을 절실히 깨달았다.

이에 따라 링크페이스는 금융기업과 금융기관에게 최고 수준의 보안서비스를 제공하기 위해 완벽하고 종합적인 스마트 금융보안 솔루션을 개발하겠다는 비전을 세웠다. 링크페이스는 체내측정(in vivo measurement), 문자인식, 안면인식 등 딥러닝 기반의 관련 기술을 이용

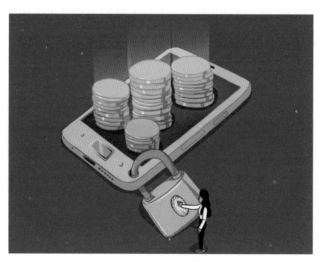

그림 7-3 스마트 금융보안

한 신원확인 시스템을 구축했다. 이 시스템은 원격 계좌개설, 은행창구에서 계좌개설, ATM 거래, 온라인 실명인증 등 신원 확인이 필요한 다양한 시나리오(상황)에 적용할 수 있다. 이를 이용하면 본인인증이 훨씬 더 간편해지고 보안성도 높아진다.

링크페이스의 안면인식 기술은 보안성이 매우 높아서 비밀번호 7자리 숫자 정도의 보안성을 자랑한다. 그럼에도 해커가 온갖 불법 수단을 동원해 이 시스템을 공격할 가능성은 여전히 존재한다. 이 경우 링크페이스의 체내측정 기술을 도입해 불법적 공격을 식별함으로써 금융환경의 보안을 최대한 보장할 수 있다.

미래에는 AI가 금융보안 분야에서 더 많은 역할을 수행할 것이다. 이는 금융기업과 금융기관에게 최고 수준의 보안성을 제공하고, 금융 종사자에게는 더 수월하고 효율적으로 일할 수 있도록 도와줄 것이다. 특히 금융 분야에서 더 많은 가치 창출에 기여할 수 있다는 점이 중요하다.

스마트 보험금 지급

일반적으로 보험금 지급 절차는 매우 복잡한데, 이 모든 절차 가운데 시간이 가장 많이 소요되는 것이 바로 심사다. 그 이유는 심사해야 할 내용이 매우 많기 때문이다. 예를 들면 보험금 청구인의 신원, 진료 정보, 보험사고 정보 등이다.

물론 심사뿐만 아니라 다른 절차에서도 느린 속도, 복잡한 수속 과정 등 다양한 폐단이 존재한다. 하지만 이런 폐단이 존재함에도 사고

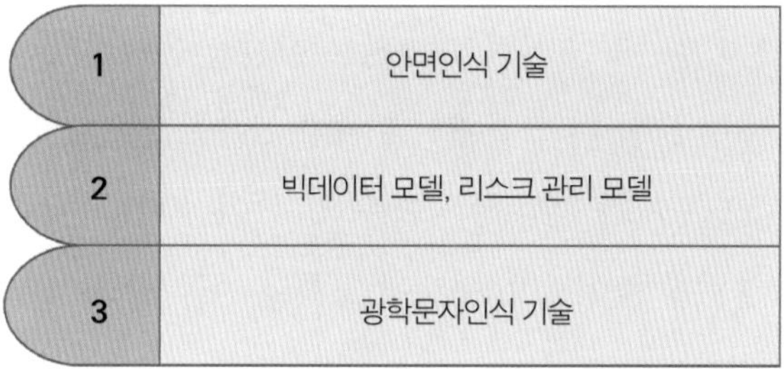

1	안면인식 기술
2	빅데이터 모델, 리스크 관리 모델
3	광학문자인식 기술

그림 7-4 스마트 보험금 지급을 가능하게 한 첨단기술들

발생에서부터 보험금 지급에 이르기까지의 각 절차는 생략되어서는 안 된다.

그러나 AI가 출현한 이후 보험금 지급 문제는 과거와 확연히 달라졌다. 가장 두드러진 변화는 스마트화 정도가 점점 강화돼 전 과정이 빠르게 진행된다는 점이다. 이런 결과를 가능하게 한 원동력은 바로 첨단 기술 덕분이다. 그 구체적인 내용은 그림 7-4와 같다.

1. 안면인식 기술

보험금 지급 과정에서 가장 중요한 절차는 청구인의 신원 확인이다. 안면인식 기술을 통해 보험사는 정확하고 신속하게 청구인의 얼굴 특징을 식별한 뒤, 청구인이 보험가입자 본인이 맞는지 여부를 확인할 수 있다.

2. 빅데이터 모델과 리스크 관리 모델

빅데이터 모델과 리스크 관리 모델을 활용하면 리스크 관리 규칙을 생성할 수 있다. 아울러 청구인의 과거 사고 이력과 신용정보 조회 데이터를 토대로 추가적인 선별 및 조사를 실시할 수 있다. 만약 이 모델이 과거의 어떤 보험 지급 건에서 문제가 있음을 발견했다면, 그건은 보험금 지급 담당자가 직접 심사할 수 있다. 이런 방식은 보험사의 리스크 관리 능력을 높여주며, 동시에 보험금 지급 담당자의 위기의식도 높일 수 있다.

3. 광학문자인식(optical character recognition, OCR) 기술

이 기술은 아직 보편화되지는 않았다. 하지만 중국 보험업계의 선두업체인 핑안(平安) 보험은 보험금 지급 업무에 이 기술을 도입했다. 일반적으로 보험금 지급 담당자는 보험금 지급 업무를 진행할 때 정해진 절차를 하나씩 밟아가야 하기 때문에 많은 시간과 에너지를 투입해야 한다. 하지만 OCR 기술은 관련 서류의 데이터 정보를 빠르고 정확하게 판독하여 청구인의 정보를 식별할 수 있다. 이 과정은 매우 빠르고 원활하게 진행된다.

이러한 여러 첨단기술을 도입함으로써 보험사의 보험금 지급 업무는 점점 더 스마트화하고 있고, 보험사 직원의 업무도 훨씬 더 수월해졌다. 이처럼 보험사들은 새로운 환경에서 도태되지 않도록 이러한 좋은 기회를 활용할 필요가 있다.

AI금융의 대표적인 사례

현재 전 세계적으로 금융 분야에서 AI의 도입과 활용에 성공한 사례는 매우 많이 존재한다. 그중 대표적인 예가 미국의 웰스프런트(Wealthfront), 영국의 넛메그(Nutmeg), 중국의 앤트 파이낸셜(Ant Financial Service Group) 등이다. 이런 성공 사례 덕분에 금융 분야의 스마트화는 더 확산되고 있다. 금융 스마트화는 금융업무의 질과 효율을 높이고, 금융업의 안정적 발전에 크게 기여한다.

미국 웰스프런트 : 스마트 투자고문(RA) 플랫폼

최근 들어 미국 등 선진국을 중심으로 스마트 투자고문(Robo-Advisors)의 역할이 크게 주목받고 있으며, 규모도 점차 확대되고 있다. 금융 정보업체인 심코프(SimCorp)의 통계에 따르면, 2020년 스마트 투자고문이 관리하는 글로벌 자산 총액이 1.4조 달러에 이르렀고, 2023년까지 연평균성장률이 21%를 지속해 2023년 2.6조 달러에 이를 것으로 전망했다. 또 찰스 슈왑(Charles Schwab)의 자료에 따르면, 2025년까지 미국인의 60%가 스마트 투자고문을 통해 자산관리를 받을 것으로 전망했다.

현재 유명한 스마트 투자고문 플랫폼은 매우 많다. 가령 웰스프런트, 베터멘트(Betterment), 퍼스널 캐피털(Personal Capital), 찰스 슈왑(Charles Schwab)의 인텔리전트 포트폴리오(Intelligent Portfolio) 등이 있으며, 이들 대부분은 미국에 있다. 여기에서는 웰스프런트에 관해 소개해 보겠다.

웰스프런트는 대표적이고 고객의 사랑을 받고 있는 미국의 스마트 투자고문 플랫폼이다. 컴퓨터모델링과 다양한 첨단기술을 통해 평가설문조사에 응해준 고객에게 부동산자산 배분, 채권 배분, 주식 배분, 주식옵션 행사 등 개인화 자산투자 포트폴리오 컨설팅을 제공한다.

웰스프런트의 주요 고객은 실리콘밸리에서 일하는 하이테크 분야 종사자들이며, 특히 트위터, 페이스북 등 유명 기업의 하이테크 종사자라고 한다. 웰스프런트는 완전하고 체계적인 수익모델을 구축했는데 표7-1과 같다.

웰스프런트가 고객에게 수수하는 비용은 전통적인 금융사뿐만 아니라 기타 스마트 투자고문 플랫폼보다도 훨씬 낮다. 일반적으로 미국의 전통적인 금융사는 고객에게 다양한 비용(충전 및 인출 비용, 거래 비용, 투자조합 조정 비용, 컨설팅 비용, 분산 비용 등)을 부과하는데 전체 비용률은 약 1%이고, 심지어 3% 이상인 경우도 있다.

이를 자세히 살펴보면 여기에도 그럴 만한 사정이 있다. 미국은 원래 인건비와 부동산 임대료가 매우 비싸기 때문에 전통적인 금융기업이 비용을 회수하고 이윤을 창출하려면 고객에게 고율의 수수료를 받

비용 항목	비율	참고
컨설팅 비용	10,000달러 미만 : 컨설팅 비용 무료 10,000달러 이상 : 연 0.25%의 컨설팅비용을 수수함	계산공식 : (예금주의 순자산−10,000)×0.25%×투자 유지 날짜 수÷365(혹은 366)
컨설팅 비용 감면	신규 고객 1명을 데려올 때마다 컨설팅 비용에서 5,000달러를 감면해줌	
이체비용 보전	고객의 기존 중개기업이 고객에게 부과하던 이체비용을 이 플랫폼이 보전해줌	고객이 이 플랫폼에 접속해야 함
기타 항목	ETF 보유 비용(평균 약 0.12%)	ETF 보유 기간에 적용하며, ETF가 소속된 펀드사에 귀속됨

표 7-1 웰스프런트의 수익모델

을 수밖에 없다. 하지만 첨단기술이 도입됨으로써 스마트 투자고문 플랫폼은 더 이상 많은 인력을 고용하고 큰 규모의 사무실을 운영할 필요가 없다. 이로 인해 인건비와 임대료 등의 비용을 크게 절감할 수 있게 되었다.

이런 상황에서 낮은 수수료를 무기로 고객을 유치할 경우 거래 규모가 커질수록 스마트 투자고문 플랫폼은 큰 이윤을 얻을 수 있다. 웰스프런트는 바로 이러한 경쟁력을 확보하고 있는 것이다. 누군가 이렇게 의문을 제기할 수도 있을 것이다. 웰스프런트가 이런 이점을 갖고 있어 빠르게 성장할 수 있었던 것인가? 당연히 그렇지 않다. 그림 7-5와 같은 세 가지 원인 역시 중요한 역할을 했다.

1. 강력한 기술력과 경쟁력을 갖춘 시뮬레이션 모델링

웰스프런트는 고객에게 개인화 투자 재테크 서비스를 제공할 뿐만 아니라 다양한 자산 배분 솔루션을 추천하며, 비용도 매우 낮다. 이를 가

1	강력한 기술력과 경쟁력을 갖춘 시뮬레이션 모델링
2	충실한 정보 공개
3	뛰어난 능력의 관리팀 및 투자팀

그림 7-5 웰스프런트가 빠르게 성장할 수 있었던 3가지 요인

능하게 해준 원동력은 바로 강력한 기술력과 경쟁력을 갖춘 시뮬레이션 모델링 덕분이다.

미국은 금융시장 이론, 첨단기술 등 분야에서 강국 중의 강국이다. 웰스프런트는 이런 강점을 결합해 빠르게 성장할 수 있었다.

2. 충실한 정보 공개

웰스프런트의 공식 사이트에는 플랫폼 기본정보, 업무 범위, 법률문건 등 웰스프런트와 관련한 많은 중요 정보가 공개되어 있다. 일반적으로 고객은 플랫폼 정보를 많이 얻을수록 해당 플랫폼에 대한 신뢰도가 높아진다. 또한 웰스프런트는 문자 텍스트, 도표, PPT, 백서(白書) 등 다양한 형태로 정보를 공개한다. 또 고객이 좀 더 직관적으로 이해할 수 있도록 많은 곳에서 다양한 데이터를 제공하고 있다.

3. 뛰어난 능력의 관리팀 및 투자팀

현재 웰스프런트의 관리팀 멤버는 대부분 세계 최고 수준의 인터넷기업 또는 금융기관 출신들이다. 예를 들면 라이브볼 분석 플랫폼(Livevol Analytics Platforms), 링키드인(LinkedIn), 벤치마크 캐피털(Benchmark Capital), 트위터, 애플, 마이크로소프트 등이다. 그 밖에 투자팀의 계량 분석가(quantitative analyst, 퀀트 애널리스트)와 투자고문은 대부분 고학력 출신에 실전경험이 풍부한 전문가들이다. 특히 우수고객을 많이 확보하고 있다는 점이 매우 큰 경쟁력이다.

AI가 발전하면서 스마트 투자고문 역시 크게 주목받고 있다. 스코틀랜드 왕립은행(RBS), 로이드뱅크(Lloyd's Bank), 바클레이 은행(Barclays Bank), 방코 산탄데르(Banco Santander), 몬트리올 은행(Bank of Montreal) 등 세계 주요 은행들 역시 스마트 투자고문 서비스를 곧 도입하겠다고 선언했으며, 이는 금융 분야의 혁신에 지대한 영향을 끼칠 전망이다.

🔲 영국 넛메그 : 투명한 스마트 투자고문(RA) 플랫폼 ○ ●

앞에서 말한 웰스프런트와 마찬가지로 넛메그 역시 스마트 투자고문 플랫폼이다. 차이점은 전자는 미국, 후자는 영국의 플랫폼이라는 점이다. 넛메그는 금융투자 상황의 개선에 주력해왔으며, 금융투자의 문턱을 일반 대중이 쉽게 참여할 수 있는 정도로 낮추기 위해 노력해왔다.

넛메그의 창업자 닉 헝거포드(Nick Hungerford)는 바클레이 은행에서 오래 근무한 경험 덕분에 실전경험이 풍부하고 우량고객도 많이 확보하고 있었다. 2015년 넛메그는 KPMG와 H2 벤처스(H2 Ventures)

에서 뽑는 '100대 스타트업 핀테크(Fin Tech) 기업'에 선정되었다.

넛메그의 비즈니스 모델은 고객에게 자산관리 서비스를 제공하는 것이다. 구체적으로 보면, 고객의 투자 경향(투자 금액, 리스크 선호, 투자 기한 등 포함)에 근거해 고객의 자산을 주식, 국채, 회사채 등에 분산 투자한다. 넛메그는 알고리즘을 이용해 고객에게 개인화 투자고문 서비스를 제공할 뿐만 아니라 스마트 투자고문의 투명화를 실현했다는 점에서 주목할 필요가 있다.

자본시장에서 넛메그의 비즈니스 모델은 매우 혁신적이기 때문에 많은 투자자와 투자기관의 주목을 받았다. 업계 관계자에 따르면 2012년 6월 넛메그는 시리즈A 투자금 340만 파운드(한화 약 54억 원)를 유치했고, 2년이 지난 2014년 6월에는 또다시 시리즈B 투자금 2,467만 파운드(한화 약 392억 원)를 유치했다.

넛메그가 이렇게 거액의 투자금을 유치할 수 있었던 원동력은 비즈니스 모델이 독창적이었던 점도 물론 있지만 그 밖에 다른 요인도 있

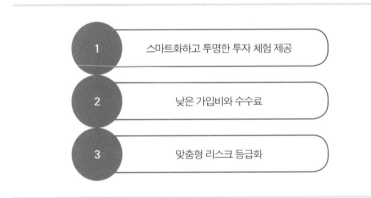

그림 7-6 넛메그가 거액의 투자금을 유치할 수 있었던 세 가지 요인

다(그림 7-6 참고).

1. 스마트화하고 투명한 투자 체험 제공

넛메그는 고객 자산을 조합하고 배분하는 데 10분도 채 걸리지 않고
완성할 수 있다. 구체적인 내용은 그림 7-7과 같다.

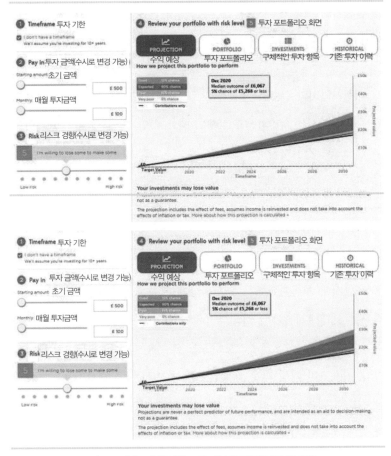

그림 7-7 넛메그가 완성한 고객 자산의 포트폴리오 및 배분

그림 7-7을 보면 넛메그에서 투자할 경우 고객은 투자 기한, 초기 투자금, 월 투자액, 리스크 수준만 설정하면, 넛메그로부터 수익률 예측, 투자 포트폴리오, 과거의 유사한 투자 포트폴리오 기록, 구체적인 투자방향 등 관련 정보를 받아볼 수 있다.

투자 포트폴리오의 경우, 낮은 리스크를 부담하며 높은 수익을 얻기를 원하는 고객들의 니즈를 만족시키기 위해 넛메그는 39%의 자금을 선진국에 지분 투자한다. 또 리스크 분산을 위해 43%의 자금은 국채와 선진국 시장에 투자하고, 나머지 18%는 다른 채널에 투자한다.

2. 낮은 가입비와 수수료

고객 입장에서는 500파운드(한화 약 80만 원)만 내면 넛메그에 가입할 수 있으므로 가입비가 낮다고 할 수 있다. 또 넛메그의 수수료도 낮은 편이다. 구체적으로 보면, 넛메그는 투자금액에 따라 고객에게 1% 미만(0.3~0.95%로 유동적임)의 관리비와 0.19%의 기초비용을 수수한다.

3. 맞춤형 리스크 등급화

보통 고객의 리스크 부담 능력은 고객마다 천차만별이다. 따라서 넛메그는 고객에게 5가지 카테고리에서 총 10가지 투자 포트폴리오를 추천한다. 이 투자 포트폴리오의 리스크 수준은 레벨1에서 레벨10까지다. 리스크가 가장 낮은 레벨1의 투자 포트폴리오는 현금과 통화시장 펀드의 비율이 약 40%, 회사채와 국채 비율이 나머지 60%라고 한다. 반면 리스크가 높은 투자 포트폴리오의 경우 기본적으로 모든 자금을 선진국과 신흥시장(emerging market)에 지분 투자한다.

영국에서 넛메그는 스마트 투자고문 분야의 대표 주자다. 그들의 독보적인 경쟁력은 연구하고 분석할 만한 가치가 충분하며, 독창적인 혁신 모델은 타사의 본보기가 되고 있다.

🖥 중국의 앤트 파이낸셜 : AI 리스크 관리 시스템을 이용한 대출 효율성 제고 ○●

보안과 리스크 관리 과정에서 고객, 기관, 설비, 기업 등은 자금의 흐름을 통해 다자간 상호교류를 하게 된다. 앤트 파이낸셜은 방대한 머신러닝을 통해 매우 강력한 리스크 관리 시스템을 구축했다. 하지만 시간이 흐름에 따라 이 시스템 역시 지속적인 업그레이드가 불가피해졌다.

앤트 파이낸셜은 어떤 거래에서 계정 도용의 위험이 존재하는지 여부를 정확히 판단하는 시스템을 구축하는 데 주력했다. 리스크 관리 시스템을 업그레이드한 이후, 이런 노력은 현실화될 수 있을 것으로 보인다. 이 과정에서 앤트 파이낸셜은 '광고 클릭률(CTR) 예측 기술'을 사용했다.

구체적으로 살펴보면 다음과 같다. 페이스북은 2014년에 'GBDT(그래디언트 부스팅 결정 나무, gradient boosting decision tree) + LR(로지스틱 회귀, logistic regression)'에 관한 칼럼을 발표했다. 그런데 앤트 파이낸셜은 이 칼럼의 LR을 대규모 딥러닝으로 바꾼 뒤, 이를 리스크 관리에 적용했다. GBDT를 통해 특징을 생성하고, 이어서 심층신경망(DNN) 알고리즘에게 이를 지속적으로 학습시킨 것이다.

앤트 파이낸셜은 리스크 관리에서의 특징이 과연 활용 가치가 있는지, 어떤 것이 용도가 있고 어떤 것이 용도가 없는지 판단을 내릴 수 없었다. 그래서 그들은 GBDT를 이용해 방대한 특징을 생성한 뒤, 이 특징들을 딥러닝 모델에 제공했다.

그들은 GBDT와 DNN 알고리즘을 결합해 리스크 관리 방안을 모색했고, 나아가 고객, 기관, 기업 등의 관계도 고려 대상에 포함시켰다. 간단한 예를 하나 들어 보자. 앤트 파이낸셜은 임베딩(embedding) 기술을 이용해 이들 다자간 상호 간의 관계를 통합한 뒤 하나의 네트워크 그래프로 만들고, 이어서 이것을 집중적으로 학습시켰다.

2017년 중국 인공지능 대회에서 앤트 파이낸셜 부회장 겸 수석 데이터 과학자인 치위안(漆遠)은 알리페이(Ali Pay, 支付寶)의 사례를 들어 다음과 같이 말했다.

"알리페이 계정의 계정주를 통해 어떤 사람이 스팸 계정에 가입했는지 여부를 판단할 수 있습니다. 임베딩 기술을 통해 딥러닝의 네트워크를 생성하고, 머신러닝을 통해 암시적(implicit) 표현형을 생성할 수 있습니다. 이 표현형은 모든 노드(node) 자체의 복잡한 특징을 포괄하고 있을 뿐만 아니라 네트워크 구조를 인코딩(encoding)합니다.

스팸 계정 식별의 경우, 가장 대표적인 '재현율(recall)-정밀도 (precision) 곡선'에서 정밀도는 높을수록 좋으며 1에 근접할수록 완벽해지죠. 우리가 임베딩 기술을 적용하자 성능이 크게 향상되었습니다. 재현율이 70~80%일 때 정밀도는 90%에 달했습니다. 기존 알고리즘의 정밀도는 40여%에 불과했는데 이는 사실상 아주 형편없는 수준과 같습니다. 기존 시스템과 비교할 때 Node2Vec 알고리즘은 매우 업그레이드된 버전이며, 우리는 이를 토대로 현저히 향상된 성과를 낼 수 있었습니다."

앤트 파이낸셜의 리스크 관리 시스템은 알고리즘을 이용해 성능을 업그레이드할 수 있었고 나아가 거래의 안전성도 높일 수 있었다.

앞에서 언급한 미국의 웰스프런트, 영국의 넛메그, 중국의 앤트 파이낸셜은 모두 AI를 이용한 핀테크(FinTech)의 전형적인 사례다. 앞으로 이러한 사례는 더욱더 많아질 전망이고, 또한 금융 분야에서의 스마트화 역시 더욱 고도화될 것이다.

AI 시대에 금융종사자의 선택은?

컨설팅기업인 오피머스(Opimas)는 2017년 8월에 발표한 보고서에서 앞으로는 금융 관련 전공 학생 수가 점차 감소할 것으로 전망했다. 이 보고서에 따르면 2025년까지 금융 분야에서 약 25만 개의 일자리가 사라지고, 이는 AI로 대체될 것이라고 한다. 이 소식이 전해지자 비상한 관심이 쏟아졌다. 특히 금융종사자들은 이는 미래의 자신의 생계와 직결된 만큼 우려와 걱정이 컸다. 그렇다면 AI는 정말로 금융업 종사자들을 대체하게 될까? 만약 그렇다면 금융업 종사자들은 어떤 선택을 해야 할까?

🖥 자세 : AI는 일부 일자리를 없애겠지만 여전히 일자리 기회는 많다 ○●

현재 AI는 물류배송, 금융, 고객서비스 등 다양한 분야의 일자리를 대체하고 있다. 하지만 이는 인간의 모든 일자리가 AI로 바뀐다는 뜻은 결코 아니다. IBM의 전 CEO 버지니아 로메티(Virginia Rometty)는 이에 관해 이렇게 말했다.

"단기적으로 모든 기업은 AI에 의지해야만 진정한 성공을 거둘 수 있습니다. 하지만 소프트웨어와 기계는 아주 일부분의 일자리만을 빼앗아갈 것입니다."

물론 이 말이 이해되지 않는 사람도 있을 수 있다. 금융종사자들의 일자리도 곧 사라질 지경인데, IBM의 CEO는 왜 그렇게 미래를 낙관적으로만 바라보았을까? 하지만 자세히 살펴보면 AI가 출현한 그날부터 'AI 위협론'은 단 하루도 그친 적이 없다는 사실을 알 수 있다. 범위를 좀 더 확대해 보면 과거부터 '기계 위협론'은 단 하루도 멈춘 적이 없었다. 그렇다면 실제로 그러한가? 그러나 AI든 다른 기술이든 인간을 완전히 대신하지는 못하고 있다.

아주 간단한 예를 들어 보자. 18세기 말, 미국 방직 업계는 조면기(cotton gin)를 대대적으로 사용하기 시작했다. 그러자 방직 노동자들은 이 조면기가 대량실업과 빈곤을 초래할 것이라고 생각했고, 이 신문물에 대해 반감을 드러내며 배척했다. 하지만 그 결과는 실업과 빈곤 문제는 발생하지 않았고, 오히려 많은 새 일자리가 창출되었다는 것이다.

이번에는 자동인출기(ATM)를 예로 들어 보자. ATM이 등장했을 때 은행 종사자들은 곧 길거리에 나앉게 생겼다며 걱정을 했다. 하지만 ATM으로 인해 은행원들은 일자리를 잃지 않았고, 오히려 은행 업무의 효율성이 높아졌다.

왜 이런 현상이 발생하는 것일까? ATM의 등장으로 은행 종사자가 크게 줄어들었지만, 그와 동시에 은행의 운영비가 전보다 크게 절감되었기 때문에 은행의 수익이 늘어나고 지점 수도 그만큼 늘어났던 것이다. 그 결과 ATM으로 인한 일자리 감소를 보충했을 뿐 아니라 ATM 유지보수 등의 새로운 일자리가 창출되었다.

이처럼 AI의 급속한 발전에 대해 금융종사자들은 과도한 우려와 걱정을 할 필요는 없다. 오히려 자신의 마인드를 좀 더 긍정적으로 바꿔야 한다. AI는 일부분의 일자리만 사라지게 할 뿐이며 미래에는 더 많은 새로운 일자리 기회가 있다는 사실을 명심해야 한다.

🔲 목표 : AI 활용 능력을 키우자　　　　　　○ ●

오늘날 금융 분야의 스마트화는 이제 거스를 수 없는 대세가 되었다. 인간과 비교할 때 AI는 다음의 여러 면에서 경쟁우위를 가진다.

(1) AI는 감정이 없고 고정관념 역시 없다. 따라서 인간의 많은 약점과 맹점(盲點)을 극복할 수 있다.

(2) AI는 데이터를 빠르게 수집하고 분석하는 능력을 갖추고 있다. 이런 능력 덕분에 AI는 전 세계의 모든 공개 데이터를 최단 시간 내에 수집 및 분석할 수 있고, 이를 토대로 투자, 대출, 리스크 관리에 관한 과학적이고 합리적인 결정을 내릴 수 있다. 이 방면에서는 인간이 AI를 따라갈 수 없으며, 심지어 AI보다 현저하게 뒤처진다.

(3) 초고속 연산 및 방대한 데이터를 바탕으로 AI는 다양한 고객에게 맞춤형 솔루션을 제공할 수 있다. 투자고문, 자산의 포트폴리오 등에서 AI는 기존의 모듈화된 서비스에서 개인화 서비스로의 전환을 실현했다.

⑷ 스마트 금융에 있어서 딥러닝은 강력한 무기가 되었다. 기계는 딥러닝을 통해 금융 관련 모든 지식을 빠르게 학습할 수 있으며, 나아가 자신의 의사결정 능력을 크게 향상할 수 있기 때문이다. 이는 인간이 결코 따라갈 수 없다.

AI는 '도박의 고수'이기도 하다. 아무런 감정의 개입도 없이 자유자재로 도박을 할 수 있기 때문이다. 따라서 도박이 가장 많이 이루어지는 분야 중 하나인 금융 분야에서 AI의 이런 도박 실력은 엄청난 위력을 발휘한다. 이런 상황을 감안할 때, 금융종사자가 자신의 일자리를 지키고 싶다면 스스로 자신의 능력을 키워야 하며, 무엇보다 AI 활용 능력을 키워야 한다.

세계적인 베스트셀러 《기계와의 경쟁(Race against the machine)》에는 기계와 경쟁해서 승리하는 3가지 유형이 등장하는데, 그중 하나가 바로 고급 기술자다. 따라서 금융종사자들이 시급히 해야 할 일은 스스로를 고급 기술자로 변모시켜 AI가 할 수 없는 일을 완수하는 것이다.

그 밖에 금융종사자들은 일부 비공개 데이터를 입수해야 한다. 앞에서도 언급했듯이, AI는 모든 공개 데이터를 최단 시간 내에 수집 및 분석할 수 있다. 하지만 비공개 채널을 통해 나오는 데이터에 대해서는 AI는 속수무책일 수밖에 없다. 따라서 금융종사자들은 많은 비공개 데이터를 입수하면 AI를 이길 가능성이 높다.

금융종사자들에게 마치 파도처럼 밀려오는 AI는 분명 거대한 위협일 것이다. 그 위협에 대처하기 위해 금융종사자들은 자기만의 목표를 설정하고, 또 AI를 활용하는 능력을 꾸준히 키워야 한다. 이것이 AI 시대의 활로라 할 수 있다.

📟 무게중심 : 업무의 무게중심을 이성에서 감성(감정)으로 이동시키기 ○ ●

이른바 AI는 한 분야에서 방대한 데이터를 수집하고, 이 데이터를 이용해 특정 조건하에서 정확한 의사결정을 함으로써 특정 목표를 좀 더 잘 수행하는 존재다. 하지만 모든 일자리가 이처럼 이성을 바탕으로 진행되지는 않는다는 데 주목할 필요가 있다. 가령 디자인이나 그림(회화)처럼 높은 수준의 창의성이 요구되는 일자리는 이성적인 계산 능력이 필요하지 않다. 또한 모든 데이터가 AI를 통해서만 수집 및 분석할 수 있는 것도 아니다. 가령 사랑이 가득한 눈빛, 시의적절한 순간의 응원, 따뜻한 포옹, 감동적인 위로 등은 AI가 수집하고 분석할 수 있는 것이 아니다.

앞에서 언급했듯이 감정이 없는 것이 AI의 장점이다. 하지만 이는 또 다른 면에서는 AI의 단점이기도 하다. 그 이유는 아직도 상당수의 일자리는 감정을 통해서만 완성할 수 있기 때문이다. 예를 들면 심리 상담, 심리치유 등이다.

반복적이고, 기계적이며, 이성적인 업무에서 해방된 미래에는 감정 차원의 교류를 더욱 중요시하게 될 것이다. 왜냐하면 이는 AI가 할 수 없는 일이기 때문이다. 금융종사자의 입장에서 보면, 그들만이 갖고 있는 감성적 특징은 AI로 대체될 수 없다.

따라서 AI 시대를 살고 있는 금융종사자들은 '감성에 대한 감수성'을 높여야 한다. 그래서 업무의 무게중심을 고객의 감정을 만족시켜주는 방향으로 전환해야 한다. 그런데 이런 '높은 감성 감수성'은 시장에 대한 영향력을 확대하고 자원의 통합 능력도 파생한다.

　그러므로 금융종사자들은 자신의 시장에서의 영향력이 확대되도록 스스로 노력해야 한다. 물론 여기에서 말하는 영향력이란 업무에 대한 종합적 능력 위에서 구축되어야 한다. 예를 들면 어떤 기업에게 거액의 투자이익이 생기도록 하는 것이다. 또한 금융종사자들은 강력한 자원의 통합 능력을 갖춰야 한다. 예를 들어 상업은행에게 예금을 늘려주거나 투자은행에게 거래를 가져다주는 능력 등이다.

　은행, 펀드, 증권 등 금융업의 어느 분야에서든 전문지식과 풍부한 실전경험은 금융종사자가 갖춰야 할 필수요건이다. 아울러 스트레스를 이겨내는 능력도 매우 강해야 한다. 이처럼 AI 시대에 금융종사자들에게 부여된 요구사항은 매우 많다. AI 시대에 도태되지 않고 살아남으려면 자신의 몸값을 키우는 것이 유일한 해결책이다.

AI는 교사를 재정의한다 : 맞춤형 교육, 교육의 미래

회계사, 고객서비스 직원, 가사도우미 등에 이어 교사라는 직업도 AI에 의해 큰 변화를 겪게 될 것으로 보인다. 지난 수백 년 동안 교사는 교육의 핵심이었다. 다양한 업종에 변화를 몰고온 AI가 과연 이 전통적인 업계 역시 변화시킬 수 있을지는 오래 전부터 사회의 큰 관심사였다. 〈포브스〉는 타 기관들과의 공동 조사를 통해 교사가 AI로 대체될 가능성이 가장 낮다는 결과를 보여주었다. 그러면서 이것이 AI가 교육현장에서는 활용 기회가 없다는 의미는 결코 아니라고 덧붙였다. 베이징 우전대학(郵電大學) 컴퓨터과학 및 기술 대학의 장젠(張健) 박사는 AI가 교사를 새롭게 정의하고 있는 점에 주목해야 한다고 말했다.

AI는 교사들의 수업을 보조한다

2017년 7월 중국은 〈차세대 인공지능 발전 계획〉을 발표하며 교육 분
야에서의 목표를 다음과 같이 밝혔다. "첫째, 초중고교 단계에서 인공
지능 관련 과목을 개설하고, 코딩(coding) 교육을 점진적으로 확대해
야 한다. 둘째, 스마트기술을 이용해 인재 양성을 가속화하고 교육방
식을 개혁하며, 스마트 학습·양방향 학습 등 새로운 형태의 교육 체
계를 구축한다. 셋째, 스마트 스쿨의 건설을 추진한다."

그림 8-1 로봇이 일대일 교육을 하는 모습

이처럼 'AI+교사'는 더 이상 상상 속의 이야기가 아니라 이미 현실이 되고 있다.

▦ 빅데이터를 활용한 맞춤형 교육 추진　　　　○ ●

교육 과정에서는 교사와 학생 사이에 '피드백 무한 반복 시스템'을 형성하는 것이 매우 중요하다. 교사의 지식 전수, 학생들의 반응, 맞춤화된 숙제 등 일련의 과정은 이 무한 반복 시스템 속에서 실현할 수 있다. 하지만 교사와 학생의 비율이 맞지 않으면 이 피드백 무한 반복 시스템의 실현은 어렵다.

교육 현장에서 학생들은 다음과 같은 불만이 많다. "이 내용은 벌써 완전히 이해했어요. 그런데 선생님은 계속 반복해서 설명하시기만 해요." "이 내용은 전혀 모르겠어요. 그런데 선생님은 그냥 다음 단원으로 넘어가셨어요."

이것은 현재의 교육 시스템으로는 개개인 학생에게 맞춤형 교육을 진행하기 어렵기 때문에 일어날 수밖에 없는 교육 현장의 모습이다.

그렇다면 맞춤형 교육을 실현할 방안은 무엇일까? 과학기술의 지속적인 발전에 따라 빅데이터가 큰 역할을 수행할 것이다. 실제로 중국 교육학회 초중고교 교육품질 종합평가 및 개혁 시범실시 행정실의 장용(張勇) 집행주임은 이렇게 말했다.

"현재 우리는 빅데이터를 활용해 ACTS(Ability and Competence Test System, 검사, 평가, 진단, 선별, 선발, 검증의 6대 기능을 결합한 과학적 평가 기술) 학업평가를 실시해 각 학생의 지식응용 수준, 기능응용 수준 및 능력

그림 8-2 맞춤형 교육을 실시하면 아이들은 놀이를 통해 배울 수 있다

경향 등을 분석할 수 있습니다. 이렇게 해서 적시에 교육행위를 조절할 수 있으며, 이것이 바로 진정한 맞춤형 교육입니다."

현재 빅데이터와 맞춤형 교육의 융합을 확대하기 위해 수많은 빅데이터 기반의 정밀교육 서비스 플랫폼이 등장하고 있다. 취쑤(曲速) 교육과학기술 주식회사 산하의 교육 관련 브랜드인 '지커(極課) 빅데이터'는 대표적인 사례 중의 하나다.

2017년 지커 빅데이터의 브랜드 발표회가 베이징에서 개최되었다. 발표회에서 지커 빅데이터의 CEO 리커쟈(李可佳)는 학급당 학생 수가 많은 기존 교육환경에서 일대일 맞춤형 교육을 실현함으로써 교사들을 업무에서 해방시키고, 나아가 교사들이 더 가치 있고 창조적인 업무를 할 수 있는 환경을 만드는 것이 지커 빅데이터의 핵심 목표라고 말했다.

그는 또 지커 빅데이터는 학교 관련 데이터를 수집해 효율성을 높이는 데 큰 관심을 갖고 있다고 덧붙였다. 그 구체적인 방법은 교내 수업 시스템에 침투하되, 교사들의 수업 과정을 변화시키거나 학생들의 수업 시간이 연장되게 하지 않으면서 단지 수업 과정에서 생성되는 모든 데이터를 수집하고, 이 데이터를 기반으로 데이터 보고서를 만들어서 최대한 빨리 교사에게 피드백하는 방식이다. 이 시스템이 구현되면, 교사들은 자신의 수업 진도나 방향 등을 신속히 조정할 수 있으며, 이를 통해 수업의 효율성과 효과를 크게 높일 수 있다.

또한 진정한 의미의 맞춤형 교육을 실현하기 위해 지커 빅데이터는 '스마트화 교육'을 핵심으로 하는 '슈퍼 교사 계획'을 발표했으며, 알고리즘 및 방대한 데이터 훈련 기반의 '적응형 학습(adaptive learning) 엔진'을 만드는 데 주력하고 있다. 이 학습 엔진을 구성하는 핵심 요소는 관계 데이터와 행위 데이터를 기반으로 하는 지식 그래프 및 표준화된 기출문제은행이라고 한다.

빅데이터의 뒷받침에 힘입어 교사들은 저효율 수업 방식에서 벗어나 좀 더 맞춤화된 수업을 할 수 있다. 이는 수업의 능률을 향상하고, 또한 학생들의 학업능력 향상에도 도움을 준다. 무엇보다 교육사업의 지속적인 발전을 이끌 수 있다.

🖾 자연어 처리를 이용한 수업의 질 향상　　○ ●

자연어 처리(NLP, natural language processing)는 AI의 주요 분야 중 하나다.

AI의 발전과 함께 자연언어 처리 기술도 함께 향상되었다. 관련 통계에 따르면, 2012년 자연언어 처리의 오류율은 약 33%였으며, 2016년에 이르러서는 약 5%로 크게 낮아졌다. 앞으로 이 비율은 분명 더욱 낮아질 것이고, 아울러 자연언어 처리의 효율성은 더욱 높아질 것이다.

자연언어 처리 기술을 도입하면 교사의 말을 문자로 변환할 수 있다. 교사가 수업 시간에 설명하는 말을 자동 식별해 칠판 위에 문자로 변환시켜 보여주는 방식이다. 그러면 수업은 훨씬 더 효율적이고 간편해지고, 교사는 학생들에게 재미있는 지식을 더 많이 가르칠 수 있다.

1999년에 설립된 아이플라이텍(IFlyTek, 科大訊飛)은 중국의 하이테크 기업으로, 자연언어 처리 기술의 향상에 지대한 공헌을 했다. AI가 탄생하고 발전하는 가운데 아이플라이텍은 자연언어 처리 기술의 연구개발 및 혁신에 주력해왔다.

가장 두드러진 혁신은 바로 언어식별 능력과 구문분석(parsing) 능력을 향상시켰다는 점이다. 이는 음성을 통한 수업, 음성을 통한 시험 등을 지원하는 기술적 기반이 되었다.

그 밖에 아이플라이텍의 언어처리 기술에서의 성과는 그림 8-3과 같다.

1. 읽기 능률의 극대화

자연언어 처리 기술을 수업에 적용하고, 강력한 음성식별 능력과 스마트 구문분석 능력을 이용하면, 학생들의 읽기 능력과 읽기의 능률을 크게 높일 수 있다. 또한 '레벨화된 읽기'를 도입하면 AI 제품과 알고리즘에 엄격한 기준을 마련할 수 있고, 학생의 수준과 읽기 교재의 수준을 엄격하게 레벨화할 수 있다. 이렇게 하면 좀 더 과학적이고 합리적인 읽기가 가능해진다.

2. 학생들의 자기주도형 학습 능력 향상

읽기 이외에도 다양한 수업에 자연언어 처리 기술을 적용할 수 있다. 물리 수업 시간의 실험을 예로 들어 보자. 자연언어 처리 기술을 핵심으로 하는 시스템을 이용해 학생들에게 실험 과정을 자동적으로 설명해줄 수 있고, 학생들은 이에 따라 정해진 세부 절차를 수행하면 된다. 이렇게 하면 물리 실험에 관한 이해를 돕고, 자기주도형 학습 능력이 배가되므로 일석이조라고 할 수 있다.

교육 분야에서 자연언어 처리 기술은 매우 특별한 효과를 발휘한다. 첫째, 이 기술은 음성을 문자로 변환할 수 있기 때문에 교사의 수

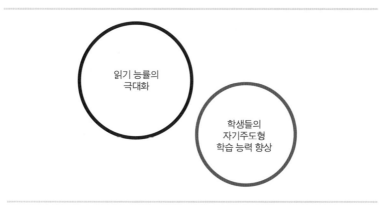

그림 8-3 자연언어 처리 기술은 교육에 두 가지 효과를 가져다주었다

업 능률을 한 단계 높일 수 있다. 둘째, 이 기술은 학생들의 읽기 능력과 자기주도형 학습 능력을 키워준다. 그래서 교사와 학생 모두에게 큰 도움을 줄 수 있다.

표정 인식 기술을 이용해 학생들의 집중력을 관찰한다 ○ ●

현재 AI, 빅데이터 등 첨단기술은 교육 분야에 다양하게 활용되고 있으며, 교육산업의 변혁에 지대한 영향을 끼치고 있다. 따라서 많은 전문가는 지금 실시해야 할 교육 모델은 바로 '첨단기술+교육' 시스템이라고 주장한다.

'AI가 만물을 만든다'를 주제로 한 GMIC(국제 모바일 인터넷 대회, Global Mobile Internet Conference) 대회가 2018년 4월 베이징에서 열렸다. 특히 이 대회의 미래교육 분야 회의에서 가장 주목받고 인기를 끌었던 교육 과학기술 어플리케이션은 중국 온라인 교육기업 TAL(Tomorrow Advancing Life, 好未來)그룹 산하의 트레이닝 기관인 쉐얼쓰페이유(學而思培優)에서 개발한 '모징(魔鏡, 마법의 거울) 시스템'이었다.

기존의 교육현장에서는 수업 전 과정을 속속들이 들여다보는 것이 불가능했다. 바로 이런 이유 때문에 교사들은 수업 과정을 과학적으로 분석하고 나아가 학생들에게 맞춤형 수업을 제공할 수 없었다.

하지만 AI가 도입되면서 이미지, 음성, 문자 등 다양한 형태의 데이터를 식별한 후 데이터 통합 플랫폼을 구축할 수 있게 되었다. '모징 시스템'은 바로 이를 기반으로 한 교육 하이테크 어플리케이션이다. 모징 시스템은 교사와 학생 간의 스타일 매칭, 교사의 수업에 대한 평가 등 다양한 기능을 지원한다. 물론 이 중에서 가장 중요한 기능은 학생들의 수업 능률 향상과 원활한 피드백 지원이다.

표정 인식 기술 기반의 모징 시스템은 CCTV를 통해 학생들이 수업 시간에 보이는 다양한 감정(즐거움, 화남, 슬픔, 평온함 등) 및 행위(수업 듣기, 손 들기, 고개 가로젓기, 고개 끄덕이기, 연습하기 등)를 포착할 수 있다. 아울러 이를 기반으로 개별 학생을 대상으로 한 맞춤형 학습보고서를 생성할 수 있다. 무엇보다 중요한 점은 이 학습보고서는 교사들이 학생들의 반응을 좀 더 효과적으로 파악하고, 수업의 빠르기와 방식을 즉시 조정하며, 개별 학생에게 충분한 관심을 가지는 데 적극 활용할 수 있다는 점이다.

TAL 그룹은 2017년 8월 AI 랩(연구소)을 설립했다. 또 중국 및 해외 유명 대학(스탠퍼드 대학, 칭화 대학 등)과 협력해 공동 연구소를 설립했고, 이곳에서는 '첨단기술+교육' 시스템 구축을 추진하고 있다. 이에 관해 AI 랩의 양쑹판(楊松帆) 소장은 다음과 같이 말했다.

"우리는 과학기술 그 자체를 업무로 인식하여, 진정한 스마트 교실을 만들 것입니다. 또 과학기술의 힘을 이용해 교육에 커다란 날개를 달아주고 싶습니다. 개방적인 마인드로 교육업계와 협력하고, 평등한 교육 기회 실현에 함께 기여할 수 있기를 희망합니다."

이처럼 첨단기술이 널리 확산되고 교육 관련 하이테크 어플리케이션이 더욱 늘어난다면, 앞으로 교사의 수업과 학생들의 공부가 좀 더 맞춤형으로 발전해나갈 전망이다. 그때의 교육 현장은 지금과는 완전히 달라진 모습일 것이다.

학생들의 작문이나 숙제 첨삭 지도는 교사의 빼놓을 수 없는 업무다. 그런데 숙제 양이 매우 많다면 교사들은 밤늦게까지 첨삭에 매달리고, 자신의 건강은 물론 다음 날의 수업에도 큰 지장을 초래한다. 하지만 정보화 구축 및 AI의 지속적인 발전과 더불어 빅데이터, 음성인식, 문자인식, 구문분석 기술이 발전했고 이는 '스마트 첨삭'을 현실화하고 있다.

AI를 이용해 교사의 부담을 줄이고 대규모 맞춤형 숙제 첨삭 시스템을 구축하는 일은 미래형 교육에서 반드시 해결해야 할 과제다. 또한 많은 기업이 여기에 큰 관심을 보이고 있는데, 가장 대표적인 기업이 아이플라이텍이다.

2017년 중국 양회(兩會, 중국 전국인민대표대회와 전국인민정치협상회의를 함께 가리키는 말로 매년 3월 초에 개최된다) 기간에 아이플라이텍의 류칭펑(劉慶峰) 회장은 정부에 제안서를 제출했다. 그 내용에 따르면, 아이플

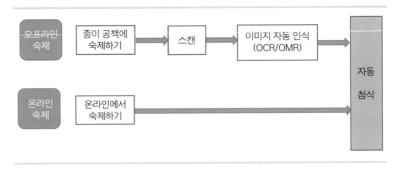

그림 8-4 AI를 이용한 숙제 첨삭

라이텍이 개발한 영어회화 자동테스트, 수기(手記) 문자 인식, 기계번역, 작문 자동인식 및 평가기술 등이 중국 교육부의 검정을 통과했으며, 중국의 많은 성(省)과 시(市)의 대입시험, 고입시험, 학업능력평가시험의 회화 및 작문 답안지 자동인식에 활용되고 있다. 또 아이플라이텍이 개발한 '에듀 슈퍼브레인(教育超腦)'은 중국 전체의 70% 지역, 1만여 개 학교에서 활발하게 활용되고 있다.

물론 중국 이외의 다른 나라에도 아이플라이텍의 '에듀 슈퍼브레인'과 유사한 제품이 많다. 대표적인 예가 그레이드스코프(GradeScope)와 메서디엑스(MathodiX)다. 변연성(邊緣性, limbic) 기반의 제품인 그레이드스코프는 숙제 첨삭 과정을 간편하게 만들어 교사의 업무를 수업 피드백 중심으로 전환하는 것이 주목적이다. 관련 데이터에 따르면 그레이드스코프를 도입한 학교 수는 150곳이 넘고, 그중에는 명문학교도 다수 포함되어 있다고 한다.

메서디엑스는 미국에서 만든 수학 학습효과 평가 사이트다. 이 사이트는 각각의 문제 풀이 과정을 매우 꼼꼼하게 검사하고 일일이 피드백을 주도록 설계되어 있다.

숙제 첨삭이라는 교사의 필수업무를 기계의 손에 넘긴다면, 또 기계의 숙제 첨삭 정확도가 교사와 별 차이가 없을 때 비로소 진정한 의미의 '스마트 숙제 첨삭'이 실현되는 것이며, 아울러 'AI+교육'은 유례없는 새로운 도약을 맞이하게 될 것이다.

하나의 콘텐츠 모델을 만들고 이를 한 단계 더 최적화하면 지식 그래프를 만들 수 있는데, 이는 학생들이 더 쉽고 정확하게 자신에게 적합한 콘텐츠를 발견할 수 있도록 도와준다. 전 세계적으로 이 분야에 많은 어플리케이션이 개발되어 있으며, 그중 대표적인 예가 '레벨화 독서 플랫폼'이다.

이 레벨화 독서 플랫폼은 학생들에게 최적의 읽기 교재를 추천해주고, 읽기와 수업을 연계하는 기능을 한다. 특히 읽기 교재 끝에 미니 테스트가 딸려 있고, 읽기 관련 데이터 보고서를 생성할 수 있는 기능도 있다. 이를 통해 교사들은 학생들의 읽기 수준과 현황을 더 효과적으로 파악할 수 있다.

뉴셀라(Newsela)라는 사이트는 〈워싱턴포스트〉, 〈뉴욕타임스〉 등 주요 언론사의 기사와 칼럼을 수집한 뒤 전문가의 손을 거쳐 이 텍스트들을 다양한 난이도의 버전으로 변환하고, 마지막으로 서로 다른 학습 수준의 학생들에게 맞춤형으로 제공한다.

뉴셀라의 화면에는 텍스트가 시간 순서대로 배열되며 시시각각 업그레이드된다. 특히 학생들이 검색 주제, 장르, 검색어 등을 이용해 가장 관심 있는 텍스트를 찾을 수 있다는 점이 큰 매력이다.

뉴셀라의 모든 텍스트는 난이도에 따라 5가지 버전으로 나뉘는데, 난이도는 어휘량에 따라 자동 조절된다. 그래서 뉴셀라를 이용하는 학생은 본인의 어휘량이 부족할까 봐 걱정할 필요가 없다. 단지 손가락을 위아래로 움직여 텍스트의 난이도를 선택하기만 하면 편리하게

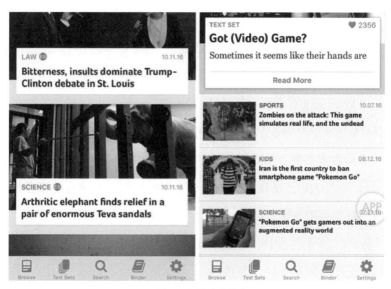

그림 8-5 뉴셀라의 화면

이용할 수 있다.

또 텍스트를 다 읽고 나면 테스트를 할 수도 있다. 같은 텍스트라도 난이도가 다르면 그에 해당하는 문제도 달라진다. 모든 텍스트 끝에는 4개의 문제가 딸려 있고, 학생들은 아무 때나 텍스트를 다시 읽어볼 수 있어 꼼꼼하게만 읽으면 높은 점수를 받을 수 있다.

뉴셀라와 유사한 어플리케이션으로는 라이트세일(LightSail)이 있다. 다만 라이트세일에 올라온 텍스트는 모두 이미 출판된 서적에서 인용한 것이다. 관련 데이터에 따르면 라이트세일은 400여 개 출판사의 8만여 권의 서적에서 발췌한 텍스트를 학생 독서교재용으로 제공하는데, 독서교재로 매우 적합하다고 한다.

비블리오(Bibblio)는 뉴셀라, 라이트세일과는 큰 차이를 보인다. 첫째, 비블리오는 B2B 업무를 주로 한다. 둘째, 주요 고객은 출판사, 교육 하이테크 기업 등이다. 비블리오가 출시한 주력상품이 바로 지식 검색 SaaS(서비스형 소프트웨어, software as a service)다. 이 제품은 검색 과정의 여러 문제점(갑자기 먹통이 됨, 정보 필터링이 안 됨, 무질서한 배열, 파편화된 내용, 비전문적인 내용 등)을 상당 부분 보완해준다.

현재 뉴셀라를 이용하는 학생 수는 약 500만 명에 달하며, 라이트세일 역시 덴버 공립학교, 시카고 공립학교 등 많은 학교와 긴밀한 파트너십을 체결하고 있다.

AI 교육의 전형적인 사례

베이징 루보(Roobo, 儒博) 과학기술 주식회사 산하의 푸딩(Pudding) 로봇팀은 영유아 조기교육용 스마트 로봇인 '푸딩빈큐(Pudding BeanQ, 布丁豆豆)'를 개발해 출시했다. 또 신둥팡(新東方) 그룹은 양방향 학습 체험을 제공하는 '쑹스커탕(雙師課堂, 한 교실에 두 명의 교사라는 뜻)' 제품을 출시했다. 이 제품들은 모두 AI를 교육에 도입한 대표 사례. 이런 사례가 더욱 많아져 일반화될 때, 교육 분야의 스마트화는 새롭게 도약할 것이다.

🔲 영유아 교육용 스마트 로봇 ○ ●

오늘날 대다수 부모들은 일과 생활이 매우 바빠서 자녀를 교육하고 함께 놀아줄 시간이 부족하다. 이런 가운데 전자제품들이 부모의 '대체상품'으로 떠오르고 있다. 아이에게 아주 어렸을 때부터 전자제품을 접하게 하는 것은 당연히 바람직하지 않다. 자녀의 성장을 방해하고 나아가 심리적인 건강에 좋지 않은 영향을 줄 수도 있기 때문이다.

그림 8-6 영유아 교육용 스마트 로봇 '푸딩빈큐'

따라서 많은 부모에게 최상의 '대체상품'을 찾는 것이 시급한 과제가
되었다.

최근 들어 AI의 발전으로 영유아 조기교육을 중요시하는 부모들을
위한 다양한 스마트 로봇이 잇달아 등장하고 있다. 하지만 대다수 영
유아용 교육 로봇은 스마트 장난감을 닮았고, 단지 '스마트 대화' 등
일반적인 기능만 제공할 뿐 인간과 로봇의 양방향 교류, 상상력 키우
기 등 한 차원 더 높은 니즈에는 아무 역할도 못 하고 있는 실정이다.
이들과 달리 중국의 푸딩빈큐라는 로봇은 이러한 니즈를 만족시켜주
고 있다.

'푸딩빈큐'는 루보 산하의 푸딩 로봇팀이 연구개발한 로봇이다. 루
보는 AI 분야의 선두주자로서 푸딩빈큐 제작을 위해 많은 투자를 했
다. 다른 영유아 교육용 스마트 로봇과 달리 푸딩빈큐는 'AI+OS(운영
체제)' 로봇 시스템에 기반한 기술적 우위를 바탕으로, 아이들에게 유
형(有形)의 사랑을 체험할 수 있게 해준다.

푸딩빈큐는 아이들이 무엇을 물어보든 친절하게 대답해준다. 또한 푸딩빈큐는 부모가 일과 가사로 바쁠 때 이들을 대신해 아이들을 교육하고 함께 놀아주는 미션을 훌륭히 수행한다. 게다가 외관이 아이들의 사랑을 받을 수 있도록 매력적이다.

위의 사진에서 보듯이 푸딩빈큐는 첨단 유체곡선 디자인을 도입했다. 또한 미래 세계를 연상시키는 달걀 모양의 외관과 생명력이 넘치는 녹색 컬러를 선택했다. 특히 천진난만함 등 아이들의 특성과 잘 융합될 수 있도록 양방향 교류 디자인(interactive design)을 채택했다.

푸딩빈큐는 감정이 없는 차가운 로봇이 아니라 아이들이 만지면 수줍게 웃고, 아이들이 안으면 좋아하며 온몸을 부르르 떠는 표현할 줄 아는 로봇이다.

푸딩빈큐는 아이들의 좋은 친구가 될 수 있을 뿐만 아니라 아이들에게 선생님이 되어줄 수 있다. 푸딩빈큐는 이중언어 기능을 지니고 있는데, 이는 보통의 다른 영유아 교육용 스마트 로봇의 설계 콘셉트를 완전히 뒤집은 것이다. 또한 강력한 스마트 음성 시스템인 R-키즈(R-KIDS)를 이용해 아이들의 음성을 식별할 수 있다. 아이들이 소리로 간단한 명령을 내리면 푸딩빈큐는 이를 국어와 영어로 자동 변환할 수 있다.

이처럼 푸딩빈큐는 이중언어 환경을 구현할 수 있기 때문에 아이들이 영어단어나 상용숙어 등을 익힐 수 있도록 도와주고, 또 널리 알려진 영어 동요도 가르쳐줄 수 있다. 이렇게 아이들에게 영어에 대한 감각을 키우도록 도와준다.

그 밖에 푸딩빈큐는 '다원 지능(多元智能)' 모델을 이용해 아이들을 다양한 상황에서 훈련시킬 수 있다. 가령 아이들에게 색깔 구별하기, 미세한 손동작 등을 훈련시킬 수 있다. 아이들의 학습 잠재력을 발굴하거나 예술적 소양도 키워줄 수 있다. 이처럼 부모들이 중시하면서도 골치 않는 문제를 푸딩빈큐는 해결해준다. 미래에는 푸딩빈큐와 같은 스마트 로봇을 통한 교육을 통해 점점 더 많은 아이가 기존과는 다른 새로운 출발선에 설 수 있게 될 것이다.

푸딩빈큐는 2017년 1월 해외에도 진출해 '글로벌 올해의 어린이용 스마트 로봇 금상'을 수상했다.

앞으로 AI가 더욱 발달하면 푸딩빈큐와 같은 영유아 교육용 스마트 로봇은 점점 더 다양해질 것이다. 그러면 아이들은 자기를 알아주는 똑똑한 친구를 얻게 되며, 부모들 역시 더 많은 시간과 에너지를 다른 일에 활용할 수 있게 된다.

AI에 맞선 교사의 선택

AI의 출현과 발전으로 AI가 일자리를 대체할 거라는 주장은 교사라는 직업군에서도 예외는 아니다. 그렇다면 교사들은 정말로 AI로 대체될 수 있을까? 지금으로서는 누구도 정확한 답을 알 수 없다. 하지만 분명한 한 가지는 AI 시대를 맞이해 교사들 역시 스스로 몸값을 키우고, 위기의식, 개혁의식, '3Q'를 가져야 한다는 사실이다. 그렇다면 AI가 아무리 강력하더라도 AI에 의해 대체될까 봐 두려워할 필요가 없다.

🖳 위기의식 : 수업의 독창성을 높인다　　　○●

앞에서 말했듯이 교사가 AI로 대체될 가능성은 매우 낮다. 하지만 그것이 완전히 마음을 놓아도 된다는 뜻은 결코 아니다. AI 시대인 오늘날, 교사들은 어느 정도의 위기의식을 가져야 한다. 이러한 의식을 갖고 있어야 수업의 창의성을 높이기 위해 다양한 아이디어를 짜낼 것이기 때문이다. 그럼 어떻게 해야 수업의 창의성을 높일 수 있을까? 그림 8-7과 같은 세 가지 방향에서 노력할 필요가 있다.

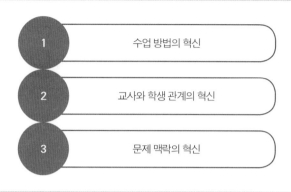

1	수업 방법의 혁신
2	교사와 학생 관계의 혁신
3	문제 맥락의 혁신

그림 8-7 수업의 창의성을 높이기 위한 세 가지 방향

1. 수업 방법의 혁신

기존의 전통적인 수업은 보통 주입식 교육이다. 그 목적은 학생들에게 꼭 알아야 할 지식을 가르치는 것이었다. 하지만 이런 방식으로는 학생들에게 능동적인 지식 습득 능력을 키워줄 수 없으며, 다양한 분야의 재능을 기르는 데도 부적합하다. 그래서 수업방식의 혁신이 모든 교사에게 시급한 과제가 되었다.

이를 위해서 교사들은 지식을 가르치는 데 그치지 않고 지식을 배우는 법을 가르쳐야 한다. 그중 핵심 요소는 공부하는 방식을 지도하는 일이다. 구체적으로 말해서 교사는 학생들에게 지식을 얻고 이를 자기 것으로 소화하는 법, 또 이 지식을 구체적인 문제에 적용하는 방법을 가르쳐야 한다.

2. 교사와 학생 관계의 혁신

기존에는 교사는 능동적이고 학생은 피동적이었다. 이런 상황이 오래 지속되다 보니 학생들의 주체적인 지위, 혁신정신, 창의적 마인드 등이 사실상 억압되었다. 따라서 학생들에게 창의성을 키워주려면 교사는 학생들과 평등하고 협력적인 관계 형성에 주도적으로 나서야 한다.

또한 수업에 임할 때는 포용적이고 개방적인 마인드를 가지고, 학생들의 지식 탐구를 도와주는 역할을 해야 한다. 아울러 학생들이 자주적이고, 편안하고, 활기 있게 공부하고 생각할 수 있도록 그들에게 주체적인 지위를 보장해줘야 한다. 그래야만 이 과정에서 창의성을 키울 수 있다. 교사와 학생의 관계가 평등하고 조화로울수록 학생의 학습효과는 더욱 좋아질 것이다.

3. 문제 맥락의 혁신

문제 맥락(context of problems, 학습론의 하나로 문제를 풀 때 이와 관련한 자신의 기존 경험을 결부시키는 방식을 말함)을 완벽하게 설계하면 학생들의 문제에 대한 강력한 흥미를 유도할 수 있다. 이는 학생의 창의성을 키우기 위한 중요한 한 요소다. 이를 위해 교사는 쾌적한 교육 분위기를 조성하고, 학생들의 집중력을 높이기 위한 환경을 만들어야 한다. 아울러 과목별 상황을 고려해 문제 맥락을 한층 더 세심하게 설계해야 한다.

주의할 점은 앞에서 말한 문제 맥락은 어느 정도 난이도가 있어야 한다는 것이다. 그래야만 해당 문제를 풀기 위해 고민하는 과정에서 사고의 혁신이 이루어지고, 좀 더 자발적이고 창의적인 사유도 가능해진다. 또한 수업에 관한 교사들의 혁신능력 역시 이로 인해 큰 폭으로 향상된다.

AI 시대의 핵심 키워드는 바로 혁신이다. 지속적이고 적극적인 혁신만이 새로운 시대를 따라가는 원동력이며 이는 교사에게도 똑같이 적용된다. 다시 말해, 교사는 수업의 혁신능력을 시급히 키워야 AI에게 밀려나지 않을 수 있으며, AI 시대에도 여전히 자신만의 영역을 지킬 수 있다.

📟 개혁의식 : AI에 순응하고, 수업에 하이테크를 접목한다 ○ ●

2017년 3월 2일, 쓰촨 신화원쉬안(新華文軒) 미디어출판 주식회사, 원장구(溫江區) 교육연구 및 양성 센터, 청두시(成都市) 교육과학원이 공동 주최한 '지리(地理) 전용 교실과 혁신 커리큘럼을 위한 연구개발 기지'의 제막식 및 기증 행사가 청두시의 서우안(壽安) 중고등학교에서 개최되었다. 이 행사에서 서우안 중고등학교의 뤄춘(羅春) 교사는 학생들에게 아주 특별한 지리 수업을 했고, 이를 통해 과학기술 환경으로 가득한 '지리 전용 교실'이 정식으로 소개되었다.

이는 신화원쉬안, 관련 교육기관, 서우안 중고등학교의 공동 노력을 통해 '교육설비의 커리큘럼화'를 위한 중요한 첫발을 내디딘 것이었다. 신화원쉬안 청두시 지사의 양위(楊宇) 회장은 이렇게 말했다.

"'지리 전용 교실'을 론칭하고 연구개발 기지를 조성하기 위해 우리 신화원쉬안 교육장비센터는 서우안 중고등학교에 30만 위안(한화 약 5,300만 원) 상당의 다양한 첨단 수업장비를 기증했습니다. 아울러

'과학 전용 교실'을 만들기 위해서는 수십만 위안에서 수백만 위안의 수업장비가 투입되어야 합니다. 투자를 많이 할수록 수업장비는 더 첨단화되고, 그에 따라 수업방식은 더 다채로워질 것입니다."

그럼 양위 회장이 말한 과학 전용 교실은 기존의 전통적인 교실과 어떻게 다를까? 서우안 중고등학교의 '지리 전용 교실'은 또 어떤 모습일까?

뤄춘 교사는 '지리 전용 교실'에서 학생들에게 '메마른 옥토, 타림 (Tarim) 분지'라는 제목의 지리 수업을 실시했다.

수업이 시작되자 뤄춘 교사는 TV 드라마 〈귀취등지정절고성〉(鬼吹 燈之精絶古城, 인터넷소설 《귀취등》의 공간적 배경이 된 아주 멋진 고대 도시라는 뜻) 의 일부분을 틀었다. 그 당시에 이 드라마가 인기를 끌고 있어서 학생들의 흥미를 끌기에 적합했기 때문이다. 드라마를 다 보고 나자 뤄춘 교사는 예전처럼 "그럼 이제 수업을 시작하겠습니다"라고 말하는 대신, "이제부터 이 고대도시를 탐험하러 갑시다!"라고 말했다.

뤄춘 교사는 디지털 입체 지형, 멀티미디어 돔스크린 프로젝터, 디지털 지리 모형, 천체 투영기, 돔스크린 시범교육 시스템 등 각종 첨단 수업장비를 활용해 새로운 참신한 수업방식을 선보였다. 학생들의 적극성과 호응도도 전보다 훨씬 높아졌다. 여기에 뤄춘 교사의 유머감각이 더해져 지리 수업은 유쾌하고 무겁지 않은 분위기 속에서 진행되었다. 덕분에 이 지리 수업은 많은 학생의 사랑을 받았다.

AI 시대가 시작된 이상 교사들도 AI에 적응하고, 아울러 이를 통해 수업에 하이테크를 접목할 수 있도록 노력해야 한다. 그런 점에서 뤄춘 교사의 수업은 좋은 본보기라 할 수 있다.

물론 수업에 첨단기술을 접목하는 일은 학교, 하이테크 기업, 관련 교육부서의 강력한 지원이 뒷받침되어야 가능하다. 이런 지원이 뒤따른다면, 교사들은 이 기회를 이용해 AI 시대에 자신의 경쟁력을 한 단계 끌어올려야 한다.

🖥 교사가 반드시 갖춰야 할 '3Q' : 애정 지수(LQ), 데이터 지수(DQ), 정보화 지수(IQ) ○●

AI 시대를 맞이해 교사들이 예전처럼 학생들에게 꼭 필요한 존재로 남고 싶다면 그림 8-8과 같은 3Q(3대 지수)를 갖춰야 한다.

1. 애정 지수

'애정 지수(Love Quotient, LQ)'는 교사에게 가장 핵심이 되는 일종의 감정지수(EQ)로, 가치관, 감정의 표현 등과 밀접한 관련이 있다. 이는 AI가 학생들에게 제공할 수 없는 것이다.

코딩, 프로그래밍, 알고리즘을 기반으로 한 AI 시대에, 교사들은 적

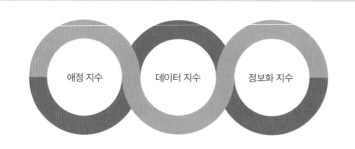

그림 8-8 AI 시대에 교사가 반드시 갖춰야 할 3Q

시에 세심한 사랑, 존중, 보살핌을 통해 학생들에게 사랑의 온기와 휴머니즘의 힘을 느낄 수 있도록 해주어야 한다. 특히 학생들에게 타인에게 관심을 갖고 타인을 존중하는 법을 가르쳐야 하는데, 이는 그들의 심신의 건강에 필수적이다.

2. 데이터 지수

'데이터 지수(Data Quotient, DQ)'는 교사에게 꼭 필요한 일종의 지능지수(IQ)로, 빅데이터와 긴밀한 관련이 있다. AI 시대는 빅데이터 시대이기도 하며, 빅데이터는 AI가 작동하기 위한 토대다. 기존의 교실에 AI가 도입된다는 것은 교실에 빅데이터가 도입된다는 의미이기도 하다.

그래서 AI 시대에 빅데이터는 교사가 반드시 갖춰야 할 새로운 기본 능력이 되었다. 교사가 갖추고 있는 장인정신이 빅데이터와 결합하면 새로운 '데이터 정신'이 탄생할 것이다.

3. 정보화 지수

'정보화 지수(Information Quotient, IQ)' 역시 교사에게 꼭 필요한 일종의 지능지수로, 정보화 시대와 밀접한 관련이 있다. AI 시대에는 데이터뿐 아니라 방대한 교육 관련 정보가 쏟아진다. 따라서 교사는 뛰어난 정보화 지수를 갖춰야 하며, 여기에는 교육 관련 정보를 수집, 분석, 변별, 처리, 통합, 이용하는 능력이 포함된다. 이런 능력을 갖춰야만 교육 관련 정보의 홍수 앞에서 방향을 잃어버리지 않는다.

그렇다면 이 3Q를 갖추기 위한 핵심 방안은 무엇일까? 바로 다방면에서 나만의 능력을 기르는 것이다. 예를 들어 지속적으로 학습하는 능력, 각종 AI 제품을 종합적으로 활용하는 능력, 모바일 학습 능력 등이다. 과거 인간이 경험했던 그 어느 시대보다 AI 시대는 교사들에게 가장 큰 기대를 걸고 있고, 또 가장 높은 수준의 능력을 요구한다. 지속적으로 배우지 않으면 그것은 곧 도태될 가능성이 크다는 것을 의미한다.

'AI+교사'는 상상에만 그치지 않고 이미 우리 앞에 다가온 현실이 되었다.

AI는 의사를 재정의한다 : 환자 중심의 의료 시대가 열리다

인간의 생존을 뒷받침하는 기본 요건은 바로 건강이다. OECD 자료에 따르면, 2015년 ~2019년 인구 1000명 당 평균 의사 수는 한국이 2.4명, 중국이 1.5명, 일본이 2.5명, 미국이 2.6명 등 전체 국가의 평균이 3.2명에 불과하다. 의사가 진료를 통해 짧게는 몇 분, 길어도 10여 분 만에 환자의 문제점을 파악하려면 충분한 양의 올바른 정보를 확보해야 한다. 그런데 이런 정보는 이미 AI 기술을 이용해 얻을 수 있다. 그런 점에서 AI는 의사의 능력을 향상시키고 치료의 효과를 높이는 데 크게 기여할 수 있다.

AI는 의사의 훌륭한 조수 역할을 한다

2017년 중국의 한 AI 로봇은 국가 의료면허 시험에 응시했다. 그런데 놀랍게도 시험에 합격했을 뿐만 아니라 커트라인보다 96점이나 높은 고득점을 받았다. 이 AI 로봇의 이름은 '샤오이(小伊)'이며 아이플라이텍에서 개발했다. 이처럼 샤오이는 풍부한 의학지식을 갖추고 있으며 의사 면허증까지 보유한 명실상부한 '진짜 의사'가 되었다.

AI가 질병을 예측하고 미래의 질병도 예방한다

2017년 구글은 유선암(乳腺癌) 진단에 관한 '인간과 로봇의 경기'를 개최했다. 그 계기는 다음과 같았다. 구글, 구글 브레인(Google Brain), 베릴리(Verily)가 유선암 진단에 활용되는 AI 제품을 공동 개발했다. 이 제품의 진단 성능을 테스트하기 위해 구글 측은 경험이 풍부한 의사를 초빙해 대결을 주선했던 것이다.

그 결과 다년간의 경험을 보유한 인간 의사는 30여 시간을 들여서 130장의 사진을 아주 꼼꼼하게 분석했지만 정확도는 73.3%에 불과했다. 반면 AI 로봇은 무려 88.5%의 정확도를 보여 로봇이 승리했다. 이처럼 의료 분야에서 AI의 활약은 점점 더 확대되고 있다.

IT 관련 매체인 〈더버지(The Verge)〉는 미국 노스캐롤라이나 대학의 연구진이 자폐증을 예측할 수 있는 딥러닝 알고리즘을 개발했다고 보도했다. 이 알고리즘은 인간 두뇌 데이터를 지속적으로 '학습'할 수 있고, 이 과정에서 대뇌의 생장 속도가 정상인지 여부를 자동 판별할 수 있으며, 이를 통해 자폐증의 조기 단서를 얻을 수 있다.

이처럼 의사들은 자폐증 증상이 나타나기 전에 치료에 개입할 수 있다. 이는 증상 발현 후에 치료를 시작할 때보다 치료 효과가 훨씬 좋다. 확진 전이어야 대뇌는 가소성이 가장 높은 단계이기 때문이다.

물론 노스캐롤라이나 대학 이외에도 많은 대학이 AI 분야에 뛰어들고 있다. 스탠퍼드 대학이 개발한 머신러닝 알고리즘은 사진을 통해 직접 피부암을 진단할 수 있다. 심지어 경험이 풍부한 피부과 의사보다 진단 정확도가 높다.

딥러닝 알고리즘, 머신러닝 알고리즘 등 기술뿐 아니라, 환자 케어 분야에서도 AI는 매우 훌륭한 성과를 내고 있다. UCLA 인터벤션 영상의학(Interventional Radiology) 연구자들은 AI를 이용해 인터벤션 영상의학용 스마트 의료 기계를 개발했다.

이 기계는 의사와 심도 있는 커뮤니케이션이 가능하며, 기존에 흔히 발생하던 의료 문제에 대해 최단 시간 내에 의학적 근거가 있는 답변을 내놓을 수 있다. 의학박사 케빈 실즈(Kevin Seals)는 UCLA의 이번 연구 성과가 모든 의료기관 종사자에게 큰 도움을 줄 수 있다고 평가했다.

예를 들어 인터벤션 영상의학 의사는 전화상담 시간을 절약해 환자 케어에 더 집중할 수 있다. 간호사는 의료 관련 정보를 더 빠르고 편리하게 파악할 수 있다. 환자는 치료 진행상황을 더 정확하게 파악하고 높은 수준의 치료와 간호를 받을 수 있다.

이처럼 질병의 예측과 진단에서 AI는 핵심적인 역할을 하고 있다. 또 그 덕분에 의사, 간호사, 환자는 전보다 더 여유 있고 이성적으로 해당 질병을 대할 수 있게 되었다. 특히 치료율이 예전보다 크게 높아졌다는 점이 무엇보다 중요하다.

🖥 의료 로봇 : 의사들의 훌륭한 조수　　　　　　○ ●

중국 우한(武漢)의 셰허(協和) 병원에는 매일 바쁘게 일하는 의사와 간호사들 사이에서 그들을 보조하는 의료로봇이 활약하고 있다. 이 로봇에는 '다바이(大白)'라는 귀여운 이름이 붙어 있다. 중국이 자체 개발한 최초의 의료로봇 다바이는 매우 뛰어난 두뇌를 이용해 의사와 간호사를 보조하고 있다.

현재 우한 셰허병원은 두 대의 다바이 로봇을 도입해 활용하고 있다. 외과병동의 두 개 층의 수술실에 배치되어 있고, 주요 업무는 수술실에 의료 기자재를 운반하는 일이다. 다바이의 공식 학명은 '스마트 의료용 물류 로봇 시스템'이다. 길이는 79센티미터, 폭 44센티미터, 높이 1미터 25센티미터, 부피 190리터, 최대하중은 200킬로그램이다.

다바이는 의료 기자재 수령 명령을 받은 뒤 스스로 창고 앞으로 이동할 수 있다. 그러면 창고관리자는 신원을 확인하고 의료기자재를 가득 실은 상자를 연 다음, 의료기자재를 스캔 및 대조한 뒤 창고에서 꺼낸다. 이어서 다바이 로봇은 과거에 '학습'한 지형도를 토대로 의료기자재를 정해진 수술실 입구로 가져가고, 간호사는 QR코드를 스캔하여 이것을 수령할 수 있다.

초창기에 다바이는 이른바 '수습기간 시험'을 치렀다. 그 결과는 의료기자재를 창고에서 수술실로 운반하는 데 2분도 채 걸리지 않았고, 하루 평균 140회를 운반했다. 이는 운반 직원 4명분의 업무량과 같았다. 이처럼 다바이 로봇은 의료기관의 인건비를 크게 절감할 수 있게 한다.

다바이는 스스로 충전도 할 수 있는데, 100% 충전하는 데 대략 5시간 정도 소요된다. 100% 충전하면 2시간 정도밖에 움직이지 못한다. 그래서 충전 상태를 유지하기 위해 자신의 전용 충전 코너로 자주 이동한다.

관련 데이터에 따르면, 다바이는 수습 기간에 총 422회를 배송했고, 행인을 420번 피했으며, 장애물을 414회 회피했다. 사실 다바이에게 행인이나 장애물을 피하는 일은 그다지 어려운 일이 아니다.

그 밖에 다바이에게는 아주 뛰어난 두뇌가 있다. 이 두뇌 덕분에 다바이는 입고, 신청 수령, 출고, 배송, 사용기록 작성 등 의료기자재 운반 작업 전 과정을 정확히 관리할 수 있다. 이는 의료기자재 이동 이력 조회에 큰 도움을 주며, 수술실 내부 관리의 효율성을 크게 높여준다.

우한 셰허병원 수술실의 가오싱롄(高興蓮) 수간호사는 다음과 같이 말했다.

"다바이는 낮에 의료기자재를 배송한 뒤 사용 내역 분석과 비용 정산 작업을 수행할 수 있습니다. 또 구체적인 수술 유형에 따라 다양한 의료기자재의 사용 비율 지표를 설정하고, 이를 토대로 의료기자재 사용 실적 평가를 진행합니다. 이는 의료기자재의 합리적 사용과 관련 비용 지출 절감에 크게 기여했고, 의료물자의 효율적 관리를 가능하게 했습니다. 무엇보다 전체 운영비용의 절감과 함께 환자들의 권익 보호에 이바지했습니다."

현재 다바이와 같은 의료로봇은 매우 많으며, 서로 다른 기능들을 탑재하고 있다. 예를 들면 의사의 수술 보조하기, 환자의 질문에 대답하기, 환자에게 컨설팅하기 등이다. 하지만 이런 의료로봇이 병원 내 모든 업무를 담당할 수 없음은 분명하다.

의료 분야의 핵심은 의사와 간호사이며, 의료로봇은 기껏해야 보조수단에 불과하다. 다빈치 로봇(Da Vinci Surgical System)을 예로 들어 보자. 이 로봇은 AI 수준이 매우 높고 심지어 수술도 할 수 있다. 하지만 여전히 의사가 조작해야만 움직일 수 있다.

AI 영상기술, 작업 효율을 높인다 ○ ●

관련 통계에 따르면, 약 90%의 의료 데이터는 의학 영상에서 수집하며, 중국의 경우 의학 영상 데이터가 매년 30%의 증가율을 보이고 있다. 하지만 영상과(科) 의사 숫자와 업무의 효율성은 이런 증가 추세를 전혀 따라가지 못하고 있는 실정이다. 이는 영상과 의사들에게는 큰 부담으로 작용한다.

현재 절대다수의 의학 영상 데이터는 여전히 인간의 수작업으로 분

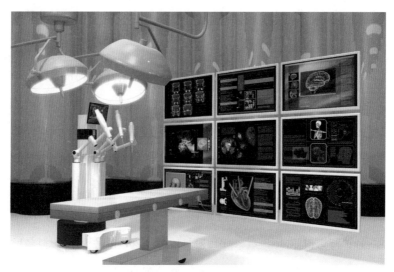

그림 9-1 AI 의료 영상 식별

석하고 있다. 이런 방식은 낮은 정확도, 높은 오류 가능성 등의 문제점을 안고 있다. 하지만 AI 기반의 '텅쉰미잉(騰訊覓影)'과 같은 영상의학 시스템이 출현해 이런 문제를 효과적으로 해결할 수 있게 되었다.

2017년 텅쉰(텐센트) 그룹은 '텅쉰미잉'을 정식으로 출시했다. 초창기의 텅쉰미잉은 식도암을 조기 발견하는 정도에 그쳤지만 지금은 다양한 암(유선암, 결장암, 폐암, 위암 등)을 조기 발견할 수 있는 수준으로 발전했다. 무엇보다 텅쉰미잉을 도입한 3급 갑등 병원(三級甲等, 병상 수 501개 이상, 등급점수 900점 이상인 병원) 수가 100곳이 넘었다.

임상의 경우, 텅쉰미잉의 민감도는 85% 이상, 식별 정확도는 90%, 특이도(true negative rate)는 99% 이상에 달한다. 또한 의사가 텅쉰미잉을 이용하면 단 몇 초 만에 엑스레이 사진 한 장을 볼 수 있다. 이 과정에서 텅쉰미잉은 환자의 질병 원인 부위를 자동 식별하고 위치를 찾을 수 있으며, 의사에게 의심되는 엑스레이 사진을 재확인하도록 제안할 수도 있다.

중국 국가 소화기관 질병 임상의학 연구센터의 바이위(柏愚) 교수는 이렇게 말했다.

"소화기관 질병의 경우, 중국의 식도위장암 진단율은 15% 미만입니다. 한국과 일본의 위장암 5년 생존율이 60~70%에 달하는 것과 비교할 때 중국의 5년 생존율은 30~50%에 불과합니다. 따라서 위장암 조기 진단, 조기 치료율을 높이면 매년 수십만 명의 말기암 환자 발생을 줄일 수 있습니다."

그는 또 의사는 AI를 통해 질병을 더 잘 예측하고 판단할 수 있으며, 이로 인해 업무의 효율성을 높이고 의료자원의 낭비를 줄일 수 있다고 말했다. 아울러 과거의 경험을 총괄해 치료 능력을 강화할 수 있다는 점이 무엇보다 중요하다고 강조했다.

중국 의학과학원 및 베이징 셰허 의학원 종양연구소 유행병학 (epidemiology) 연구실의 차오유린(喬友林) 주임은 이렇게 말했다.

"현재 많은 플랫폼에서 의료 AI 서비스를 제공하고 있습니다. 하지만 그들은 고품질, 골드 스탠더드(gold standard, 최적표준)의 의학용 재료를 획득하기 위한 경쟁만 할 뿐, 방대한 영상 사진을 확보해 정확한 진단을 내릴 수 있는가의 여부에는 힘쓰지 않습니다."

확실히 의학에서는 표준이 중요한데 때때로 AI가 저품질 재료 때문에 표준을 충족하지 못한다. 이런 가운데 고품질 재료를 제공해 AI가 학습하도록 할 수 있는지의 여부가 매우 중요한 문제로 대두되었다.

전체 산업사슬 협력 측면에서 텅쉰미잉은 중국의 많은 3급갑등 병원과 협력해 AI 의학실험실 시스템을 구축했다. 또 경험이 풍부한 의사와 AI 전문가들이 협력해 AI가 의료 분야에서 제대로 뿌리내리도록 함께 추진하고 있다.

차오유린 주임은 현재 AI가 극복해야 할 최대 과제는 의료 진단의 보조 역할에서 탈피해 정밀의학에 적극 활용되는 것이라고 말했다.

"기존의 자궁경부암 조직검사에서는 만약 샘플링이 제대로 되지 않으면 최종적으로 오진을 할 가능성이 높았습니다. 하지만 AI를 도입한 후 전체 영상을 분석할 수 있게 되었고, 신속하게 확진 여부의 판단도 가능해졌습니다. 그럼에도 구체적인 암 등급 결정까지는 아직도 갈 길이 멉니다. 의학에는 '회색지대', 즉 명확히 판단하기 매우 곤란한 영역이 아직도 매우 많습니다. 우리는 현재 자궁경부암을 5단계 레벨로 구분하는데, AI를 통해 정확한 레벨을 결정하는 것이 핵심 과제입니다."

이처럼 의학 분야에서 AI는 앞으로 더 많이 발전하고 활약할 것으로 보인다. 앞으로는 더 많은 의료기관에서 텅쉰미잉과 같은 AI 제품을 도입해 스마트화 수준을 높여나갈 것이다.

AI 의료의 대표적인 사례

최근 들어 의료 분야에서 AI가 더욱 활발하게 응용되고 있으며, 심지어 일부 전문가는 AI가 스마트 고객서비스나 스마트 투자고문 분야보다 의료 분야에서 먼저 정착해 보편화될 것으로 전망하기도 한다. 그이유는 첫째 딥러닝, 이미지 인식, 신경망 등 핵심기술 개발에 성공해 AI가 급속도로 발전했고, 이로 인해 의료 분야와 AI의 융합이 가속화되었기 때문이다. 둘째, 사회의 발전, 건강에 대한 욕구 증가, 급속한 고령화 등으로 인해 의료 수요가 급증하고 있기 때문이다.

🖥 IBM : 왓슨(Watson) 스마트 의료 시스템　　○●

2016년 12월 중국 저장성(浙江省) 중의원(中醫院) 원내에서 '저장성 중의원 왓슨 합동진단 센터(聯合會診中心)'가 공식 출범했다. 이 센터의 출범은 다음 두 가지 측면에서 의미가 크다.

⑴ 진정한 의미에서 'AI와 진료의 융합'을 실현하고, 나아가 의료산업의 정밀화, 체계화, 맞춤화를 촉진할 수 있게 되었다.

(2) 파트너십 당사자인 쓰촹이후이(思睿醫惠), 항저우 인지 네트워크, 저장성 중의원 측은 향후 IBM의 암 진단 소프트웨어인 '왓슨 포 온콜로지(Watson for Oncology, WfO)' 서비스 콘텐츠의 개발 및 제공을 위해 협력하기로 했다. IBM의 왓슨 포 온콜로지는 중국에 진출한 뒤 의료 분야에서 성공적으로 자리를 잡았다.

왓슨은 2016년부터 의료 분야에서 대대적인 활약을 보이며 사회의 큰 주목을 끌었다. 중국 난징(南京)의 동남대학 의과대학이 발표한 데이터에 따르면, 왓슨은 의학 문헌, 논문, 병리(病理)에 관한 텍스트 20만 건을 단 10분 만에 자세히 읽고 분석할 수 있으며, 동시에 의사에게 해당 질환에 관한 맞춤형 치료 솔루션을 제안할 수 있다. 이는 의사의 진료 시간을 크게 단축하고, 의사의 오진율도 한층 낮춰준다.

그 밖에 IBM이 제공한 자료에 따르면, 왓슨은 매우 강력한 소프트웨어 및 하드웨어의 지원을 받는데 구체적으로 그림 9-2와 같은 4가

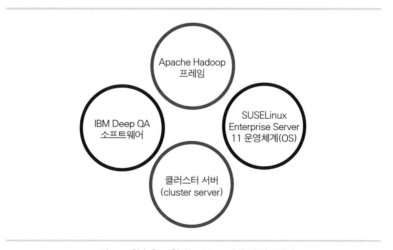

그림 9-2 왓슨을 지원하는 소프트웨어 및 하드웨어

지다.

이 중에서 Apache Hadoop 프레임, IBM Deep QA 소프트웨어, SUSE Linux Enterprise Server 11 운영체계의 지원 덕분에 왓슨은 3대 기반 능력인 '이해+추리+학습' 능력을 갖출 수 있었다. 나아가 의사의 일반 진단 모델과 결합해 의사의 진료를 보조할 때 요구되는 처리 로직(processing logic)을 형성하도록 했다.

클러스터 서버는 약 100대의 IBM Power 750 서버로 구성되며 핵심 업무는 왓슨의 연산 능력을 보장하는 일이다. 왓슨은 단 1초 만에 500기가바이트의 데이터를 처리할 수 있다. 이는 책 100만 권에 해당하는 방대한 양이다.

2012년 왓슨은 미국 직업의사 자격시험에 합격했고, 그 후 미국의 여러 의료기관에 도입되었다. 2016년은 왓슨이 또다시 커다란 도약을 이룬 한 해였다. 중국 의료시장 진출, 자회사 인수, 의학 영상 공동 제작 프로젝트 출범, 종양의 게놈 서열 분석 서비스 제공, 백내장 수술용 앱 개발 등이 모두 이 해에 이루어졌다. 현재 왓슨은 폐암, 유선암, 직장암, 결장암, 위암, 자궁경부암의 6종의 암에 관한 컨설팅을 제공하고 있다.

현재 왓슨은 현지화의 문제점 등 여러 한계점이 드러나고 있지만, 왓슨으로 인해 많은 기업이 의료 AI 솔루션 시장에 뛰어들면서 시장의 확대에 기여한 점은 분명하다. 또한 정밀의료의 발전을 위해 왓슨과 같은 인공지능 의료서비스는 의료진을 돕는 좋은 보조 수단이다.

2016년 10월 바이두 의료사업부는 '바이두 의료 대뇌(百度醫療大腦)'라는 이름의 AI 의료 플랫폼을 공식 출범했다. 바이두 의료 대뇌는 자연 언어 처리, 딥러닝 등 관련 기술을 의사의 문진 과정에 활용하는 데 주력하고 있으며, 주요 목적은 의사의 문진 효율성 및 정확성을 높이는 데 있다.

바이두 의료 대뇌는 단순한 의료 데이터베이스가 아니라 진단 과정에 참여할 수 있는 AI 제품이다. 다양한 의료 데이터와 전문 문헌을 수집 및 분석한 뒤, 이를 바탕으로 제품의 자동 설계, 의사의 문진 과정 시뮬레이션하기 등을 수행할 수 있다. 또 환자들과 심도 있게 교류하여 질병의 객관적인 상황을 파악하고, 이에 근거해 의사에게 합리적인 의견을 제시하고 제안을 할 수 있다.

바이두는 2015년 바이두 의료 지도, 바이두 의사, 바이두 의료 즈다하오(直達號), 바이두 의학 등 일련의 온라인 AI 의료제품을 잇달아 출시했다. 이 제품들은 의사와 환자에게 자료 검색, 온라인 자문 등 다양한 서비스 제공을 위해 출시되었다. 그리고 2016년 '바이두 의료 대뇌'가 정식으로 출범해 의료계의 호평을 받았다.

이처럼 바이두 의료사업부는 초기의 검색 및 자문 서비스에서 현재의 '의료 대뇌'에 이르기까지 사업 분야를 지속적으로 확대했다. 사업 내용도 초기에는 의사와 환자 사이의 정보 연결에 머물렀지만, 점차 의사와 환자 사이의 서비스 연결, 그리고 의사와 환자 사이의 AI 연결로 점차 확대되었다. 이에 관해 바이두의 장야친(張亞勤) 총재는 이렇게 말했다.

"바이두가 AI를 연구하는 목적은 관련 기관과 기업들의 기술력 향상뿐만 아니라, 나아가 과학기술의 성과를 일반 대중에게 보급하고, 스마트한 삶, 높은 수준의 삶, 좀 더 편리한 삶을 체험하게 하기 위해서입니다."

바이두의 우언다(鳴恩達) AI 수석과학자는 '바이두 의료 대뇌'의 작동 원리에 관해 이렇게 설명했다.

"'바이두 의료 대뇌'는 주로 딥러닝과 자연언어 처리 기술을 기반으로 운용됩니다. 바이두는 검색엔진, 바이두 의료 등 플랫폼 상에서 자체 수집한 방대한 데이터를 '의료 대뇌'의 딥러닝 모델에 제공하고, 이 모델은 의료 관련 문헌과 영상 데이터를 분석합니다. 이 과정을 통해 의료 대뇌의 딥러닝 모델은 더욱더 지능화하는 것입니다."

바이두는 중국 최대의 검색엔진 포털이며, 인터넷에서 의학이나 약학에 관한 답을 얻고 싶을 때 가장 먼저 찾는 사이트다. 바로 이런 이유 덕분에 바이두는 방대한 데이터를 수집할 수 있었다. 바이두가 제공한 통계에 따르면, 하루에 바이두에서 '의료기관 관련' 정보를 검색하는 사람은 300만 명 이상이고, '질병 관련' 정보를 검색하는 사람은 1,500만 명 이상이며, '의료건강 관련' 정보를 검색하는 사람은 5,400만 명 이상이라고 한다.

어떤 환자가 '바이두 의료 대뇌'를 통해 문진을 완성하려면 다음의 프로세스를 따라야 한다.

⑴ 핸드폰, 컴퓨터 등 전자기기를 이용해 '바이두 의료 대뇌'에 로그인한다. 자신의 실제 상황에 따라 그에 해당하는 진료 과(科)를 손으

로 선택한다.

⑵ '바이두 의료 대뇌'는 환자의 실제 상황을 토대로 몇 가지 질문을 하고, 환자의 답변을 토대로 좀 더 심층적인 질문을 한다.

⑶ '바이두 의료 대뇌'는 자체 의료 문헌 데이터베이스를 결합해 환자에게 합리적인 진단 제언을 한다. 만약 복잡한 질병으로 예상되었다면, '바이두 의료 대뇌'는 이 질병 내용을 직접 의사에게 전달한다.

이 문진 과정에서 가장 핵심적인 기술은 자연언어 처리 기술이다. '바이두 의료 대뇌'는 이 기술을 이용해 환자가 일상적인 언어로 입력한 내용을 전문 의료 학술용어와 매칭한다. 바이두의 우언다는 의료와 AI를 융합하는 것이 오랫동안 꿈꿔왔던 소망이라고 말했다.

"저희 아버지는 의사였어요. 제가 15살 때 아버지는 인공지능 프로그램을 코딩해 문진에 활용한 적이 있습니다. 나중에 저는 홍콩의 진료소에서 의사와 환자의 문진 과정을 관찰했는데, 이때 AI를 이용해 문진의 효율성을 높일 수는 없을까 고민했습니다. 그것이 벌써 20~30년 전의 일입니다. 저는 AI 기술이 멀지 않은 미래에 이 과정을 현실화하는 데 기여할 것이라고 확신합니다."

우언다가 말했듯이 멀지 않은 미래에는 AI가 의사의 문진을 보조함으로써 문진의 효율성을 크게 높일 수 있을 것이다. 그때가 되면 문진의 효율성은 물론 문진의 정확성과 문진 서비스의 품질 모두 크게 향상될 전망이다. 이를 실현하려면 첨단 AI 의료제품의 지원은 반드시 필요하다.

1999년 미국의 인튜이티브 서지컬(ISRG) 수술 로봇 기업은 수술 로봇 시스템을 개발해 'CE(유럽공동체인증)'를 획득했다. '다빈치'라고 이름 붙은 이 수술 로봇 시스템은 세계 최초의 수술용 로봇이다.

2000년 7월 다빈치는 FDA(미국 식품의약국)의 시장 인증을 받아, 세계 최초로 수술실에서 사용할 수 있는 수술용 로봇이 되었다. 다빈치가 도입되면서 외과의사들은 최소침습수술(MIS)로 복잡한 외과수술을 할 수 있게 되었다.

일반적으로 다빈치와 여기에 부착된 고해상 3D 내시경을 효과적으로 제어하려면, 의사는 수술실 내 무균 지역에서 조금 떨어진 콘솔(조종석)에 앉아서 두 손으로는 두 개의 주(主) 제어기를, 두 발로는 발판을 조작해야 한다.

복강경 수술 등 기존 수술의 경우, 의사들은 '손목'이 없는 길쭉한 수술 도구를 손에 들고 장시간 서서 수술을 해야 했다. 또 근처의 2D 스크린에서 절개 부위 화면을 직접 확인한 뒤 다른 어시스턴트에게 정확한 위치에 탐침(探針, probe)을 삽입하도록 지시하는 방식이었다. 반면 다빈치의 경우, 의사는 콘솔에 앉아서 눈과 두 손으로 다빈치와 여기에 부착된 관련 설비를 작동하면 된다.

다빈치는 매우 정확한 시각영상을 제공한다. 그 영상은 정확도가 매우 높고 환자 몸속을 효과적으로 관찰할 수 있기 때문에 의사들은 이를 이용해 절개와 재건 등 효과적인 최소침습수술을 할 수 있다. 수술을 받는 환자 역시 이런 수술 덕분에 고통 감소, 출혈 최소화, 수혈 필요성 감소 등 여러 면에서 혜택을 받는다. 물론 입원 기간도 크게 줄일 수 있고, 퇴원 후 신속하게 회복해 일상으로 복귀할 수 있다.

2000년, 미 FDA는 비(非) 심혈관계 질병의 흉강경 수술, 비뇨기과 수술, 산부인과 복강경 수술, 일반 복강경 수술, 흉강경 보조적 절개를 이용한 심장 수술 등에 다빈치를 사용할 수 있도록 승인했다. 이어서 심혈관 재건, 종격동절개(mediastinotomy) 수술 보조, 관상동맥 접합 수술 등에도 다빈치의 사용을 승인했다.

현재 다빈치는 다음과 같은 수술에도 사용하고 있다.

(1) 근치적 전립선 절제술, 요관 방광 재이식, 방광 절제술, 신장 절제, 신우 형성술

(2) 미골 고정술, 자궁 절제술, 자궁근종 제거술

(3) 식도 열공(裂孔) 봉합술

(4) 위 밴드, 니센 위저부 추벽형성술(Nissen fundoplication), Heller 근절개술, 비장 절개술, 장(腸) 절개술, 담낭 절제술, 비장 보존 췌장미부 절제술(spleen-preserving distal pancreatectomy)

그런데 문제는 다빈치 가격이 매우 비싸다는 점이다. 관련 자료에 따르면 다빈치의 판매가는 약 200만 달러이며, 유지비용은 연간 10만 달러 이상이 든다. 그 밖에 다빈치의 로봇손(arm)은 탈부착형으로 10회까지만 사용할 수 있으며 그 후에는 교체해야 한다. 이것이 다빈치의 보급과 발전을 저해하는 가장 큰 걸림돌이다.

2001년 원격 수술의 이정표라고 불리는 '린드버그 수술'이 성공했는데 여기에서 다빈치가 맹활약했다. 프랑스 IRCAD의 소장인 자크 마레스코 의사와 팀원들이 고속 광섬유와 제우스(Zeus) 로봇시스템을

이용해 세계 최초로 미국에서 프랑스 환자의 원격 수술에 성공한 것이다. 이처럼 다빈치의 도입으로 인해 의사는 환자를 원격 치료하는 길이 열리게 되었다.

　사실 전 세계적으로 보면 의사 숫자는 국가별 편차가 매우 심하다. 만약 이처럼 원격 의료가 현실화되고 더욱 보편화된다면, 의료자원이 부족한 국가에게는 매우 유익한 일이라 할 수 있다. 미래에 다빈치와 같은 AI 의료제품은 더 많아질 것이고, 의료 분야가 직면할 도전과 역경은 더욱 감소할 것이며, 이는 전 세계 의료산업의 발전을 촉진할 것이다.

AI와 의사의 협업 :
미래의 의료를 더욱 발전시킨다

2014년 마윈(馬雲)은 이렇게 말했다.

"앞으로 알리바바가 하려는 분야는 건강과 즐거움 이 두 산업입니다. 어떻게 사람들을 더 건강하게 할 수 있을까요? 어떻게 하면 사람들을 더 즐겁게 만들 수 있을까요? 그렇다고 병원을 더 많이 짓는다거나, 의사를 더 많이 뽑겠다는 뜻은 아닙니다. 더 많은 제약회사를 차리겠다는 것은 더더욱 아닙니다. 우리가 (투자를) 올바르게 한다면, 30년 후에는 의사들이 직장을 구하기 어려워질 겁니다. 병원은 점점 줄어들고 제약사도 크게 줄어들겠죠. 만약 그렇게 되면 우리가 일을 제대로 했다는 뜻이 되는 겁니다."

그렇다면 정말로 마윈의 말처럼 의사들은 앞으로 직장을 구할 수 없게 될까? 그렇지 않다. 미래에는 AI와 의사가 협력해 의료 분야에 함께 기여하는 것이 가장 바람직하고 사람들로부터 가장 큰 호응을 받을 수 있다.

'AI+의료', '인터넷+의료'가 등장한 배경을 자세히 분석해보면, 거기에는 의료계의 고질병인 '의사 부족' 문제가 자리 잡고 있음을 알 수 있다.

영국의 의학전문지 〈란셋(The Lancet)〉이 발표한 자료에 따르면, 중국의 경우 2005년부터 2017년까지 10여 년 동안 의학을 전공한 졸업생이 약 500만 명이지만 의사는 75만 명밖에 증가하지 않았다. 이는 400만 명 이상의 의학 전공자가 다른 진로를 선택했다는 뜻이다.

이런 결과를 낳은 핵심 요인은 의사 양성 과정이 너무 길고 엄격하다는 점이다. 전문의가 되는 과정에서 일부는 탈락하고 일부는 여러 사정으로 인해 중도 포기한다. 이처럼 한 명의 훌륭한 의사를 배출하는 일은 결코 쉽지 않다.

하지만 AI가 출현해 이 과정을 AI에게 맡길 수 있게 되었다. 이에 대해 중국의 미래의료(未來醫療) 과학기술 주식회사를 예로 들어 상세하게 설명해 보겠다.

중국 정부가 정한 관련 표준에 따르면, 병원에서 근무하는 의사는 엄격한 규범화(規範化) 훈련을 받고 전문 시험을 통과해야 한다. 그래야만 명실상부한 의사가 되어 처방을 낼 권리를 부여받게 된다. 과학적이고 합리적인 규범화 훈련 시스템을 구축하기 위해 미래의료 측은 중국 정부의 규범화 훈련 요강, 의학전공 커리큘럼의 특징, 병원의 구체적인 요구사항 등을 융합했다.

이에 관해 미래의료 주식회사의 진차오(靳超) CEO는 이렇게 말했다.

"의사면허를 취득한 수련의(인턴)가 병원에 처음 온 상황을 생각해 봅시다. 그들은 각 과(科)와 실(室)을 순차적으로 돌면서 현장 경험을 하고 관련 지식을 배우는데, 한 곳이 끝나면 시험을 보고 시험에 합격하면 그다음 과실로 이동합니다. 이 과정을 병원 측 백 오피스에서 담당하는데 사실 업무량이 상당히 많습니다. 우리는 규범화 훈련 시스템에 AI를 이식함으로써 개별 수련의에 관한 더 많은 세부 정보를 분석 및 관리할 수 있게 되었습니다. 또 각각의 수련의가 어느 부분에 문제가 있는지, 관련 지식이 부족하지는 않은지 등을 상세히 파악할 수도 있습니다."

현재 'AI+의료'는 주로 의료영상 분야에서 집중적으로 시도되고 있으며, 미래의료 측은 의사에 대한 규범화 훈련에 주력하고 있다. 이에 대해 진차오 CEO는 이렇게 말했다.

"우리의 목적은 의사들의 발전에 도움을 주는 것입니다. 즉 병원, 의과대학 등 의사들이 일하는 기관에 기술 관련 도움을 제공하여 그들이 더 풍부한 전문지식을 쌓을 수 있도록 지원하는 일입니다."

대다수 의료 하이테크 기업과 마찬가지로 미래의료 주식회사 역시 많은 난관에 직면하고 있다. 진차오 CEO는 "AI 의료의 가장 큰 걸림돌은 서로 다른 두 전문분야를 융합하는 일입니다. 따라서 빅데이터와 의학 두 분야의 복합형 인재가 많이 필요합니다"라고 말했다. 이를 위해 미래의료 측은 많은 의학 전문가를 초빙했고, 과학연구 기관과 파트너십을 체결하며 핵심팀을 구성했다.

미래의료 주식회사의 사례를 통해 병원에서 신참 의사를 훈련할 때 AI가 큰 역할을 수행할 수 있음을 알 수 있다. 이는 의사 한 명을 배출하는 데 걸리는 시간을 단축하고, 실력 있는 의사를 더 많이 배출하는 데 기여할 수 있다. 이처럼 'AI+의사 훈련'은 의사들의 전반적인 실력 및 자질 향상은 물론, 의료산업 전체의 장기적 발전에 기여할 수 있다.

🖳 AI 데이터+전문의사의 경험 : 신약 개발   ○ ●

일반적으로 신약 하나를 개발하려면 약 10년의 기간과 수천억 원에서 수조 원에 달하는 자금이 소요된다. 약품 가격이 높아지는 이유가 바로 여기에 있다. 하지만 AI를 신약 개발 과정에 도입한다면 전체 비용을 절감하고 신약의 안전성 자동 검사에 활용할 수 있다.

첫째, 신약 후보 약물 가운데 안전성이 비교적 높은 몇 가지를 선별해낼 수 있다. 만약 어떤 질병에 대한 치료 효과가 있는 후보 약물이 몇 가지 있는데, 의사는 이 약물들의 안전성을 판단하기 어렵다고 하자. 이 경우, AI의 검색 알고리즘을 이용하면 안전성이 비교적 높은 몇 가지를 선별할 수 있다.

둘째, 동물실험이나 인체임상 이전 단계의 약품인 경우, 마찬가지로 AI를 이용해 안전성을 정확하게 테스트할 수 있다. AI는 기존 약의 부작용을 선별 및 검색함으로써 동물실험이나 임상실험에 투입 가능한 후보 약물을 선별해낼 수 있다. 이런 식으로 신약 개발의 시간과 비용을 크게 줄일 수 있다.

AI를 이용한 신약 개발의 대표적인 사례로는 미국의 신약 개발기업인 아톰와이즈(Atomwise)를 들 수 있다.

아톰와이즈는 슈퍼컴퓨터를 통해 자체 구축한 데이터베이스를 심도 있게 분석하고, AI와 복잡한 알고리즘을 이용해 신약 개발 과정을 정교하게 시뮬레이션한다. 또 여러 첨단기술을 이용해 신약 개발 과정의 리스크를 조기 평가한다. 이런 식으로 아톰와이즈는 신약 개발 기간을 단축하고 비용을 크게 절감하도록 한다. 심지어 몇천 달러만을 들여 개발에 성공한 사례도 있다.

아톰와이즈는 IBM의 블루 진(Blue Gene) 슈퍼컴퓨터에서 운영되기 때문에 이처럼 강력한 연산능력을 갖추게 되었고 인간이 수행하기 어려운 미션도 완수하고 있다. 예를 들어 2015년 에볼라 바이러스가 창궐했을 때, 아톰와이즈는 단 일주일 만에 에볼라 바이러스를 억제할 수 있는 신약을 찾아냈다. 더욱이 비용도 매우 낮아서 그중에는 1,000 달러 미만인 것도 있었다.

그 밖에 아톰와이즈는 연구기관, 스타트업, 제약사 등에게 신약 후보물질의 유효성을 정확히 예측하는 서비스도 제공하고 있다. 또 먹(Merck), 오토데스크(Autodesk) 등 기업들과 긴밀한 파트너십을 체결했고, 바이오 하이테크 기업, 제약사, 관련 연구기관 등의 신약 후보물질 발굴 작업도 지원하고 있다.

물론 아톰와이즈와 유사한 기업은 매우 많다. 이런 기업들과 AI의 발전으로 신약 개발은 과거보다 훨씬 더 빠르고, 간편하고, 효율적으로 추진되고 있으며, 수많은 질병이 완치되고 있다.

제10장

AI는 e커머스를 재정의한다 : 정교한 마케팅, 거래규모의 확대

최근 기술의 급속한 발달로 인해 e커머스(electronic commerce, 전자상거래)도 비약적으로 성장하고 있다. 동시에 전 세계 주요 e커머스 플랫폼들은 AI를 기반으로, 머신비전, 자연언어 처리, 클라우드 컴퓨팅 등 첨단기술을 이용해 제품의 생산, 창고, 배송, 판매 등을 업그레이드하고 있다. AI 시대에 기술 발전은 생산의 변혁을 견인하고 있으며, e커머스는 전례 없는 기회와 도전을 동시에 맞이하고 있다.

AI, e커머스 발전을 견인하는 내부 원동력

1950년대부터 시작된 AI 연구는 꾸준히 진행되었고, 본격적으로 대중의 폭발적인 관심을 끌게 된 것은 알파고가 바둑계 거장 이세돌 9단과 커제 9단에게 잇달아 승리하면서다.

중국 알리바바의 CSO(최고전략책임자) 쩡밍(曾鳴)은 이렇게 말했다.

"미래 비즈니스의 의사결정은 점차 머신러닝과 AI 등에 더욱 의존하게 될 것입니다. 기계는 많은 비즈니스 문제의 의사결정에서 핵심적인 역할을 할 것이며, 오늘날 인간이 운영해 가져오는 효과보다 훨씬 높은 효과를 거둘 것입니다."

물론 AI가 정말로 이런 세상을 만들 것인가에 회의적 시각을 갖는 사람도 많다. 하지만 e커머스 분야는 AI 기술이 더해져 스마트화 트렌드가 가속화되고 있다.

스마트 가격 결정 : 시장에 순응하여 즉각 가격을 조정한다 ○●

2016년 아마존은 자동 가격 결정 기능을 온라인에 정식 출시했다. 1년 뒤에는 징둥 그룹이 '스마트 공급사슬' 전략을 발표했는데 이때 상품 가격의 상승 여부가 최대 관심사였다. 이에 대해 징둥 Y사업부 측은 스마트 공급사슬 전략 발표회에서 2017년 내에 80% 이상의 상품에 대해 자동 보급, 자동 가격결정, 추천 기능을 구현하겠다고 밝혔다. 이를 가능하게 한 힘이 다름 아닌 AI다.

징둥 CEO 류창둥(劉强東) 역시 이런 말을 한 바 있다.

"AI로 대표되는 제4차 산업혁명을 맞이하여 징둥은 지속적인 기술 전환과 첨단기술을 통해 향후 12년 내에 구축 예정인 모든 비즈니스 모델을 업그레이드하겠습니다. 그리고 스마트 비즈니스, 스마트 보험 등을 포함한 스마트 비즈니스의 글로벌 리더 기업으로 만들겠습니다."

그는 또 향후 징둥은 스마트화된 공급라인 관리를 통해 창고 내 모든 제품에 'AI 마케터'를 한 대씩 붙여주겠다고 말했다.

징둥의 스마트 공급사슬 전략에서 소비자의 최대 관심사는 역시 상품의 가격 문제였다. 징둥이 출시한 '가변적 가격 결정 알고리즘'은 상품, 소비자 정보, 가격에 대한 정밀한 연구 및 판단을 기반으로 한다. 구체적으로 말하면, 가변적 가격 결정 알고리즘은 지속적인 데이터 입력 및 머신러닝 훈련을 통해 제품 순이익과 매출액 목표가 균형을 이루게 하고, 가장 합리적이고 과학적인 가격을 산출해 거래의 효율성을 극대화하는 방식이다. 또한 이 알고리즘은 할인율, 마케팅 난이도, 소비자의 의사결정 나무(decision tree) 등 다양한 요소에 대한 종합적인 모델링을 통해 판단을 내리고 최적의 마케팅 전략을 수립한다.

징둥 Y사업부 제품매니저(PM) 가오언중(高恩重)은 이렇게 말했다.

"징둥의 공급사슬에는 '평균 재고 일수(days sales in inventory, 상품 입고에서 판매까지 소요된 시간)'라는 아주 명확한 지표가 있습니다. 징둥의 작년 재무보고서에 따르면 평균 재고 일수는 37일이었으며, 이는 매우 우수한 성적입니다."

그럼 징둥의 혁신 조치 결과로 상품가격이 상승했을까? 이에 대해 가오언중은 알고리즘이 공급업체와 소비자 두 요소를 종합적으로 고려한다고 말했다. 다시 말해 가격은 공급업체의 비용과 수익도 고려하고 동시에 소비자의 기대에도 부합하는 선에서 결정되어야 한다고 말했다.

그는 또 이렇게 말했다.

"사실 요즘 소비자들은 가격이 싸다고 무조건 좋아하지는 않습니다. 사회가 발전하면서 제품의 품질에 대한 기대치도 높아졌습니다. 따라서 우리가 해야 할 일은 품질이 우수한 제품을 만들어 이를 소비자에게 합리적인 가격에 공급하는 것입니다."

물론 징둥 이외에도 타오바오(淘寶), 쥐메이유핀(聚美優品) 등 유명 e커머스 플랫폼들이 가격 자동결정 시스템을 도입하고 있다. 덕분에 기업은 합리적이고 과학적으로 제품 가격을 결정하고, 소비자는 가성비 높은 제품을 구입할 수 있게 되었다.

📟 클라우드 컴퓨팅 : 더욱 강력해진 스마트 추천 능력 ○ ●

최근 추천 기술이 비약적으로 발전하면서 추천 엔진이 아마존, 타오바오, 징둥 등 수많은 e커머스 플랫폼에 도움을 주고 있다. 이는 데이터가 점점 방대해지는 상황에서 고객의 선호도, 니즈, 취향을 좀 더 세심하게 통찰하는 추천엔진만이 소비자의 니즈를 만족시키고, e커머스 플랫폼에 활용될 수 있다는 의미다.

그렇다면 추천엔진은 어떤 원리로 작동될까? 사실 매우 간단하다. 특수한 정보 필터링 기술을 이용해 다양한 상품을 그것에 관심을 가질 만한 소비자에게 추천하는 방식이다. 가령 추천엔진을 블랙박스라고 생각해보자. 그렇다면 블랙박스가 받아들이는 모든 것은 추천을 위한 데이터소스가 된다. 일반적으로 추천엔진에는 그림 10-1과 같은 세 가지 데이터소스가 필요하다.

(1) 소비자의 기본정보 : 나이, 성별, 주거지, 직업 등

(2) 추천 상품의 메타데이터 : 키워드 글자, 키워드 단어 등

(3) 소비자의 상품에 대한 선호도 정보 : 이 선호도 정보는 두 부류로 구분된다. 하나는 소비자의 '명시적(explicit) 피드백'으로, 가령 제

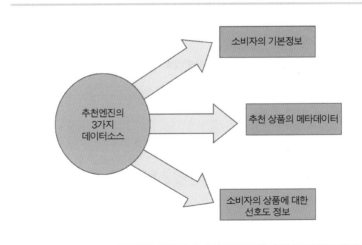

그림 10-1 추천엔진의 3가지 데이터소스

품에 대한 소비자의 평가나 평점 등이다. 다른 하나는 소비자의 '암시적(implicit) 피드백'으로, 가령 소비자가 제품 정보를 검색한 총 시간, 소비자의 과거 쇼핑 이력 등이다.

이 중에서 명시적 피드백은 소비자의 선호도를 직접적으로 그리고 정확하게 반영한다. 하지만 소비자는 추가적인 대가를 치러야 한다. 반면 암시적 피드백은 상응하는 분석과 처리를 거친 뒤 마찬가지로 소비자의 선호도를 반영할 수 있다. 다만 정확도가 다소 낮을 뿐이다. 하지만 올바른 행위 특징을 선택하기만 하면, 사용자의 암시적 피드백 역시 매우 좋은 효과를 가져다준다.

추천엔진의 원조라고 하면 당연히 아마존을 꼽을 수 있다. 아마존은 이미 오래전에 추천엔진을 자사의 플랫폼에 도입했다. 아마존 추천엔진의 핵심은 알고리즘을 이용한 데이터 마이닝으로, 이를 이용해 어떤 소비자의 기호를 타 소비자들과 비교한 다음, 해당 소비자가 관심을 가질 만한 상품을 예측해내는 방식이다.

또 아마존은 소비자가 어떤 플랫폼에서 한 모든 행위를 기록하고, 그 행위들의 특징을 분석 및 처리함으로써 매우 다양한 추천 모델을 갖추게 되었다(구체적인 내용은 그림 10-2와 같다).

1. 오늘의 추천

이는 고객의 과거 쇼핑 이력과 검색 기록을 토대로 최근 유행하는 상품을 결합해 고객에게 일종의 절충안을 추천하는 방식이다.

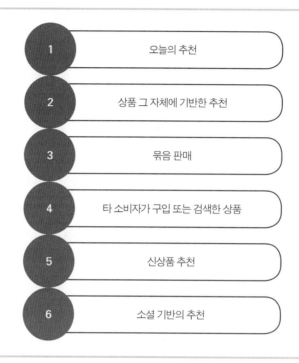

1	오늘의 추천
2	상품 그 자체에 기반한 추천
3	묶음 판매
4	타 소비자가 구입 또는 검색한 상품
5	신상품 추천
6	소셜 기반의 추천

그림 10-2 아마존의 추천 모델

2. 상품 그 자체에 기반한 추천

아마존은 상품을 추천할 때 그 이유까지 함께 제시한다. 예를 들어 고객의 장바구니에 어떤 상품이 있어서, 고객이 어떤 상품을 구매한 이력이 있어서, 고객이 이런 상품을 검색한 기록이 있어서 등의 이유를 같이 제시한다.

3. 묶음 판매

데이터 마이닝 기술 덕분에 소비자의 구매행위를 더 정교하게 처리하고 분석할 수 있게 되었다. 아마존은 자주 함께 판매되거나 동일 고객이 자주 구입하는 상품의 목록을 만든 뒤, 이를 묶음 판매하고 있다. 본질적으로 말해서 이는 매우 전형적인 '협업 필터링(collaborative filtering) 추천 시스템'이다.

4. 타 소비자가 구입 또는 검색한 상품

묶음 판매와 마찬가지로 이 역시 매우 전형적인 협업 필터링 추천 시스템이다. '소셜 메커니즘', 즉 타 고객들이 많이 찾은 제품을 우선 추천해주는 기능 덕분에 고객은 원하는 제품을 더 빠르고 손쉽게 찾을 수 있다. 아마존은 여기에서 전체 디자인과 고객의 경험을 매우 중요시한다.

5. 신상품 추천

신상품 추천은 콘텐츠 기반의 추천 시스템을 이용해 최신 상품을 고객에게 추천한다. 일반적으로 신상품은 고객의 선호 정보를 많이 담고 있지 않아 자칫 고객에게 외면당할 수 있다. 따라서 콘텐츠 기반의 추천 시스템은 이런 문제를 해결할 수 있다.

6. 소셜 기반의 추천

아마존은 고객에게 사실에 관한 데이터를 제공하여 소비자를 설득한다. 예를 들어 이 상품과 또 다른 상품을 동시 구매한 소비자가 몇 명인지, 그 비율은 얼마인지 등을 제공하는 방식이다.

또한 아마존의 많은 추천은 소비자의 기본정보(가령 검색 기록, 컬렉션 기록, 구매한 상품 모델, 장바구니에 담긴 상품 등)를 토대로 계산해낸 결과물이다. 또 아마존은 소비자의 피드백 정보를 수집하는데, 그중 가장 중요한 피드백이 바로 고객이 매긴 평점이다. 이는 소비자 기본정보 중에서 핵심적인 부분이다. 아울러 아마존은 고객이 기본정보를 스스로 관리하는 기능을 제공했는데, 그 덕분에 고객의 기호와 니즈를 더 자세하고 정확하게 파악할 수 있다.

아마존처럼 정교한 추천 서비스를 제공하는 e커머스 플랫폼은 셀수 없이 많지만, 아마존은 그중에서도 선구자로 인정받고 있다. 장기적으로 보면 AI를 이용한 정교한 추천 서비스를 제공하는 것이 확실히 경쟁력이 있다. 첫째, 고객이 자신이 원하는 제품을 더 빠르게 찾을수 있기 때문이다. 둘째, e커머스 플랫폼들은 더 많은 고객을 유입할수 있고, 나아가 자사의 영향력과 인기를 높일 수 있기 때문이다.

🖳 자연어 처리 기술 : 인터넷쇼핑에서 맞춤형 경험을 제공한다 ○ ●

최근 몇 년 동안 전 세계적으로 e커머스 산업이 급속히 성장했다. 물론 이는 AI의 출현 및 발전과 밀접한 관계가 있다. 미국의 대표적인 e커머스 기업 중 하나인 이베이(eBay)는 자연어 처리 기술을 도입해 적극 활용하고 있다.

메이저 e커머스 플랫폼들이 한층 더 심혈을 기울여 처리하고 분석해야 할 대상은 '공급업체가 제공하는 상품'과 '소비자가 표현하는 니

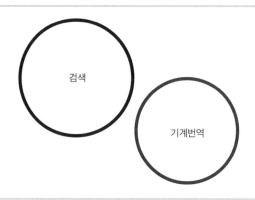

그림 10-3 자연언어 처리 기술이 이베이에게 주는 도움

즈'일 것이다. 여기에서 상품은 문자 설명과 멋진 사진으로 구성되어 있지만, 고객의 니즈는 키워드 검색을 통해 표현된다.

이베이는 매일 수많은 신상품을 온라인에 업데이트하고, 고객 역시 이베이에서 수많은 검색을 한다. 이 두 과정에서 방대한 양의 데이터가 생성된다. 따라서 이베이는 자연언어 처리 기술의 도움이 절실해진다. 그렇다면 자연언어 처리 기술은 이베이에게 어떤 도움을 주고 있을까? 그림 10-3과 같이 두 가지 측면에서 상세하게 설명해보겠다.

1. 검색

e커머스 플랫폼에서 검색은 매우 중요하다. 소비자가 마음에 드는 상품을 고르는 가장 빠르고 효과적인 길이기 때문이다. 따라서 이베이에서 가장 중요한 상품은 바로 검색엔진이다. 검색 알고리즘의 원조라고 할 수 있는 것이 바로 'TF-IDF'다. 이는 자연언어 처리 기술에서 검색과 텍스트 마이닝(text mining)에 흔히 사용되는 가중치 기술이다.

물론 이것도 일종의 통계 방식의 하나라고 볼 수 있으며, 한 글자 또는 한 단어로 상품의 중요도나 플랫폼 내 다른 상품과의 구분 정도를 묘사하는 데 사용된다.

기존의 웹페이지 검색은 글자나 단어를 웹페이지와 사용자 검색 간의 일치 정도를 수치화, 등급화하는 것으로 인식하고, 이를 토대로 사용자에게 그에 상응하는 웹페이지를 추천해준다. 반면 이베이의 검색 시스템은 글자나 단어를 상품과 소비자 니즈와의 일치 정도를 수치화한 것으로 인식한 후 고객의 니즈에 부합하는 상품을 추천해준다.

이베이는 e커머스라는 특수한 환경에서 사용할 수 있도록 검색엔진을 수없이 업그레이드했다. 그럼에도 검색의 핵심은 여전히 TF-IDF라는 자연언어 처리 알고리즘이다.

2. 기계번역

자연언어 처리 기술이 e커머스에서 활용되는 또 다른 분야가 바로 기계번역이다. 이베이는 지속적인 성장을 거듭하며 현재는 30여 개 국가에 서비스를 제공하고 있으며, 대다수 국가는 해외직접구매를 지원하고 있다. 예를 들면 이베이 플랫폼에서 판매자가 미국에서 물건을 팔면 러시아에 있는 고객이 그 물건을 살 수 있다. 이때 이베이는 러시아 소비자에게 편의를 제공하기 위해 러시아어 검색, 러시아어 상품 정보 소개 등 서비스를 제공한다.

이때 자연언어 처리 기술이 큰 역할을 한다. 즉 영어를 직접 러시아어로 번역하고 러시아 소비자는 그것을 보면서 검색할 수 있다. 이베이는 매일 방대한 양의 신상품을 온라인에 올리는데 만약 기계번역이 없다면 이를 전 세계 각지에 판매하기는 매우 어렵다.

검색과 기계번역을 지원하는 또 다른 기술로는 개체명 인식(named entity recognition, NER)과 다양한 문자분류기 등이 있다.

이베이는 모든 e커머스 플랫폼 가운데 가장 적극적으로 자연언어 처리 기술을 도입해 활용했고, 그 결과 오늘날 수많은 소비자에게 인정받고 큰 사랑을 받고 있다. 이베이는 소비자에게 이베이에서 쇼핑할 때의 즐거운 경험을 선사해주었고, 이는 다시 이베이의 성장으로 이어졌다.

AI 재고 계획 : AI를 이용한 재고 회전율의 제고

AI는 인간의 일상생활을 크게 변화시키고 있다. 가령 구글은 AI를 이용해 검색 결과의 정확성을 크게 높였고, 테슬라는 AI를 이용해 자율주행차 개발에 성공했다. 또한 AI는 e커머스 분야에서도 점차 영향력을 확대하고 있다. 아마존, 월마트, 이베이 등 세계 주요 e커머스 기업들이 속속 AI를 도입하고 있으며, 소규모 e커머스 플랫폼들 역시 AI로 인해 긍정적인 변화를 겪고 있는 중이다.

AI를 이용하면 상품 판매량을 증가시키는 것은 물론, e커머스 운영과정의 많은 분야와 절차를 최적화할 수 있다. 가령 완벽한 재고 계획 수립, 인터넷쇼핑에서의 즐거운 경험 제공, 제품 가격 결정, 배송시간 단축 등이다.

메이저 e커머스 플랫폼의 공통된 고민은 정확한 재고관리다. 재고 부족은 e커머스 플랫폼 입장에서는 악몽과도 같기 때문이다. 만약 재고가 바닥나면 이를 채워 넣는 데 짧게는 수일, 길게는 십여 일이 걸리며, 이는 e커머스 기업의 수익에 심각한 타격을 줄 수 있다.

물론 반대로 재고가 지나치게 많이 쌓이는 것 역시 악몽이다. 이는 업무 리스크를 크게 높이고, 추가 비용을 초래하기 때문에 기업의 순수익을 감소시킨다.

비즈니스 환경이 빠르게 변화하는 오늘날, 재고 회전율을 정확하게 예측하는 일에는 많은 어려움이 따른다. 가장 대표적인 난관은 고객의 수요가 수시로 변화하고 경쟁이 나날이 치열해진다는 점이다. 따라서 e커머스 기업들은 정확한 수요 판단 및 경쟁 분석을 위해 다양한 조치를 강구해야 한다.

AI를 도입하면 제품 주문량을 정확히 예측할 수 있다. AI는 주문량에 영향을 미치는 핵심 요소를 식별할 수 있고, 또 이런 핵심 요소의 변화가 재고 회전율에 끼치는 영향을 모니터링할 수 있기 때문이다.

AI를 재고 계획 수립에 활용할 경우, 정확한 재고 수요 예측을 통해 재고 회전율을 크게 향상할 수 있고, 이는 재고 부족 또는 재고 적체로 인한 기업의 손실을 최소화할 수 있다.

🖳 스마트 고객서비스 지원 : e커머스의 마케팅 효과를 향상시킨다 ○ ●

AI의 출현과 발전으로 인해 고객서비스 분야에도 엄청난 변화가 생겼다. 특히 이는 고객서비스를 핵심 업무로 하는 e커머스 분야에서 더욱 두드러진다.

중국의 경우 2013년 징둥이 AI 시스템 지미(JIMI)를 온라인에서 정식 서비스를 시작하자, 3년 뒤에는 알리바바가 AI 챗봇 알리샤오미(阿里小蜜)를 온라인에서 서비스하기 시작했다.

관련 통계에 따르면 징둥의 지미는 이미 수억 명의 소비자에게 서비스를 제공했고, 알리바바의 알리샤오미가 수행한 업무량은 고객서비스 직원 3만 3,000명의 총 업무량에 해당한다고 한다. 2016년에는 넷이즈(Netease, 網易)의 카오라닷컴(kaola.com, 2019년 9월, 알리바바 그룹에 20억 달러에 매각되었음)이 폭발적인 인기를 끌기 시작했는데, 그 이면에는 넷이즈가 자체 개발한 스마트 클라우드 고객서비스 시스템인 '왕이치위(網易七魚)'의 강력한 지원이 있었다.

그렇다면 메이저 e커머스 기업들은 왜 스마트 고객서비스를 적극적으로 도입하고 있을까? 그 이유는 스마트 고객서비스의 강력한 경쟁력 때문이다.

시대가 변하면서 서비스 채널 역시 전보다 훨씬 다양해졌다. 이런 상황에서 소비자들은 더 이상 전화나 이메일 같은 기존 방식으로 문제해결을 원하지 않는다. 고객서비스의 역할이 그만큼 더 중요해진 것이다. 하지만 고객이 원하면 즉시 대응하고, 항시 대기하고 있어야 하기 때문에 e커머스 기업 입장에서는 엄청난 부담이 된다. 이때 바로 스마트 고객서비스가 큰 역할을 할 수 있다.

기존의 고객서비스 직원과 달리 스마트 고객서비스 시스템은 소비자에게 서비스를 제공할 때 결코 화를 내거나 지치지 않는다. 또 휴가, 따뜻한 관심, 훈련 등도 필요 없으며, 하는 일이 마음에 안 든다고 직장을 때려치우는 일도 결코 없다. 무엇보다 스마트 고객서비스는 필요할 때 언제든지 대응하고 항시 대기 중이다.

고객서비스처럼 노동집약적 일자리의 경우 AI로 대체하는 편이 더 적합하다는 점은 분명하다.

다V뎬(大V店, Davdian)은 베이징 귀간스다이(果敢時代) 하이테크 주식회사가 개발한 플랫폼으로, 중국 최초로 엄마들을 겨냥해 론칭한 '엄마-유아 전용 e커머스' 플랫폼이다. 2017년 다V뎬은 500%라는 고속성장을 기록했는데, 이는 AI의 출현 및 발전과 떼려야 뗄 수 없는 관계가 있다. AI의 도움으로 고객서비스는 점차 빠르고 수월해지고 있는 것이다.

다V뎬의 스마트 고객서비스는 '왕이치위'를 통해 실현된다. 고객이 대화를 시작하면 왕이치위는 고객의 정보, 컨설팅 경로를 토대로 '자주 하는 질문 찾아가기'를 고객에게 보낸다. 그럼 고객은 가장 빠르고 가장 간단한 방식으로 문제를 해결할 수 있다.

또 왕이치위는 구문분석, 로직인식 능력이 뛰어나기 때문에 다V뎬이 고객의 심리와 니즈를 더 정확히 파악하도록 도와준다. 이를 기반으로 다V뎬은 고객에게 가장 합리적인 해결방안을 제시하여 고객의 고민을 해결해준다.

왕이치위의 인간-기계 협동 기능 덕분에 고객서비스 업무에 가장 필수적인 문구들을 스마트 지식 데이터베이스에 수록할 수 있다. 따라서 다른 고객서비스 시스템이 유사한 문제에 직면했을 때, 이 스마트 지식 데이터베이스에 수록된 문구를 직접 활용할 수 있다. 이 기능은 다V뎬의 훈련 비용을 크게 절감해주었고, 고객서비스의 효율성과 마케팅 효과를 높이는 데 크게 기여했다.

물론 징둥, 알리바바, 다V덴처럼 스마트 고객서비스 시스템을 도입한 사례는 매우 많으며 아마존, 이베이 등이 대표적이다.

바로 위와 같은 이유들 때문에 e커머스 분야에서 고객서비스 업무는 더욱 완비될 수 있고, 이는 기업의 지속적 발전을 견인한다.

사례 분석 : 3대 e커머스 플랫폼은 AI를 통한 마케팅에 주력하고 있다

인공지능 시대를 맞이하여 수많은 플랫폼이 'AI를 가지면 미래를 가질 수 있다'라는 점을 인식하기 시작했다. 하지만 일부 전문가들은 요즘 AI가 지나치게 이슈화되고 있다고 지적한다. 다시 말해 사회 각계에서 너도나도 AI를 띄우고 있지만 사실상 시장의 예측과 달리 AI를 활용할 수 있는 분야가 많지 않다는 것이다.

2017년 4월, '2017년도 세계 전자상거래 대회'가 중국 저장성 이우(義烏)에서 개최되었는데, AI 업무를 주로 하는 많은 스타트업 기업은 전문가들의 이런 주장에 동의하지 않았다. 이 기업들은 AI 산업이 아직까지는 걸음마 단계에 불과하지만, AI가 가격 결정, 추천, 서비스, 계획 등 다양한 영역에서 응용되면서 점차 주요 e커머스 플랫폼들을 변화시키고 있다고 주장했다.

아마존 고 : 머신비전을 이용한 무인 매장　　　　○ ●

14개월의 기다림 끝에 아마존 그룹 산하의 무인 매장 '아마존 고

(Amazon Go)'가 2018년 1월 정식 오픈했다. 아마존 고 1호점은 미국 시애틀의 아마존 본사 건물 1층에 위치하고 있다. 아마존 고를 이용하는 사람은 현금을 소지할 필요가 없고, 또 줄을 서서 계산을 할 필요가 없다. 원하는 상품을 고른 뒤 온라인으로 결제하고 나가면 된다.

아마존 고 무인매장의 넓이는 약 167제곱미터로, 겉으로만 보면 일반 마트와 별반 다르지 않다. 물론 상품의 진열도 보통의 마트와 비슷하다. 아마존 고에서 고객은 달걀, 빵, 우유, 초콜릿, 수제 치즈 등 다양한 제품을 구입할 수 있다.

기술적으로 보면 아마존 고는 현재 가장 유행하는 3가지 기술, 즉 센서융합 기술, 머신비전 기술, 딥러닝 알고리즘을 사용했다. 또한 불법행위 방지/식별 시스템을 운영하고 있는데, 고객이 고의로 물건을 손상하는 일을 방지하기 위해서다.

매대에는 센서가 부착되어 있어 상품이 부족하면 센서가 즉시 인식하고 부족한 상품은 고객의 사이버 장바구니에 자동 추가된다. 관련 보도에 따르면 아마존 고는 고객이 어떤 물건을 사는지 전부 추적할 수 있으며, 고객이 매장을 떠날 때 쇼핑 리스트를 출력하고, 결제는 고객의 아마존 계정에서 이루어진다.

이에 관해 아마존 공식 사이트에서는 "당신이 쇼핑할 때 필요한 것은 오직 아마존 사이트의 계정뿐입니다"라고 말한다. 그래서 아마존 고 앱에서 신원확인용 바코드를 스캔한 다음에야 아마존 매장에 들어가 원하는 물건을 살 수 있다.

그럼 아마존 고에서 쇼핑할 때의 구체적인 절차에 대해 알아보자.

⑴ 먼저 아마존 계정이 필요하기 때문에 고객은 핸드폰에 아마존

앱을 설치해야 한다. 고객은 본인 핸드폰을 켜고 아마존 고에 들어간 다음, 입구에서 신원확인용 안면인식을 해야 한다.

(2) 고객이 매대 앞에서 물건을 고르면, 아마존 고 매장 내 CCTV가 고객이 집어 들었거나 내려놓은 상품을 모두 기록한다. 동시에 매대에 설치된 CCTV가 고객의 몸동작을 통해 고객이 물건을 쇼핑 바구니에 넣었는지, 아니면 물건을 보고 난 뒤 다시 매대에 돌려놓았는지 판단할 수 있다.

(3) 매대에 설치된 적외선 센서, 압력 센서 장치, 하중 센서 등이 고객의 쇼핑 정보에 대해 집계를 한다. 압력 센서 장치는 고객이 어떤 상품을 집어 들었는지, 하중 센서는 어떤 상품을 제자리에 돌려놓았는지를 파악할 수 있다.

(4) 고객이 구입한 상품 데이터는 그 즉시 아마존 고의 '정보 허브(센터)'로 전달된다. 그럼 고객은 온라인에서 결제를 마친 뒤 매장을 떠나면 된다.

(5) 센서는 고객이 구입한 모든 제품을 스캔하고 기록한다. 그리고 고객의 계좌에 그에 해당하는 금액을 자동 산정한다.

아마존 고는 무인매장이기는 하지만 매장 내에 사람이 전혀 없는 것은 아니다. 몇몇 직원이 매대를 정리하거나 고객들의 문제해결을 돕기도 하고 주방에서 메뉴를 준비하기도 한다.

아마존 고의 지아나 퓨어리니(Gianna Puerini) 부사장은 "우리의 목표는 편리함을 보장하면서 동시에 가격은 다른 매장과 동일하게 하는 것입니다"라고 말했다. 실제로 아마존 고에서 판매하는 제품의 가격은 다른 마트와 거의 차이가 없다.

글로벌 e커머스 기업 아마존이 새로운 프로젝트인 아마존 고를 오픈하자 업계에서는 비상한 관심을 보였고 곧이어 벤치마킹 열풍이 일어났다. 관련 통계에 따르면, 중국에서는 2016년 말부터 2017년 말까지 수십 개의 무인소매 프로젝트가 탄생했다.

현재 인공지능 시대의 본격적인 개막과 코로나 사태로 인한 비대면의 활성화로 '무인'은 거대한 흐름이 되어 가고 있다.

🖳 이베이 : 챗봇을 이용한 고객서비스 품질 개선 ○ ●

페이스북 메신저(Facebook Messenger)가 로봇 플랫폼을 출시하자 이를 이용하는 기업이 지속적으로 증가하고 있으며, 그중에는 CNN, 버거킹, 스테이플스(Staples), 판당고(Fandango) 등 유명 기업들도 있다. 하지만 2016년 10월, 페이스북 메신저의 로봇 플랫폼은 새로운 구성원을 맞아들였다. 바로 미국의 메이저 e커머스 기업인 이베이가 내놓은 샵봇(ShopBot)이다. 고객은 샵봇을 이용해 가장 짧은 시간 내에 자신이 찾는 상품 중 가장 경제적인 상품을 찾아낼 수 있다.

샵봇은 2016년 10월 19일에 출시되었다. 그 후 고객은 이베이에서 전보다 훨씬 더 우수한 쇼핑 경험을 할 수 있게 되었다. 이베이 측에 따르면, 샵봇은 페이스북의 챗봇 플랫폼을 기반으로 개발되었다고 한다.

2016년 4월 페이스북은 챗봇 개발자들을 겨냥한 메신저 플랫폼(베타버전)을 출시했다. 챗봇은 기존의 앱 화면 대신 대화를 하도록 디자인되었다. 고객은 챗봇과의 대화를 통해 날씨 조회, 배달음식 주문, 식당 찾기 등 다양한 일을 할 수 있다. 이것의 목적은 챗봇이 어플을 대

그림 10-4 온라인에서 채팅하는 로봇

신하도록 하는 것이다.

이베이의 샵봇은 이미 상용화 서비스를 시작했다. 고객은 샵봇에서 자신의 계정을 등록해 둘 수도 있고, 페이스북 메신저에서 이베이 샵봇을 검색할 수도 있다. 구체적인 사용 방법의 예는 다음과 같다.

먼저 샵봇 화면에 들어간 뒤 음성으로 "80달러 이하짜리 허쉘(Herschel) 브랜드의 검정색 백팩을 찾아줘"라고 말한다.

그러면 핸드폰 화면에 이 조건에 맞는 백팩이 나열된다(그림 10-5 참고). 고객은 빠르고 간편하게 원하는 상품을 찾을 수 있으므로 쇼핑 만족도가 크게 높아진다. 샵봇의 출시는 이베이가 자연언어 처리, 컴퓨터비전 등 AI와 밀접한 관련이 있는 기술을 지속적으로 개발 및 활용하겠다는 의미로 해석된다.

그림 10-5 이베이 샵봇의 채팅 화면

2016년 10월, 이베이는 이스라엘 컴퓨터비전 기업인 코리곤(Corrigon)을 인수한다고 발표했다. 주요 목적은 인간 노동자에 대한 과도한 의존에서 탈피해 상품 사진의 분류를 자동화, 스마트화하기 위한 것이다. 이베이는 또 머신러닝 업체인 엑스퍼트 메이커(ExpertMaker)와 데이터 분석 업체인 세일즈 프리딕트(SalesPredict)도 인수했다.

이베이는 이런 공격적인 인수를 통해 자동화와 스마트화에서 빠르게 성장하고 있다. 이는 고객에게 이베이에서의 쇼핑 만족도를 높이고, 이베이의 서비스 품질과 효과를 최적화함으로써 더 많은 신규 고객 확보에 기여했다.

징둥 : 로봇을 이용한 스마트 물류, 스마트 창고 건설에 주력하다

최근 들어 AI는 다양한 분야에서 막강한 힘을 발휘하고 있다. 특히 여러 첨단기술과 결합해 'AI+각종 효과'를 만들어내고 있다. 대다수 e커머스 플랫폼들도 AI를 이용한 산업 구조전환 및 업그레이드를 추구하고 있는데, 징둥도 대표적인 사례 중 하나다.

징둥은 자체 물류시스템을 구축했고, 이 물류시스템은 배송 속도나 품질 면에서 고객 만족도가 높다. 특히 쌍십일절(광군제) 등 쇼핑 대목 시즌이 되면, 물류배송 분야에서 징둥의 진가가 더욱 빛을 발한다. 물론 이런 성과는 AI의 도움이 있었기에 가능했다. 다른 배송업체들이 주문 폭주로 배송이 거의 마비가 되다시피 하는 상황에서도 징둥 물류는 AI 덕분에 원활하게 돌아간다.

관련 조사에 따르면, 2017년 쌍십일절 기간에 징둥 물류의 거래 금액은 꾸준한 증가세를 유지했다. 또한 고객들의 신뢰도 역시 높다. 이런 기반 위에 징둥은 '스마트 물류'를 지속적으로 추진하고 있다.

징둥은 드론으로 고객에게 상품을 배송하고 싶어 하지만, 관련 기술의 미비, 당국의 지나친 규제 등으로 인해 아직 '스마트 물류'를 현실화하지 못하고 있다. 그런 가운데 징둥은 무인자율주행으로 눈을 돌렸다. 2017년 6월 18일 징둥은 무인차를 이용한 교내 택배 서비스를 시작했다. 이는 '스마트 물류'를 향한 중요한 한 발을 내딛은 것으로 평가할 수 있다.

징둥은 스마트 물류에 이어 '스마트 창고'도 적극적으로 추진하고

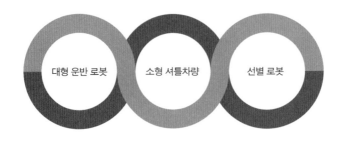

있다. 이 스마트 창고를 실현하는 핵심적인 원동력은 바로 '무인 창고' 다. 무인 창고는 상품 포장 시간을 크게 줄임으로써 물류배송 전체의 효율을 획기적으로 높였다. 징동의 무인 창고에서 가장 큰 역할을 하는 AI제품은 그림 10-6과 같이 세 가지다.

1. 대형 운반 로봇

대형 운반 로봇은 덩치가 큰 편으로 무게는 약 100kg, 하중은 약 300kg, 운행속도는 초속 약 2m/s(시속 약 7.2km/h)다. 주로 대형 화물을 운반하는 일을 한다. 이 로봇이 도입되면서 운반작업은 훨씬 더 수월해졌고 소요 시간 역시 크게 단축되었다.

2. 소형 셔틀차량

징동의 '스마트 창고'에서는 대형 운반 로봇 이외에도 소형 셔틀차량이 중요한 역할을 하고 있다. 징동이 자체 개발한 이 소형 셔틀차는 상품을 적재하지 않았을 때 최고 속도가 초속 6m/s, 가속도는 최대 4m/

s^2라고 한다.

소형 셔틀차의 주요 업무는 물류상자를 들어 올려 선반 끝에 위치한 임시보관 구역으로 운반하는 것이다. 그러면 선반 바깥의 기중기가 임시보관 구역의 물류상자를 아래쪽의 컨베이어벨트 위로 옮긴다. 소형 셔틀차 덕분에 시간당 물류상자 처리량이 1,600개로 증가했다.

3. 선별 로봇

소형 셔틀차량이 주어진 미션을 완수하면 선별로봇이 나설 차례다. 징둥의 선별로봇 델타(delta)는 첨단 3D 비전 시스템을 장착하고 있어서 물류상자 안에서 소비자가 원하는 상품을 정확히 식별할 수 있다. 또 빨판을 이용해 이곳으로 운반된 상품을 받아서 물류상자 안에 집어넣을 수도 있다.

선별이 끝나면 물류상자는 컨베이어벨트를 타고 포장구역으로 이동한다. 직원들은 상품을 포장한 뒤 이를 전국 각지로 배송한다. 기존의 창고와 비교할 때 무인창고의 저장 효율성은 4배 이상 높고, 또 선별로봇의 속도는 사람이 할 때보다 4~5배 정도 빠르다.

이처럼 스마트물류, 스마트창고는 모두 징둥에게 엄청난 혜택을 주고 있다. 징둥의 물류시스템을 한 단계 업그레이드했고, 또 징둥 물류창고의 효율성과 선별 효율성을 크게 높여주었기 때문이다. 따라서 징둥은 향후 물류배송과 창고 업무 분야에서 발전을 지속할 것으로 전망된다.

제11장

AI는 문화 엔터테인먼트 종사자를 재정의한다 : 블랙테크, 고효율, 새로운 영감

중국의 창업 전문지 겸 서비스 플랫폼인 CYZone(創業邦) 취스학원(趨勢學院)의 장레이(張雷) 원장은 인터넷 시대를 지나 AI 시대를 맞이하여 인간-기계 상호교류의 방식도 점차 자연스러워졌고 매개 방식 역시 점차 다원화되었다고 말했다. 또 AI의 지속적인 발전으로 인해 이제는 '모든 사물의 스크린화(化)'가 실현되었으며, 웨어러블 설비, AR(증강현실), VR(가상현실) 역시 서서히 우리의 일상으로 유입되고 있다고 말했다. 이처럼 더 자연스러운 인간-기계 상호교류가 확산되면서 AI는 문화 및 엔터테인먼트 분야에서도 널리 활용되고 있으며, 이는 문화 엔터테인먼트 종사자를 완전히 새롭게 정의하고 있다.

AI가 엔터테인먼트 분야에 진출한 사례

오늘날 AI는 더 이상 과학기술 범주에만 국한되지 않으며 다양한 분야로 진출하고 있다. 심지어 인간의 창작 영역인 문화예술 분야 역시 AI의 도전을 받고 있다. 중국 CCTV에서 방영하는 '중국시가대회(中國詩詞大會)' 프로그램에서 칭화대학 음성 및 언어 실험센터(CSLT) 측에서 개발한 시(詩) 짓는 로봇 '웨이웨이(薇薇)'가 튜링 테스트(Turing test, 컴퓨터가 인공지능을 갖추고 있는지 여부를 판별하는 테스트)를 순조롭게 통과했다. AI 음악 프로듀싱 플랫폼 앰퍼(Amper)는 최초의 AI 앨범 'I Am AI'를 제작했다. 마이크로소프트가 개발한 챗봇(채팅로봇) 샤오빙(小冰)은 사람과 별 차이 없는 보도 기사를 썼다. 일본의 보컬로이드(음성 합성 엔진) 하츠네 미쿠(初音ミク)는 완전히 새로운 형태의 예능을 히트시켰다. 이 모두는 AI가 엔터테인먼트 분야에 진출해 기존에 없던 참신성을 더한 사례들이다.

🖥 시(詩)를 짓는 로봇 웨이웨이 ○ ●

봄에 온 편지는 향이 깊은 눈(雪)과 같고
매끈한 피부와 마른 몸이 더없이 곱구나
매화는 알지 못하네
어디에서 봄바람이 불어오는지를

일반 시와 별 차이가 없어 보이는 이 시는 사실 로봇 웨이웨이가 지은 것이다. 2016년 3월 20일, 칭화대학 음성 및 언어 실험센터(CSLT)는 공식 사이트에 사회과학원 당시(唐詩) 전문가의 검수를 거쳐, 로봇 웨이웨이가 튜링 테스트에 정식으로 통과했으며, 약 25수의 시를 지을 수 있다고 발표했다.

사실 시를 짓는 능력만 보면 아직은 사람보다 조금 떨어진다. 실제로 시 짓기 경연대회에서 심사위원들은 격률(格律), 유창도, 주제, 시의(詩意) 등 4개 기준을 적용해 웨이웨이와 사람이 지은 시를 비교 채점했다. 그 결과 웨이웨이는 5점 만점에 2.72점을 받았는데, 이는 사람이 받은 점수보다 0.5점이 뒤진 것이다.

그럼에도 우리는 웨이웨이가 창작 과정과 효율성 면에서 경쟁력이 뛰어나다는 사실을 인정할 수밖에 없다. 웨이웨이 개발팀의 멤버인 왕치신(王琪鑫)은 이렇게 말했다.

"우리가 송사(宋詞), 장두시(藏頭詩), 사패(詞牌) 제목, 절구(絶句) 등 시를 짓는 데 필요한 키워드를 제시하고 시의 유형만 알려주면, 웨이웨이는 곧바로 시를 지을 수 있습니다."

엄밀히 말해 웨이웨이는 시를 창작할 줄 아는 AI 프로그램이지 로 봇이 아니다. 또 웨이웨이라는 이 AI 프로그램을 지원하는 기반은 심층신경망(DNN) 원리다.

심층신경망은 인간의 사유방식을 모방해 웨이웨이의 음성 식별 속도와 언어 식별의 정확성을 높여준다. 이에 관해 왕치신은 이렇게 말했다.

"웨이웨이에게 시의 한 구절 또는 시의 한 단어를 입력하면, 웨이웨이는 입력된 구절과 단어에 대해 기억과 조합을 끊임없이 반복합니다. 그래서 충분한 만큼의 구절과 단어를 축적하면, 웨이웨이는 독자적으로 시를 지을 수 있게 됩니다."

웨이웨이는 2015년 9월 3명으로 이루어진 팀이 개발작업을 시작했는데, 그 당시 왕치신은 향후 연구 과정에서 웨이웨이의 신경구조와 학습방법을 계속 업그레이드하겠다고 말하면서 이렇게 덧붙였다.

"우리가 로봇을 개발하려는 기본 취지는 인공지능이 과연 예술창작 분야에까지 진출할 수 있는지 알아보려는 것입니다. 앞으로 우리는 인간의 시 학습을 도와주는 로봇, '예술적 영감'을 가진 로봇을 개발하고 싶습니다."

기술이 급속도로 발달하면서 기술이 문학 분야에 침투할 수 있다는 우려와 걱정 역시 점점 커졌고, 이에 따라 AI로 대표되는 첨단기술에 대한 거부감도 크다. 하지만 첨단기술을 개발한 당사자인 인간이 이를 배척할 이유는 없다. AI가 가져다주는 이점도 분명 존재하기 때문이다.

2017년 8월 21일 팝 가수 타린 서던(Taryn Southern)은 새 앨범을 발표했는데, 여기에는 앰퍼(Amper)라는 이름의 프로듀서(PD)가 등장한다. 앰퍼는 평범한 음악 PD의 이름처럼 들릴지 모르지만 사실은 그렇지 않다.

앰퍼는 인간이 아니라 전문 음악 프로듀서와 기술개발자가 공동 개발한 AI 음악 제작 플랫폼이다. 이 플랫폼에서 제작한 앨범 이름이 바로 'I Am AI'다.

앰퍼 뮤직(Amper Music)의 공동창업자 드류 실버스타인(Drew Silverstein)은 앰퍼가 제공하는 음악 제작 서비스는 빠르고, 가격이 합리적이며, 저작권료를 받지 않는 등 여러 가지 장점이 있다고 말했다. 무엇보다 앰퍼는 CM송, 짧은 동영상(short clip) 음악, 예능 프로그램 음악 등 목적성이 강한 음악을 제작하는 데 아주 적합하다.

앰퍼는 2017년 3월에 400만 달러의 엔젤투자를 유치하는 데 성공했다. 이 투자는 투 시그마 벤쳐스(Two Sigma Ventures)가 주도했고, 파운드리 그룹(Foundry Group), 키위 벤처 파트너스(Kiwi Venture Partners), 어드밴싯 캐피털(Advancit Capital)이 공동 투자한 것으로 알려졌다.

앰퍼는 이미 상당 수준으로 발전했지만, 결코 음악 제작자의 지위를 완전히 대체하지는 못하고 있다. 앰퍼가 하는 주요 역할은 음악 제작자들을 위해 빠르고, 저렴하고, 판권 제약이 없는 음악 제작 방식을 제공하는 것과 정해진 예산 범위 내에서 광고, 짧은 동영상(쇼트 클립), 예능 프로그램 등을 위한 창작 음악을 만드는 것이다.

이에 대해 실버스타인은 이렇게 말했다.

"우리는 미래에는 인간과 AI가 협업으로 음악을 제작할 거라는 신념을 갖고 있으며, 이런 협업 방식으로 창의력 발전을 이끌어나가고 싶습니다. 이 목표를 실현하려면 먼저 AI에게 진정한 음악 창작을 가르쳐야 합니다."

만약 음악 제작자가 앰퍼에서 음악을 만들고 싶으면 자신이 좋아하는 스타일, 러닝타임만 설정하면 10초 이내에(제작 시간은 곡의 러닝타임에 따라 달라짐) 초판을 얻을 수 있다. 그 다음 음악 제작자는 이 초판을 토대로 악기를 추가하거나 리듬을 바꾸는 등의 수정을 가하면 된다.

AI가 독자적으로 제작한 첫 번째 앨범은 'I Am AI'지만, AI는 그 이전에 이미 다양한 음악제작 과정에 참여했었다. 예를 들어 아이바(Aiva)는 클래식 음악 제작을 학습했고, 딥바흐(DeepBach)는 바로크 음악의 거장인 바흐의 음악과 유사한 음악을 제작했다.

'I Am AI' 앨범은 단지 예술이 새로운 시대로 나아가는 첫걸음에 불과할지도 모른다. 하지만 AI가 지속적으로 발전하면 인간은 AI와 협력해 예술의 발전을 촉진할 수 있다는 점은 부인하기 어렵다. 그때가 되면 예술 분야에서는 지금과는 확연히 다른 모습들이 나타나게 될 것이다.

AI로봇은 빅데이터를 이용해 기자를 대신해 기사를 쓴다 ○●

만약 누군가가 신문 기사를 읽고 있는데 당신이 그에게 그 기사는 기자가 아니라 AI로봇이 작성한 것이라고 일러준다면 그는 과연 어떤 반응을 보일까? 그런데 이는 상상 속 이야기가 아니라 지금 벌어지고 있는 현실이다. 실제로 인터넷 기사든 종이 신문이나 잡지든 그중 일부분은 AI로봇이 작성한 것이다.

AI가 발전하면서 AI로봇에 의한 기사 작성은 일종의 트렌드로 자리 잡고 있다. 이 로봇들을 분석해보면 기사 작성 속도가 매우 빠르다는 사실을 알 수 있다. 오늘날은 효율성을 굉장히 중요시하고 추구하는 시대다. 그런 만큼 빠른 기사 작성은 AI로봇을 기사 작성에 활용하는 중요한 이유라고 할 수 있다.

하지만 AI로봇은 인간 기자와 비교할 때 부족한 점이 많다. AI로봇 드림 라이터(Dream Writer)가 작성한 기사 〈8월 소비자물가지수 작년 동기 대비 2.0% 상승, 12개월 만에 최고치 경신〉을 예로 들어보자. 이 기사는 많은 정확한 데이터를 인용했고 구체적인 현상도 명확하게 설명하고 있다. 하지만 계속 읽고 싶다는 느낌은 그다지 들지 않는다.

왜일까? AI로봇 드림 라이터가 기사를 작성하는 경우, 속도를 너무 추구하다 보니 정작 중요한 요소, 가령 독자의 감성에 호소하거나 깊이 있는 탐사를 하는 등의 노력은 부족하다. 그 밖에 기사를 작성할 때 논리성이나 조리 있는 글쓰기를 별로 중요시하지 않아 텍스트가 전체적으로 불완전하고 난잡한 경우가 있다.

물론 훌륭하게 기사를 작성하는 AI로봇도 많이 존재한다. 마이크로소프트가 개발한 챗봇 샤오빙(小冰)도 그중 하나다.

개발 초기에 샤오빙의 포지셔닝은 '감성형 AI로봇'이었다. 바로 그런 이유 때문에 샤오빙은 독자들의 감정 이해하기, 감성적인 언어 표현하기 등에서 뛰어난 재능을 선보일 수 있었다. 또한 2016년 12월에는 중국의 지방 일간지 〈첸장완바오(錢江晩報)〉에 정식 도입되어 총 20 여 편의 기사를 작성했다. 또 '저장(浙江) 24시간' 어플 등 여러 플랫폼에서 자신의 칼럼란을 개설했는데, 이는 주로 독자와 더욱 친밀한 커뮤니케이션을 하기 위해서다.

마이크로소프트의 샤오빙이 작성한 기사를 읽어보면 보통의 다른 AI가 쓴 기사와는 확연한 차이를 느낄 수 있다.

(1) 샤오빙의 문체 스타일은 독특하다. 유머러스하면서도 결코 가볍지 않다. 예를 들어 '운동을 하면 나중에 피눈물 흘리며 후회할 일과 작별할 수 있고 더 나은 미래를 약속해준다. 또한 건강한 패션을 추구하는 참신한 라이프스타일이다'와 같은 기사를 보면 실제로 기자가 쓴 글과 별 차이가 없다.

(2) 샤오빙이 쓴 기사는 논리가 강하고 구조가 탄탄하다. '어떻게 해야 좋은 운동화를 살 수 있을까? 데이터가 알려주는 꿀팁'이라는 기사를 예로 들면 샤오빙은 주제를 먼저 던지고, 이어서 데이터 분석과 정리를 통해 독자에게 운동화 구입 관련 상세한 제안을 하고 있다. 물론 기자가 쓴 기사와 비교하면 여전히 부족한 점이 많다. 하지만 AI로봇이 이 정도 수준의 기사를 쓸 수 있다는 것은 정말 대단한 일이다.

이 두 가지 이외에 샤오빙의 더 큰 경쟁력은 바로 '다양한 신분'이다. 샤오빙은 다양한 플랫폼에서 활약하면서 독자와 양방향 교류 및 소통을 할 기회를 점점 늘려나간다. 이런 기회가 많아질수록 샤오빙은 독자의 감정을 이해하는 능력이 더욱 향상된다.

미래의 기자는 AI로봇이 작성한 기사에 더 많이 의존하게 될 것이다. 기자가 속도만을 추구하기보다는 기사의 질을 더욱 중시한다면, 샤오빙과 같은 AI로봇은 훨씬 더 발전할 것이다. 그렇다고 기자가 할 일이 사라진다는 뜻은 아니다. 어찌됐든 AI로봇은 기자의 조수에 불과하며 그들이 기자를 대체하기까지는 앞으로 가야 할 길이 매우 멀다.

하츠네 미쿠 : 홀로그램 디스플레이를 이용한 새로운 형태의 엔터테인먼트

2015년 5월에 열린 이하토브(Ihatov) 교향곡 연주회에는 아주 특별한 게스트 하츠네 미쿠가 참석했다. 특별 게스트라고 부르는 이유는 하츠네 미쿠가 사람이 아니라 사이버 아이돌이기 때문이다.

하츠네 미쿠는 오래전 '이에반 폴카'(Ievan Polkka, 파 돌리기 송)로 일본과 중국 등 여러 나라에서도 인기가 매우 높아 여러 차례 콘서트도 열었다. 2014년에는 미국 CBS 방송의 '데이비드 레터맨의 레이트 쇼'에 게스트로 초청되어 미국 사회에 센세이션을 일으키기도 했다.

문화학자이자 MIT의 교수인 이안 콘드리(Ian Condry)는 일본 대중문화를 강의하면서 "하츠네 미쿠는 원하는 대로 편집이 가능한 아이돌"이라고 말했다. 하츠네 미쿠의 캐릭터 디자인은 일러스트레이터 KEI의 손에 의해 탄생했다. 시선을 압도하는 긴 양 갈래 묶음 머리에 예쁜 검정 원피스를 입은 이 '소녀'는 사람들을 매혹하기에 충분했다.

하츠네 미쿠는 처음에 원래 지면(紙面)에서만 등장했다. 그녀를 대중의 시야에 들어오게 만든 일등공신은 세계 최대의 홀로그래피 기술 기업인 Sax 3D였다. 이 회사의 홀로그램 스크린은 투명하고, 빛의 간섭을 받지 않는 등 경쟁력을 갖고 있어 하츠네 미쿠의 콘서트에서 완

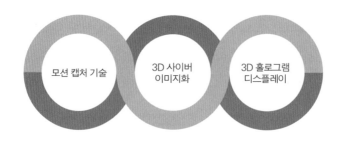

그림 11-1 하츠네 미쿠에게 필수적인 세 가지 기술

벽한 시각효과를 선보일 수 있었다.

하츠네 미쿠와 같은 사이버 아이돌에는 다양한 첨단기술이 적용되었다. 대표적인 것은 그림 11-1과 같다.

1. 모션 캡처(motion capture) 기술

하츠네 미쿠는 모션캡처 기술을 이용해 인간의 표정과 동작을 직접 구현할 수 있고, 그 덕분에 인간에 더 근접한 다양한 표정을 지을 수 있게 되었다. 모션 캡처는 원래 영화 촬영 기술에서 비롯된 것으로, 적외선 카메라, 동작분석 시스템을 이용해 피험자의 몸에 부착한 센서에서 반사된 빛을 카메라로 촬영하여 얻은 2D 영상을 3D 데이터로 변환한 뒤, 다시 다른 처리 과정을 거쳐 완벽한 동작을 구현하는 기술이다.

2. 3D 사이버 이미지화

모션 캡처가 끝나면 여기에 '인물 골격'을 완전무결하게 입히는데, 이때 사용되는 기술이 바로 3D 사이버 이미지화 기술이다. 이 기술을 이용해 하츠네 미쿠의 캐릭터는 팬들이 열광할 만한 이미지로 만들어졌다.

3. 3D 홀로그램 디스플레이

팬들과의 친밀한 교감을 위해 하츠네 미쿠는 자주 콘서트를 개최한다. 콘서트에서는 3D 홀로그램 디스플레이 기술이 매우 중요하다. 이 기술은 기존의 소리, 빛, 전기라는 한계를 뛰어넘어 콘트라스트(contrast)와 해상도가 매우 뛰어난 3D 영상을 구현한다.

이 기술 덕분에 하츠네 미쿠는 더 이상 2차원 세계에 머물지 않고 진정으로 팬들 곁에 다가갈 수 있었다. 무엇보다 하츠네 미쿠의 콘서트에서 팬들은 예전처럼 안경을 낄 필요가 없어졌기 때문에 편리하고 또 시각적으로 또렷하게 콘서트를 즐길 수 있게 되었다.

2012년 5세의 하츠네 미쿠는 100억 엔(한화 약 1,050억 원)이 넘는 경제효과를 일으켰다. 같은 해 하츠네 미쿠의 콘서트, 게임 출연료 수입은 200만~300만 엔, 광고비 수익은 750만~800만 엔에 달했다. 또 PS Vita 플랫폼에서 출시한 리듬 액션 게임 '하츠네 미쿠 : 프로젝트 디바 f'는 총판매량이 39만 세트를 기록했다.

하츠네 미쿠의 인기는 지금까지도 식을 줄 모르고 계속되고 있다. 또 하츠네 미쿠로 대표되는 사이버 아이돌은 앞으로 더 많이 등장할 전망이다. 그러면 아이돌도 더 다양해지고 대중문화도 한층 풍성해질 것이다.

AI 시대 문화 엔터테인먼트 종사자의 창작 방향

문화 엔터테인먼트 분야에도 AI는 이미 깊숙이 진입해 커다란 변화를 일으키고 있다. 문화 엔터테인먼트 종사자에게 이는 엄청난 위기이자 도전일 것이다. 이 거대한 위기에 효과적으로 대응하기 위해 문화 엔터테인먼트 종사자들은 창작을 위한 새로운 아이디어, 새로운 방식을 꾸준히 모색해야 한다.

대중 친화적 작품을 창작하라

중국에는 지금까지도 사랑을 받고 있는 작품이 있다. 소설가 루야오(路遙)의 《평범한 세계(平凡的世界)》라는 작품이다. 루야오는 1980년대에 이 소설의 완성도를 높이기 위해 많은 책과 자료를 담은 커다란 상자를 들고 직접 시골 마을을 돌아다니고, 탄광에 직접 들어가고, 낡은 집에서 생활하기도 했다. 그런 삶은 6년 동안 이어졌다. 이 6년 동안 루야오는 중국의 도시와 농촌의 생활이 어떻게 변화했는지 속속들이 체험했고, 이를 바탕으로 중국 현대문학사에 길이 남을 명작을 쓸 수 있었다.

글자 수 100만 자에 달하는 장편 대작 《평범한 세계》를 읽어보면 지금도 깊이 공감하게 된다. 왜냐하면 이 작품에는 인간의 삶이 깊이 있게 녹아 있고, 용기를 북돋워주는 강력한 힘이 담겨 있기 때문이다. 그래서 지금도 많은 독자에게 사랑받고 있는 것이다.

루야오는 자신의 진솔한 체험을 바탕으로 《평범한 세계》를 집필했다. 그렇다면 AI도 그렇게 하고 있을까? 그에 대한 대답은 '아니오'다. AI는 진짜 사람이 아니기에 몸소 체험하고 이를 바탕으로 삶을 깊이 느끼는 능력을 갖추고 있지 않다. 그러므로 문화 엔터테인먼트 종사자들이 AI를 뛰어넘으려면 대중에게 사랑받을 수 있는 '대중 친화적'이고 '서민의 현실을 반영하는' 작품을 만들어야 한다.

그렇다면 어떻게 이런 작품을 만들어낼 수 있을까? 문화 엔터테인먼트 종사자들은 창작 과정에서 그림 11-2와 같은 몇 가지 핵심 사항을 지킬 필요가 있다.

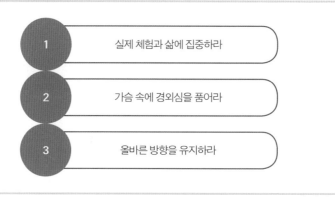

1 실제 체험과 삶에 집중하라

2 가슴 속에 경외심을 품어라

3 올바른 방향을 유지하라

그림 11-2 대중 친화적 작품 창작을 위한 핵심 사항

1. 실제 체험과 삶에 집중하라

문화 엔터테인먼트 종사자는 대중의 실제 삶을 기반으로 대중과 좋은 관계를 만들어야 한다. 그래서 자신의 작품에 사람들의 평범한 삶을 녹여내야 한다. 이렇게 창작한 작품만이 대중 친화적 작품으로서 대중의 욕구를 충족하고 대중의 기호에 부합해 오래 살아남을 수 있다.

2. 가슴 속에 경외심을 품어라

문화 엔터테인먼트 종사자는 경외심을 가져야 한다. 그래야만 작품은 시간과 역사의 시련을 이겨낼 수 있기 때문이다. 사실 많은 경우에 문화 엔터테인먼트 종사자는 다양한 도전과 역경에 직면한다. 하지만 그럴수록 초심을 잃지 말고 책임감을 다해야 한다.

3. 올바른 방향을 유지하라

문화 엔터테인먼트 종사자는 시종일관 올바른 방향을 견지해야 한다. 시대나 정책에 어긋나는 내용은 지양할 필요가 있다.

관련 정책의 규제 완화는 대중 친화적 작품 창작에 유리한 환경을 조성한다.

앞에서 언급한 문학작품《평범한 세계》나 중국 영화 〈인어공주〉, 〈몬스터 헌트〉, 〈신서유기: 몽키킹의 부활〉, 〈스페셜포스: 특수부대 전랑 Ⅱ〉 등은 중국에서 엄청난 성공을 거뒀다.

그러한 결과는 이 작품을 만든 제작자들은 문화에 대한 책임감을 갖고, 대중이 정말로 원하는 욕구가 무엇인지 정확히 파악했기 때문이다.

이처럼 문화 엔터테인먼트 종사자들은 창작을 할 때 책임감과 대중 친화적 마인드를 지니고 있어야 한다. 그 이유는 첫째 그렇게 해야 AI와 차별화되는 경쟁력을 갖고 AI에 의해 도태되지 않을 수 있고, 둘째 문화 엔터테인먼트 시장 전체의 규모가 더욱 커지기 때문이다.

🖳 스타일의 혁신, 문화 엔터테인먼트 작품의 질을 높인다 ○●

본질적으로 AI가 창작한 문화 엔터테인먼트 작품은 일종의 '데이터베이스를 이용한 창작'이다. 즉 AI의 창작 과정은 데이터베이스에 대한 의존성이 매우 높고, 데이터가 많을수록 더 수월하게 작품을 만들어 낼 수 있다. 앞에서 말한 웨이웨이처럼 시를 창작하는 AI 프로그램은 사전에 많은 양의 고대시를 학습하는데, 구체적인 수치로 말하면《전당시(全唐詩)》에 수록된 5만여 수에 달하는 시 전체보다 훨씬 더 많다. 이런 사전 학습 과정 덕분에 웨이웨이는 상당히 그럴듯한 시를 창작할 수 있었던 것이다.

인간과 기계의 대결에서 심사위원은 웨이웨이가 지은 시의 부족한 점을 날카롭게 지적했다. 웨이웨이는 과연 어떤 시를 지었고, 심사위원이 지적한 내용은 무엇일까? 여기에 웨이웨이가 지은 두 편의 시 〈해당화〉, 〈거울〉을 통해 설명해 보겠다.

〈해당화〉
붉은 노을은 옅고 예쁘게 물(水)을 단장하고
만 개의 꽃봉오리와 천 개의 봉우리는 푸른 절벽을 비추네.

밤에 동풍이 불고 비가 그치니

온 세상 가득한 봄기운 하늘에서 빛나네.

〈거울〉

거울을 바라보니 태백성(太白星)이 비치고

비녀 끝은 뾰족하고 기장(黍) 빛깔은 푸르구나.

흰 머리카락과 붉은 소매를 쓸어내리니

밝은 달이 비춰 정원 가득 맑구나.

심사위원은 웨이웨이가 지은 이 두 편의 시에 많은 결함이 있다고 지적했다. 예를 들어 시에 참신한 맛이 없고, 문장이 너무 평범하며, 형식적이라는 것이다. 사실 이런 결과는 예견된 것이지만, 웨이웨이는 AI 프로그램에 불과할 뿐 뛰어난 창의성은 없기 때문에 고품격의 시를 짓기는 무척 어렵다.

물론 시 쓰기뿐만 아니라 AI는 다른 유형의 문화 엔터테인먼트 작품을 창작할 때도 데이터베이스를 학습하여 진행한다. 예를 들어 미국 AP 통신, 야후, 〈포브스〉는 AI를 이용해 기사를 모듈화한 뒤 경제, 스포츠 분야의 기사를 작성하고 있다. 2008년에는 수천 종의 유명 문학작품을 모듈화한 뒤 이를 기반으로 AI 로봇이 불과 3일 만에 《진정한 사랑(True Love)》이란 제목의 소설을 완성했다. 더욱이 이 책은 러시아에서 출판되기도 했다.

문화 엔터테인먼트 작품 창작 과정에서는 그림 11-3과 같은 4가지 요소가 필수적이다. 그런데 이 4가지는 AI가 부족한 점이다.

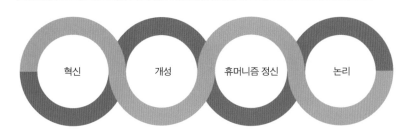

그림 11-3 문화 엔터테인먼트 작품 창작에 필수적인 4대 요소

AI로봇이든 AI프로그램이든 모든 종류의 AI제품은 독자적인 혁신능력을 갖추고 있지 않다. 왜냐하면 AI의 혁신능력 역시 인간에게서 오는 것이기 때문이다. 이제부터 대표적인 사례 두 가지를 들어보겠다.

중국 톈진(天津) 대학의 쑨지저우(孫濟洲) 교수 등은 수묵화 효과를 낼 수 있는 컴퓨터 시뮬레이션 및 제작 시스템을 개발했다. 입력된 필적에 대해 윤곽선 추출(edge extract)과 윤곽선 검출(edge detection)을 한 뒤, 이를 토대로 붓칠을 여러 차례 반복해 먹물이 스며들게 하는 방식으로 수묵화 작품을 창작해냈다. 이는 인간의 제어를 통해 기술 수단의 혁신을 이룬 사례다.

화가로봇 아론(Aaron)은 진정한 창조능력을 갖춘 AI 창작 소프트웨어로 평가받고 있다. 하지만 아론이 만든 그림 역시 기존의 여러 유명 화가의 스타일과 색조 등을 모방했을 뿐이다. 일부 화가들은 아론이 독창적인 스타일의 그림을 그릴 수 있어야 창조능력을 갖췄다고 볼 수 있다고 언급했다.

문화 엔터테인먼트 종사들에게 개성은 필수다. 그래야만 개인만의 스타일을 담은 작품을 만들 수 있기 때문이다. 하지만 AI가 만든 작품은 아직은 특별한 개성이 없다고 할 수 있으며, AI는 여전히 기존 작품을 모방, 복제, 재조합하는 단계에 머물러 있다. 그래서 누구든지 동일한 AI 제품을 이용한다면 스타일이 유사하거나 완전히 똑같은 작품을 만들어낼 수 있다.

문화 엔터테인먼트 종사자들은 누구나 개성을 표현할 수 있어야 한다. 동일한 사람이 서로 다른 작품을 만들어내는 것 역시 개성의 표출이다. 이것은 AI가 하기 어려운 부분이다. 1998년 미국 렌셀러폴리테크닉대학교의 연구진은 소설을 창작할 수 있는 AI 제품 '브루투스(Brutus)'를 개발했다. 하지만 그들 역시 이 AI 제품이 창작한 소설은 그다지 완벽하지 않다고 인정했다.

🖥 문화 엔터테인먼트 종사자는 휴머니즘 정신을 가져야 한다 ○ ●

문화 엔터테인먼트 작품은 지혜와 더불어 휴머니즘 정신을 담아내야 한다. 따라서 문화 엔터테인먼트 종사자에게는 풍부한 지식과 삶의 지혜, 그리고 다채로운 감성, 인간에 대한 관심과 사랑이 요구된다. 우수한 문화 엔터테인먼트 작품을 살펴보면 기본적으로 감성과 휴머니즘 정신이 충만하다.

하지만 AI는 그 자체로 어떤 감정도 생성할 수 없으며, 일부 작품, 경향, 톤 등을 소재로 삼아 작품을 만들 뿐이다. 이렇게 탄생한 작품역시 차가운 기술의 산물에 불과하다.

문화 엔터테인먼트 종사자가 창작한 작품은 본인의 감정 상태와 밀접한 관련이 있다. 그래서 중국에서는 예로부터 '기쁘면 난초를 그리고 화가 나면 대나무를 그린다'라는 말이 전해져온다. 하지만 AI는 아무런 감정 변화가 없다. 설령 AI가 만든 작품에 어떤 감정 표현이 담기더라도 이는 축적된 정보를 기반으로 자동 생성된 결과물일 뿐이다.

문화 엔터테인먼트 종사자의 창작 활동에서 일부 무의식적이고 비이성적인 요소도 있을 수 있고, 또 논리를 추구하는 시도도 있을 수 있다. 하지만 이 또한 그들 본인의 통제하에 있으며, 그들의 작품에는 작품 전체를 관통하는 어떤 체계와 철학이 있다.

그러나 탁월한 논리력과 계산력을 갖춘 AI가 만든 작품은 오히려 논리가 뒤죽박죽되는 경우가 자주 발생한다. AI가 쓴 소설의 대표작으로 평가받는 《배신》의 경우, 내용 전개상 비논리적인 부분이 다수 등장한다.

또 시를 짓는 경우, AI는 강력한 '디지털 컴퓨팅' 기술을 이용해 대구(對句), 압운(押韻) 등을 표현하거나 심지어 아름다운 구절을 조합해내기도 한다. 하지만 이는 단순히 '기계적 스킬'을 이용해 기존의 작품을 모듈화 및 조합한 것에 지나지 않는다. 전체적으로 보면 AI가 창작한 시는 감성이나 정취 등 방면에서 시인의 작품에 미치지 못한다.

린훙청(林鴻程)은 시 쓰기에 특화된 AI 제품을 개발했다. 어떤 시인이 이 AI 제품을 이용해 〈칠률 · 청명(七律 · 淸明)〉이란 작품을 만들었는데 내용은 다음과 같다.

침석(枕席)에 이끼가 낀 걸 보니 친구를 만나러 가고 싶네.

잎은 떨어지고 파도가 밀려오니 저녁달은 둥글구나.

수유나무 집 앞에서 한가롭게 거닐며 바라보니

그대의 국화 꽃봉오리는 흔들려 가만 있지 않네.

금성(錦城) 하윤(河尹)의 집이 어디인가.

눈 내린 고개에서 그대의 말(馬)은 가지 않는구나.

달려가 강물을 맞이하니 내 마음은 그곳에 있고,

연못은 예전 그대로인데 운무(雲霧)만 가득 서려 있네.

대구, 압운 등 일부 형식적인 요소만 보면 이 AI의 창작 능력은 비교적 뛰어난 편이다. 하지만 시 전체를 자세히 읽어 보고 또 분석해 보면, 이 시는 사실 중국의 고대시에서 어떤 특정 구절 및 이와 관련한 시의(詩意)를 기계적으로 조합한 것에 지나지 않음을 발견하게 된다. 이 시를 읽어도 특별한 느낌이나 감흥이 생기지 않고, 또한 '청명(淸明)'과 관련한 그 어떤 내용도 등장하지 않는다.

이처럼 AI에게는 창조성, 개성, 휴머니즘 정신, 논리 등이 부족하다는 사실을 알 수 있다. 따라서 AI 시대를 살아가는 문화 엔터테인먼트 종사자들은 이 4대 요소에 주목해야 AI 시대에 AI에 의해 도태되지 않을 수 있다. 무엇보다 이 4대 요소를 갖춘다면 자신의 작품의 질과 창작 효과를 높이는 데 유리하다고 할 수 있다.

당신의 일자리는 안전하신가요?
AI 시대의 일자리 트렌드

초판 1쇄 발행 2021년 09월 17일
초판 5쇄 발행 2024년 09월 27일

지은이 취청(渠成), 천웨이(陳偉)
펴낸곳 보아스
펴낸이 이지연
등 록 2014년 11월 24일(No. 제2014-000064호)
주 소 서울시 양천구 목동중앙북로8라길 26, 301호(목동) (우편번호 07950)
전 화 02)2647-3262
팩 스 02)6398-3262
이메일 boasbook@naver.com
블로그 http://blog.naver.com/shumaker21
유튜브 보아스북 TV

ISBN 979-11-89347-11-6 (03320)